大学はコミュニティの
知の拠点となれるか

――少子化・人口減少時代の生涯学習――

上杉孝實／香川正弘／河村能夫 [編著]

ミネルヴァ書房

はじめに
——大学開放の意味を問う——

　社会変動や技術革新によって，また，科学のもたらすものと人間性とのギャップの増大などによって，従来の知も安定したものでなく，新たな観点から見直しを迫られている。普遍的とみられてきた知においても，時代・社会による制約がうかがわれるものが少なくなく，民衆知やローカルな知への着目が促されている。その一方，「知識基盤社会」といわれるように，複雑な知識への依存度が増していて，多くの人々にとってその習得の機会の充実が大きな課題となっている。

　従来，大学は知の拠点とみなされてきた。しかし，その知に関わる人は限られ，とかく知の流れは中心から周辺へと一方向の伝達になりがちであった。流動化が進み，知の再構築が求められ，多くの人々の関わりを進める必要に迫られている今日にあっては，大学はコミュニティとの協働によって，知の源泉を探り，その創造に努めなければならない。そのためには，大学がどのように社会に開かれるかが問われるのである。絶えざる知の更新には，生涯にわたっての学習が必要であり，それを支える教育のしくみが整えられる必要がある。その際，生涯学習にとって大学の持つ意味は何か，大学の生涯学習への関わりはどうあるべきかを考えなければならない。この書の題名が「大学はコミュニティの知の拠点となれるか」となっているのは，このような背景のもと，大学開放について検討し，その可能性を探ろうとすることに基づいている。

　1965年にユネスコにおいて生涯教育のアイディアが提起されたころ，日本では生涯教育を社会教育の新しい方向として捉えたり，社会教育に代わる言葉として用いたりする傾向がみられた。社会教育は，日本独自の概念として登場したものであり，欧米の成人教育がそれに当たるものとして扱われてきたが，概念の違いは，それなりに意味を持つ。欧米の成人教育では，成人学校，大学拡

張など学級・講座形式の教育が中心となってきたのに対して，日本の社会教育では，団体活動なども含み，インフォーマルな教育を意味することが多かった。大正期に欧米の影響もあって成人教育が意識されることによって，大学や専門学校の公開講座が促されてきたのである。

　第二次世界大戦後，政策として，大学や専門学校で文化講座，専門講座，夏期講座などの開設があり，1949年の社会教育法にあっても，「学校施設の利用」の章が設けられ，文部大臣（現在：文部科学大臣）や地方公共団体の長などがこれらの講座の開設を求めることができると規定された。ただ，社会教育法の性格上，国公立学校の管理機関が社会教育に学校を利用させることを規定したものであり，大学等学校自体を主体とした規定ではない。そのことからも，大学側での社会教育への取り組みは限られたものであった。生涯学ぶ上で，多様な教育機会のあることは重要であり，相互教育など，学校スタイルにとらわれない柔軟な学びの場が多くあることは望ましく，住民主体の生活学習を進める公民館などの存在意義は大きいが，それらの学習が深まるためにも，各種の専門分野にわたる研究者を擁する大学において，体系的知識を得ることが重視されなければならない。

　生涯教育の概念は，本来，青少年教育と成人教育の統合とともに学校教育と社会教育の統合を期するものであり，その導入は，大学の社会教育への関わりを強めるだけでなく，限られた年齢層を前提としがちになっていた大学教育を，社会人を含めてのものにすることを促したのである。もともと大学は，年齢に関わりなく知を追求する者の共同体であったのであり，近代以後青年期教育への傾斜が強くなっていたのを再考させることになったのである。その意味では，大学は元来生涯学習機関であるといってよい存在であるが，限られた研究者と学生の集団として，学問の自由の確保の側面はあったにせよ社会からの隔離が進み，閉鎖的な空間となっていたがゆえに，あえて大学開放を強調しなければならなくなったのである。大学の機能として，教育，研究に加えて，近年は，社会貢献とか地域貢献が挙げられるが，それは，教育，研究のベースとなるものであろう。

　このことからも，大学開放は，教育の開放のみを意味するのでなく，研究の

開放をも含むものである。生活の諸問題に取り組み，問題解決に寄与するには，地域の人々との連携が不可欠であり，共同研究が促進されなければならない。実用的な研究ばかりに偏ることは，かえって成果を乏しいものにするのであり，基礎的な研究など実用から距離を置いた研究があってこそ，応用研究も発展することは，これまでの科学史においても証明されていることであるが，研究上の問題意識や新たな着想が，社会の現実と触れることから生まれることが多いことも事実である。

　1949（昭和24）年に新制大学が発足したころ，これからの大学は多くの人を対象とした市民教育を理念とすることが示された。そこには，市民として，職業人として，社会を主体的に担う人材を育成するということがあった。今日，シティズンシップ教育ということがよくいわれるが，民主主義を実現するには，そのための識見を具えることが重要になるのであり，そのための教育・研究の展開が期待されたのである。その観点から地域に立脚した活動を行い，地域文化や地域産業の振興に資する大学が求められ，各都道府県に１以上の大学配置が進められたのである。

　近年グローバル化が進み，国内でも一極集中の様相が強まって，地域の生活が脅かされる状況になり，あらためて地域創生が唱導されている。その中で，大学が，地域を支える知の拠点となることができるかが問われているのである。地域の諸問題に取り組むとき，広域社会の影響を的確に把握し，それらを動かす営みを地域から繰り広げることが課題となるのであって，そのような課題に応えることが大学の使命となるのである。地域について知るには，必然的にグローバルな社会についての学習を必要とするのであり，それによってまさに「グローバルに考え，地域で行動する」が実現するのである。

　地域学など地域に根差した研究もさかんになってきている。そこには地域の多くの人々の主体的な研究をみることができる。ローカルな知を，これまでの科学知との照合によって，より深め，知全体をとらえなおすことが課題であり，地域の諸団体，諸機関との交流によって，大学が機能を発揮することができるのである。そのことによって，大学の教育，研究のあり方も再検討されること

になろう。社会教育として開かれてきた住民大学や市民大学と呼ばれるものの中にも，既成の大学をモデルにしたものもある一方で，学び手が教育の担い手にもなることに力を注ぎ，新たな知の形成に向けての教育の創造に努めているものも少なくない。大学も，これらとも交流しながら，刺激しあい，変革の道を歩まなければならない。

　大学開放が大学における教育，研究の中心に位置づくためには，そのためのしくみを整える必要がある。エクステンションセンターや地域連携部門を設置する大学は多くなってきているが，その全学における位置やスタッフの構成がどのようになっているか，地域との連携はどのようになされているかが問われる。また，近年はファカルティ・ディベロップメントやスタッフ・ディベロップメントなど教員・職員の研修もよく行われるようになっているが，そこにおける大学開放の視点はどのようなものか，大学コンソーシアムも各地で形成されているが，そこでの大学開放機能はどうかなど，多くの検討課題がある。若年一括採用など日本的雇用形態が存在する一方，有期の非正規雇用の広がりのみられる今日，大学におけるリカレント教育が社会的にどのようなインパクトを持ち得るのかについても，研究・開発の余地が大きい。

　これまでにも，それぞれの大学で，生涯学習の促進や地域連携に工夫がなされ，実践が積み重ねられてきた。これらの知見を共有し，共に発展する道を探ることが課題となっている。特定非営利活動法人全日本大学開放推進機構（理事長：香川正弘）は，そのために大学間の交流に努め，多くの研究会を開催してきたが，本書も，より適切な大学開放を促進するために編まれたものであり，その理論的考察とともに，豊かな実践事例を掲げている。この書を手掛かりの一つとして，多くの人々が大学と地域の連携，大学と生涯学習の関係などについて考察を深められ，実践に活かしていただければ幸いである。

2016年5月18日

上杉孝實

目　次

はじめに

第Ⅰ部　地（知）の拠点となる大学開放

第1章　生涯学習への大学の関わり……………………………上杉孝實…3
1　生涯学習の理念と動向　*3*
2　生涯学習における大学の位置　*7*
3　大学による生涯学習の推進　*10*
4　生涯学習推進における課題　*13*

第2章　福祉国家と大学開放………………………………………佐藤隆三…17
1　福祉国家の形成　*17*
2　福祉国家の変容と教育　*21*
3　今日の福祉国家と大学　*24*

第3章　知識基盤社会に対応した大学開放…………………五島敦子…31
1　知識基盤社会の大学の使命　*31*
2　アウトリーチからエンゲージメントへ　*33*
3　エンゲージド・ユニバーシティという戦略ビジョン　*35*
4　エンゲージメントをめぐる世界的潮流　*38*

第4章　地方創生時代の大学開放…………………………………香川重遠…45
1　大学開放の新時代　*45*
2　「生涯学習社会」の実現のための大学開放　*49*

3　市民意識を涵養する大学開放　*52*

第Ⅱ部　大学開放の内容

第5章　学生教育と社会人教育の融合をめざす大学開放……白石義孝…*61*
　　1　大学による社会人教育の発展　*61*
　　2　教養履修制度　*67*
　　3　地域連携センターを拠点とした新たな社会人教育への取組み　*70*

第6章　大学の公開講座の開き方……………………………香川正弘…*75*
　　1　社会貢献としての大学開放　*75*
　　2　大学の社会人教育としての公開講座　*79*
　　3　実践的な大学公開講座への組み直し　*84*

第7章　地場産業を育てる大学開放……………………………河村能夫…*91*
　　1　日本の大学改革にみる3つのパラダイムシフト　*92*
　　2　大学の教育機能を軸とした地域・地場産業を支えるしくみ　*97*
　　3　大学の研究機能を軸とした地域・地場産業を支えるしくみ　*100*
　　4　地域にとっての大学連携の意味　*105*

第8章　大学院における高度専門人材の育成と大学開放
　　　………………………………………………………………山本幸一…*109*
　　1　大学院による高度専門人材の育成　*109*
　　2　第3の大学院——専門職学位課程の登場と生涯学習　*113*
　　3　大学院レベルの大学開放と地域人材の育成　*115*
　　4　大学院と地域社会——高度専門人材の育成の課題　*117*

目次

第9章　長寿社会対応の生涯学習 ………………………………白澤卓二…127
　　1　農山村の予防医学と生涯学習がひらく「地域づくり」　127
　　2　健康長寿とは何か　131
　　3　健康長寿のための予防医学によるシステムづくり　134

第Ⅲ部　地域を基盤とした大学開放

第10章　地域生涯学習の推進を図る大学開放 …………藤田公仁子…141
　　1　地域の変容と再生の課題　141
　　2　地域生涯学習の推進を図る　145
　　3　大学開放の展望　149

第11章　小さな短大が地域に開くということ …………三瓶千香子…153
　　　　──桜の聖母短期大学
　　1　桜の聖母生涯学習センターの歩み　153
　　2　生涯学習センターの拠点的機能　156
　　3　傾聴ボランティア養成講座の存在意義　160

第12章　メディアを利用した大学教育の開放 …………岩永雅也…167
　　　　──放送大学
　　1　放送大学の開学と時代背景　167
　　2　メディア利用による大学開放　173
　　3　大学院教育の開放　176
　　4　知の拠点としての放送大学　179

第13章　双方向的教育実践から地域学を進める大学開放 … 岩橋恵子 … 183
　　　　──志學館大学

　　1　「隼人学」講座の立ち上げ　184
　　2　「隼人学」の展開と大学開放　187
　　3　「隼人学」からみえる大学開放と課題　194

第14章　産学・地域連携と人材育成 …………………… 岡本哲治 … 197
　　　　──広島大学

　　1　広島大学の社会・産学連携のあゆみ　197
　　2　広島大学の産学社会連携を通した人材育成の歴史　201
　　3　広島大学におけるイノベーション人材養成プログラム　203

第15章　地域における大学連携のシステムづくり ……… 出相泰裕 … 211
　　　　──大学コンソーシアム京都

　　1　大学コンソーシアムの歴史と動向　211
　　2　大学コンソーシアム京都の現状　216
　　3　大学コンソーシアム京都における生涯学習事業　218
　　4　生涯学習振興に向けての大学コンソーシアムの課題　221

終　章　これからの大学開放の進め方 ……………… 山田浩之・香川正弘 … 225

　　1　地方大学の生き残りをかけて　225
　　2　大学がコミュニティの知の拠点になるために　230

おわりに　239

索　引　241

第Ⅰ部

地（知）の拠点となる大学開放

第1章

生涯学習への大学の関わり

上杉孝實

1 生涯学習の理念と動向

生涯教育の提起

　今日，生涯学習（lifelong learning）として，世界的にもポピュラーな概念は，1965年ユネスコにおいてラングラン（P. Lengrand）が提起した生涯教育（lifelong integrated education）に由来するものであることは，よく知られているところである。[1]生涯にわたる教育の重要性は，古くから意識されていた。比較的近年でも，イギリスの例をみると，第一次世界大戦による被害からの復興を企てた再建省成人教育委員会の1919年報告書にも，生涯にわたる教育が市民権と不可分のものであることが示されている。同じころ，日本における自由大学の趣意書にも，生涯にわたって働きながら学ぶことが教育の本幹であることの主張をみることができる。1960年代には，国際的にも，技術革新に拍車がかかり，社会の変化も著しくなることによって，教育のしくみを，生涯にわたって学ぶことを保障するために再編成するアイデアとして生涯教育の提唱がなされたのである。

　生涯学ぶには，青少年教育と成人教育を統合するだけでなく，学校教育と学校外の教育との統合を図らなければならない。同時に，一般教育と職業教育の統合が提唱されていることに着目する必要がある。教育の歴史の中で，支配層は幅広い教育を身につけることができたが，早くから労働に従事しなければならない民衆は，職業教育以外の教育を受ける機会が乏しかった。民主的で平等な社会を実現するためには，そのような教育における階層差を埋める必要があ

る。また、技術革新にともなって、応用の基礎としての力を育む一般教育の充実が課題となるのである。

職業教育と非職業教育

1970年代には、OECDは、生涯教育の具体化として人生の初期に教育を集中するのでなく、リカレント教育の名で教育―労働―教育―労働といったサイクルを生涯の過程に配置することを提唱した。ここでは、労働を中断あるいは並行して学校教育など整った教育機関で学ぶことが考えられていて、その観点からの教育システムが求められたのである。OECD加盟国のように、経済的に発展した国々にあっては、整った教育機関が存在し、職業技術の高度化などに向けての再教育が課題となっていたといえる。一方、発展途上国にとっては、フォーマルな教育だけで対応しがたい面があって、働きながら地域で生活向上に向けて学ぶなど、ノンフォーマルな教育を広げるものとして、生涯教育の概念が用いられる傾向があった。

このように生涯教育にあっては、職業教育が強く意識されている面があるが、関連して登場してきた学習社会（learning society）論では、その提唱者ハッチンス（R. Hutchins）にみられるように、実用的な学習よりも、人間性を追求する学習に重きが置かれた。そこには、オートメーションの発達などにより、労働が人間の手から機械に移り、古代アテネの市民のように、閑暇を、学問や芸術を通じて人間らしさを発揮するために用いる時代の到来が想定されている。1972年のユネスコにおけるフォール（E. Faure）を長とする委員会報告も、持つための学習（learning to have）でなく、人間であるための学習（learning to be）を強調した。このような論議はあるにせよ、今日では、職業教育も幅広い教養に支えられなければ変化に対応できず、その技術も廃れかねないし、職業人であることと市民であることとの重なりからも、職業教育と非職業教育の統合が課題となっているのである。

第1章　生涯学習への大学の関わり

生涯学習概念の広がり

　生涯教育が提起されるとともに，学習者の視点に立って生涯学習の語が用いられるようになった。教育を与えられるものと捉えると，学習者が受け身になり，生涯主体的に学ぶには必ずしも適さないものになる。もっとも，教育は，教えることだけでなく，学習の援助や条件整備も含み，さらに自己教育のように，自らの意図的計画的な学習を意味するので，生涯学習は生涯教育にとってかわる概念ではない。それでも，欧米のように，成人教育を含めて教育ではフォーマルな学校教育がモデルになってきたところでは，教育概念を広げ，ノンフォーマルな教育やインフォーマルな教育にも着目し，偶発的な学習も包み込んでいくものとして，生涯学習の概念が多く用いられるようになっていく。

　日本では，元来教育を広く扱う社会教育概念が存在することによって，生涯教育を社会教育と重ねて考えることが多かったが，すでに社会教育においてノンフォーマルな教育やインフォーマルな教育が中心になっていたので，生涯教育としては，これまで欧米にくらべ不十分であった大学等のフォーマルな教育の社会人への拡大や公開講座の組織的な実施が意識されることになる。また，政策的には社会教育行政の範疇で社会教育を捉える傾向があり，それを超えるものとして生涯学習の概念がよく使われるようになってくる。1981（昭和56）年の中央教育審議会答申「生涯教育について」は，大学開放や大学の正規コースへの社会人の受け入れを促すとともに，概念整理を行い，「各人が自発的意志に基づいて……必要に応じ，……生涯を通じて行うもの」を生涯学習，「生涯学習のために，……社会の様々な教育機能を……総合的に整備・充実しようとする」のが生涯教育の考え方であるとした。ここでは，まだ生涯教育についての論が中心となっているが，1985年から1987年にかけての臨時教育審議会答申では，もっぱら生涯学習の語が用いられ，「生涯学習体系への移行」といった用語さえみられる。

生涯学習推進政策

　その背景には，教育は文部省の所管であるのに対し，学習であればあらゆる省庁が関係し得るといった行政の事情とともに，教育の自由化の主張が影響し

ていた。当時の通商産業省がいち早く生涯学習担当部門を設けて，塾産業など文化・教育産業の振興に力を入れ，厚生省が生涯学習の一環として保養施設を位置づけるなどの動きがあった。生涯職業能力の開発に重点を置くべきであるとの論もあったが，網羅的に生涯学習を扱って，民間活力の活用が図られたのである。これを受けて，1990（平成2）年に成立した「生涯学習の振興のための施策の推進体制等の整備に関する法律」では，都道府県が地域生涯学習振興基本構想を立てるにあたって，民間事業者の能力を活用することがうたわれ，文部大臣と通商産業大臣（その後，国の機構改革により，文部科学大臣と経済産業大臣）の承認を得ることと規定された。

　この法律作成の前提として開かれた中央教育審議会では，都道府県に生涯学習推進センター，大学等に生涯学習センターを設置することが構想されたが，財政上の理由から法では規定されず，都道府県教育委員会の事業の提示にとどまった。なお，短期大学の生涯学習センター化も論議されたが，これは短大側の反発で，答申には盛られなかった。民間教育事業者の参入について述べられていたものが，法では民間事業者と枠が広がっていることも注目される。このように，生涯学習政策にあっては都道府県の役割がクローズアップされたが，景気の低迷もあって，広島県以外には地域学習振興基本構想はみられない状態が続いた。

　イギリス等でも，生涯学習の概念がよく用いられるようになり，インフォーマルな学習や偶発的な学習も含みこんで学習を捉えようとする傾向が強まった。そこには，フォーマルなものに重点の置かれてきた教育を，より柔軟なものとして扱おうとする動きをみることができる。しかし，政策として重視されたのは，スキルの向上，とくに職業上の技術の向上によって経済発展を支える教育機会の拡大であり，そのために従来教育から早く離脱しがちであった層の学習の促進であって，それに関する審議会のレポートや白書が多く出されている[6]。

　このように，生涯学習の機能としては，教育の機会均等化，職業についての再教育，専門継続教育，市民性の形成，自己充実等が挙げられる。

2 生涯学習における大学の位置

欧米における大学開放

　イギリスの成人教育の主流をなしてきた大学拡張の歴史をみると，非職業的なリベラルな教育が重視されてきた。そこには，労働者が，職業教育以外に広い教養を身につけたり，自らの置かれている立場を知るための社会的視野を得ることによって，地位向上を図ることをミッションとする成人教育観があり，民主主義の実現には，エリート的な大学も民衆にそのような教育機会を提供することが必要であるとの捉え方が広がったことがある。オックスブリッジなど限られた大学しかなかったイングランドで，大学拡張として地方で講義を行う中で，新たな大学が各都市に誕生し，それらも一般に開かれた講義を持つことになる。とくに，再建省成人教育委員会の1919年報告書が，大学にアカデミックスタッフを長とする構外教育部（department of extra-mural studies）を置くことを提言し，ノッティンガム大学カレッジをはじめとして，各大学に成人教育に専念するスタッフを具えた部が形成されるのである。これらの新設大学では工学部や農学部など実業的な学部も設けられた。

　それまでにも，WEA（Workers, Educational Association：労働者教育協会）が，大学とも合同委員会を持ちながら，労働者が学びやすいチュートリアルクラスなどを開発していた。少人数で講義と討論を組み合わせ，論文指導を多くして，労働者にとって関心の深い事象から入って，長期間継続的に学ぶことによって，高度な学問も習得できるとの信念が込められていた。大学構外教育部の設立は，地域によってWEAとの連携を強めるところや，並列的に教育事業を行うところなど多様であったが，市民に開かれたリベラルな教育が盛んになったことは確かである。アメリカでは，19世紀後半から，政府から土地の提供を受けた州立大学が，地域の農業者や商工業者に産業教育を行うことを使命として，開かれた大学を指向し，拡張部を設けて大学開放に取り組んできたのと，やや異なる点がある。

生涯教育の大学への影響

　生涯教育の考えは，1970年代から80年代に，産業の転換期を迎え，不況下にあったイギリスにあっては，これまで成人教育で主流でなかった職業教育に比重をかける動きとなっていく。そのため，継続教育（continuing education）あるいは成人・継続教育（adult and continuing education）の名のもとに，初期教育（initial education）としての学校教育（社会人を経験することなく入った大学の教育も含む）後の教育を総体として把握することが図られるが[9]，実態として職業教育への傾斜がみられたのである。すでに1950年代後半の大学成人教育の「偉大な伝統（great tradition）」論争にもみられるように[10]，従来構外教育部（成人教育部）が重視してきたのは非選抜，非職業教育，対話的教育であるが，人々のニーズに合わせるということで資格取得のための教育も行われるようになっていたのであり，継続教育概念の導入によって，この傾向に拍車がかけられた。また，正規コースにつながるアクセスコースも成人教育部に設定されるようになった。

　20世紀，農業国から工業国への転換著しいスウェーデンでは，1970年代に3年以上の職業経験を持ち，9年以上の英語教育を受けた成人を学生として受け入れる政策を採り，一時は学生の半数以上が成人学生といった状態が現出した。そこにも，技術革新への対応と世代による教育のギャップの解消の意図がみられる。成人学生の多くは，学位よりも職業技術を磨くコースを選択して，より優位な職業上の地位を確保しようとしたといわれる[11]。

日本の大学開放

　日本の社会教育にあっては，通俗講演会や青年団指導が中心であったが，欧米の成人教育がよく知られるようになると，それにならって高等教育機関等学校による成人教育にも取り組むようになる。公開講座等の試みは明治期からみられたが，大正期に入り，1919（大正8）年に文部省普通学務局に通俗教育を所管する第四課が設置されると，直轄学校の公開講座実施が促され，1923（大正12）年以後は成人教育講座を担当する大学・高等専門学校も多くなってくる。第二次世界大戦後は，国の政策として高等教育機関等で，1946（昭和21）年に

文化講座，1947（昭和22）年には専門講座，夏期講座等の名で公開講座が企画され，特に文化講座は，憲法や新教育など，民主化推進の啓蒙の意味を帯びたものであって，これらは1949（昭和24）年の社会教育法上にも規定され今日に至っている。ただし，実態としては，文化講座は1951（昭和26）年には高等学校に移され，その後政策としては展開されなくなる。教育制度の切り替えで大学等の余裕が乏しかったことや，朝鮮戦争の勃発など時局の変化が影響していると考えられる。

　1964（昭和39）年に社会教育審議会の答申「大学開放の促進について」が出され，巡回講座等を進めるために地域に大学分教室を設置するなどがうたわれたが，実際には，いわゆる大学紛争もあって，実績は乏しいものであった。しかし，生涯教育の考えが広がるにつれ，自治体を中心とした社会教育だけでなく，大学の教育機能の発揮が強く求められるようになる。

大学開放センターの設置

　1973（昭和48）年の東北大学，1976（昭和51）年の金沢大学，1978（昭和53）年の香川大学それぞれに大学教育開放センターが設けられるまで大学開放の目立った動きは乏しかった。すでにみたように，1981（昭和56）年の中央教育審議会答申「生涯教育について」は，大学開放とともに大学の正規コースへの社会人の受け入れを促し，この前後から社会人入試などの動きが目立つようになった。また，私学でエクステンションセンターを設置するところが増えてくる。その背景には，高等教育の大衆化の中で，これまで大学で学ぶ機会の乏しかった人々の進学意欲が高まったことや，増加した大学の学生確保の課題が生じたことがある。1986年に，鳴門教育大学に教員養成機能が移ることによって徳島大学教育学部がなくなり，あとに徳島大学大学開放実践センターが設けられたように，教員需要が少なかった1990年代に国立大学の教員養成学部の改組とも絡んで，生涯学習教育研究センターが多く設立された。

　大学の増設が続く一方，その存在意義も問われてくる。同一年代の半数が進学するようになるなかで，かつてのように研究者養成やエリート養成をもっぱら掲げることは困難になってくる。また，近代の持つ問題，科学万能の考えの

限界が目立つようになり，それに依拠した大学の知のあり方も問われてくる。大学の社会貢献機能が強調されるようになり，科学知と民衆知の突合せやローカルな知への着目，地域社会との関係強化が課題となってきたのである。科学知への問題提起も多くなる一方，知識基盤社会の到来がいわれるようにもなり，多くの人々の学習の高度化も求められるようになっている。また，少子化で大学への成人の受け入れが促された。これらのことによって，生涯学習への大学の関わりが促進されるようになっているのである。

3 大学による生涯学習の推進

大学における生涯学習の現状

　国立大学開放のためのセンターの専任教員は，1，2人とわずかのところがほとんどで，構外教育部のように講義担当を専任教員が中心となって行うのでなく，それは学内外のスタッフに依頼することが多いのである。21世紀に入るころからは，大学の地域貢献機能が強調されることもあって，地域連携機構と機構上も一体となるところも増えてくる。この間私学でも，エクステンションセンターを設けて取り組むところが多くなってくる。私立大学の新設が相次ぐ一方，少子高齢社会への対応が必要であり，PRの意味もあって，開かれた大学が標榜されるのである。これらには，充実した事務機構を持つところも少なくないが，専任教員はほとんどいない。

　社会人学生の受け入れや，そのためのコースの設定も試みられ，入試の多様化もその促進に好都合となるが，成人継続教育はOECD諸国の平均が2割ほどであるのに対し，日本ではさらにその10分の1程度である。労働時間の長さも関係しているが，職種重視で企業間を移動することの多い欧米諸国との雇用形態の違いが，この差をもたらしているのである。需要の停滞もあって，夜間コースは減少している。若年一括採用を特色とし，他国にくらべて企業間の移動が相対的に少ない日本では，職業教育は，従来は雇用主が行う企業内研修によるところが多く，大学における生涯学習は，職業移動や再就職につながることが乏しくて，自己充実の意味が濃いものとなっていた。ただ，そのなかでも

期限付き採用の増加など雇用形態の多様化・流動化が進みつつあり，職業技術のレベルアップや新たな技量の習得を大学等で保障することが課題になっている。

生涯学習への取組みの例

　2013（平成25）年，鹿児島大学は，大学をあげて生涯学習に取り組むことを示した生涯学習憲章を制定したことが注目される。これは全学的な討議を重ねてつくり上げた画期的なものである。大学で，自治体と提携して公開講座を開設している事例は多いが，合同委員会を設けて協議しながら運営しているかどうかが問われるところである。かつて兵庫県は，県内のいくつかの大学を合わせて協議会をつくり，経費も負担して，「ひょうごオープンカレッジ」を開設し，講座のテーマ・内容を共同で検討して，広報，募集，受け入れ等は県が，講師，施設設備の提供等（図書館，食堂等も含む）は各大学が担当した。現在は，「ひょうご講座」に一本化されて，県の外郭団体が世話役となり，県所有の施設で，独自科目は複数大学が共同で開講するほか，学外科目として各大学が出前講座を開講している。滋賀県の淡海生涯カレッジは，県と大学が協力して，環境学習などを，公民館等市町の施設での学び，高校の実験室等での実験学習，大学での理論的学習の結合の下に展開するシステムを持っている。

　生涯学習を支える人材養成は，大学の社会教育主事課程や大学等での社会教育主事講習等でなされてきたが，これとは別に，大阪教育大学では，社会教育施設職員の学び合い講座を開設している。また，識字・日本語学習支援者の養成も試みられている。かつて大阪大学と大阪市の提携で，市の社会教育職員が大学と共同研究を行うこともみられた。大学が地域とつながって機能を発揮する上で，大学と距離のある地域にも拠点を持つことが必要であり，和歌山大学などでは，県内各地にそのためのサテライトを設けてきている。地場産業の振興，地域課題の解決等についての地域と大学の共同研究も，各地で行われている。福井大学のように，子どもたちに活動の場を提供するとともに，それによって学生の実践的教育も行われるような仕掛けを持つ大学も少なくない。市民団体支援の場と組織を持つ神戸大学の例もある。大学コンソーシアム京都，大

学コンソーシアム大阪など，市も加わっての大学連合での市民講座の提供，京都府北部地域・大学連携機構によるパイロット事業，関西社会人大学院連合の専門セミナーの開講など，個々の大学を超えての共同の取り組みも多くなっているのである。

　大学によっては，自治体との提携によって，社会教育の講座での学習を前提として，特別の選抜で社会人を受け入れるようにしているところもある。法の上では，学校教育と社会教育の境界があるが，生涯学習の名の下で，その融合が図られている。

イギリスの大学成人教育の動向

　イギリスの構外教育部は第二次世界大戦後成人教育部となるところが多く，そこでは多くのスタッフのもとに，一般市民を対象としたコースを提供するとともに，専門職の研修，成人教育の研究や成人教育者の養成を行ってきた。しかし，1988年の教育改革法，さらに1992年の継続教育・高等教育法成立以来，成人教育責任団体への国の補助金がなくなり，もっぱら大学での予算配分に依拠せざるを得なくなった大学成人教育部は，縮小の方向に向かうことになった。これまでも医歯学部等では，継続専門教育のコースを用意してきたが，成人教育コースの大半は成人教育部で扱ってきた。しかし，全学で開放に取り組むという建前で，部より小規模の継続教育センターに移行するところが多くなったのである。政策的にリベラルな成人教育よりも継続専門教育にウエイトが置かれるようになったことも影響している。多様な専門分野のスタッフを抱えていた成人教育部が縮小すると，既成の学部がそれをカバーしなければならないことになるが，そこでは社会的に不利益状態にある人をはじめ一般市民を対象とするよりも，専門職従事者を対象とする傾向が増すのである。社会事業と成人教育の統合によるコミュニティ教育の広がりによって，その観点からの成人教育者の養成・研修も課題となっている。法によって，地方当局から離れて独立し，大学に近い形で国費の配分機構に財源を求めるようになった継続教育カレッジが，一般成人の教育の中心になっている。

4　生涯学習推進における課題

成人学習の支援

　先にみたように，生涯学習は，教育の機会均等化，職業技術の再習得，専門職の継続的力量形成，市民性の獲得，自己充実などの機能を持つが，社会の活動や地域の産業と結びついた研究，市民もかかわる研究を進めることで，大学の生涯学習の特色が発揮されることに注目しなければならない。そのためにも，大学人の社会に開かれた姿勢が問われることになる。地域の団体や産業と大学の媒介となる専門職員の存在意義が大きい。社会教育主事や他職経験者などが学内に明確な位置づけで以て配置されることが望まれるのである。

　成人は経験が豊かであり，そのことを活かした教育が展開されなければならず，学習者に対して敬意を抱いて援助に当たるスタッフが求められる。学習者が教育者にもなることを目指しての学習援助が強調されるのである。多様な背景を持った学習者から成る成人教育では，個別的な把握の上で人間関係を築くことが必要で，少人数で，ひとりの教員が継続的にかかわることが重要であり，イギリス等での成人教育はこのことを意識して取り組んできたが，日本の場合，1回きりの単発講義が多く，連続講座でも，いわゆる「ごった煮」あるいは「五目飯」と称されるプログラムが目立ち，講師も毎回のように変わるものが多いといった問題がある。かえって，戦前の大学の方に，講師がそれぞれ特定科目について数回は担当する公開講座がよくみられたのである。

　大学での教育は，フォーマルな教育を中心として考えられやすいが，生涯学習の場合，フォーマルな教育だけでなく，インフォーマルな教育やノンフォーマルな教育をも含めて統合的に捉えることが重要となる。日本における社会教育や欧米におけるコミュニティ教育なども視野に入れての取組みが求められるのである。失業者の教育など社会的に不利益状態にある人のエンパワメントの教育は，地域の社会教育機関が取り組むのが適切との考えもあるが，リーズ大学は，その研究とともに先導的でモデルとなる教育を展開し，しかる後にそれを地域の教育機関等にバトンタッチしていくことの意味を示した。[12]

識字・日本語教室など成人基礎教育の保障は，夜間中学校や社会教育の事業として展開されてきたが，大阪教育大学でもその開設が試みられたのも，単に学習機会の拡充だけでなく，それまでの各地域における取組みとつながりながら，実践的研究を重ねることによって，この種の事業の発展を期するためである。

大学開放体制の整備

大学開放が効果的に行われるためには，住民のニーズを的確に把握すること，生涯学習の研究を進めること，生涯学習支援者の教育を行うこと，地域との連携を図ること，社会教育機関等他の教育機関や専門職団体など職能団体との提携を行うことなどが課題となる。そして，全学的に開放を進めるには，エクステンションセンターなど開放機構を整え，開放のミッションを自覚し力量を具えた教員，地域に習熟した専門職員，事務職員の充実した配置を行い，その運営組織は副学長など全学的に影響力のある職にある者を長としたものであることが必要である。そのような機構は，開放を一身に担うのでなく，全学を動かす軸となるべきものであり，そのような機構なしには，ともすると学内に閉じこもった研究・教育が支配的になりかねないのである。

近年は，大学における教育方法の改善などを期して，ファカルティ・ディベロップメントのための組織やセンターを設けるなどで，教員の教育力形成が図られている。そこでは，成人教育についての力量形成も視野に入れて，大学開放センターとの協働が期待されるのである。それによって，一般学生対象の教育にもふくらみが生じ，大学全体として教育効果が高まるであろう。大学教育の中でも，地域の商店街や自治体と共同で調査する授業が組まれている例もある。地域連携センターや大学開放センターが窓口となって，大学と地域諸団体との共同研究が進められることになるのである。

注

(1) P. ラングラン／波多野完治訳「生涯教育について」森隆夫編著『生涯教育』帝国地方行政学会，1970年，238-264頁。

(2) CERI, *Recurrent Education: A Strategy for Lifelong Learning*, OECD, 1973;

CERI, *Recurrent Education: Trends and Issues*, OECD, 1975.
(3) Hutchins, R. M., *The Learning Society*, Encyclopaedia Britanica, 1968.
(4) UNESCO, *Learning to Be: The World of Education Today and Tomorrow*, UNESCO, 1972.
(5) 高梨昌『臨教審と生涯学習』エイデル研究所，1987年，71-77頁。
(6) 上杉孝實「イギリスの教育改革における生涯学習の動向」大桃敏行他編『教育改革の国際比較』ミネルヴァ書房，2004年，212-229頁。
(7) Harrop, S. (ed.), *Oxford and Working-Class Education, (new edition)*, Department of Adult Education, University of Nottingham, 1987.
(8) Adult Education Committee, Ministry of Reconstruction, *Final Report*, HMSO, 1919, pp.97-100.
(9) ACACE, *Continuing Education: From Policies to Practice*, ACACE, 1982.
(10) Wiltshire, H., "The Great Tradition in University Adult Education", *Adult Education, 29*, 1956, pp.88-97.
(11) Abrahamsson, K. *et al.*, *Recurrent Education: Ideals and Realities in the Swedish System of Higher Education*, Department of Educational Research, Stockholm Institute of Education, 1978, p.17.
(12) Taylor, R. *et al.*, "The University Adult Education and the Community Perspective : The Leeds 'Pioneer Work Project'", *International Journal of Lifelong Education*, 3(1), 1984, pp.41-57.

第2章
福祉国家と大学開放

佐藤隆三

1 福祉国家の形成

イギリス福祉国家

　福祉国家の解体・再編が叫ばれてから久しい。第二次世界大戦後のイギリスで形成された「福祉国家」は，すべての国民にナショナル・ミニマム（最低限度の生活）を権利として保障しようとするものであった。

　第二次世界大戦のさなかにイギリスでは早くも戦後復興の計画づくりがされ，その一つとして社会保障の分野についてまとめられたのが「社会保険および関連サービス」（ベバリッジ報告）であり，1942年に公表され国民の熱狂的な支持を受けた。この報告の基本は全国民を新たな単一の社会保険制度の下に包摂し，老齢，失業などの際に均一の給付を行い，それによりナショナル・ミニマムをすべての国民に保障しようとするものであった。報告の内容はほぼそのまま制度化され，イギリスは福祉国家へと向かった。

　ベバリッジ報告は，戦後の展望を与え国民を対独戦へ向け鼓舞し，かつ戦後復興のための国民の団結を目指すことに大きなねらいがあった。イギリスはかつて七つの海を支配し繁栄を誇った大英帝国であったが，20世紀に至りアメリカ，ドイツ等の追い上げにより次第に衰退に向かい，第一次世界大戦の戦勝国となったもののその後の不況と大量失業に苦しみ経済は低迷した。第二次世界大戦では同じく戦勝国とはなったものの膨大な戦費のため海外資産も食い潰して債権国から債務国に転落した。そこで戦後には復興とあわせて大英帝国の再建を目指すべく何よりも国民統合を図らなければならなかった。その重要な戦

略がベバリッジ報告に基づく福祉国家であった。

階級対立とシティズンシップ

　世界で最初に近代国家と資本主義を生み出したイギリスは産業革命を経て経済的繁栄を誇った。しかし近代的大工業の成立は一方における富んだ資本家階級と他方における困窮した労働者階級という階級社会をもたらし、「二つの国民」と呼ばれるようにそれぞれの階級は隔絶し、階級対立が激化していった。当時の経済学者 A. マーシャル（A. Marshall）は、貧困に喘ぐ粗野で怠惰な労働者をいかにして「ジェントルマン」にすることができるかに苦慮し、労働者を教育することにより彼らを知性ある勤勉なジェントルマン、すなわち当時の上中流階級の「市民」と同等な者とすることができると考えた。そこには資本主義社会が生み出す階級社会という構造的な問題という認識はなかったといえる。マーシャルの考えを引き継いで社会学者の T. H. マーシャル（T.H. Marshall）は1950年に『シティズンシップと社会的階級』を著し、資本家も労働者もすべて「市民」として平等に取り扱う「シティズンシップ」の考え方を提示した。すなわち、「シティズンシップとは、ある共同社会の完全な成員である人びとに与えられた地位身分である。この地位身分をもっているすべての人びとは、その地位身分に付与された権利と義務において平等である[1]」とした。共同体＝国家、その成員＝国民＝市民という図式により、資本家・労働者という対立のない平等な「市民」とその市民により形成される市民社会を描いたのである[2]。

　T. H. マーシャルによれば、シティズンシップの3つの要素、すなわち市民的、政治的、社会的要素はそれぞれ対応する権利から成り立っており、市民的権利は18世紀に言論、思想などの自由権として、政治的権利は19世紀に参政権として、社会的権利は20世紀に生存権、教育権等として獲得されてきた。この展開過程は、人々がそれぞれの権利を獲得し自らを市民として形成していく過程であり、それは同時に市民社会の発展と軌を一にするものであった。それはまた資本主義の発展と並行しており、資本主義社会は階級社会であり不平等を生み出す社会であってシティズンシップの平等の原理との対立は避けられない

が，少なくともシティズンシップの原理は階級社会の生み出す不平等の緩和を図ることができるものと考えられた。

　階級概念抜きにすべての国民を平等な市民とするT. H. マーシャルのシティズンシップ論は，第二次世界大戦後のイギリスにとって，復興と大英帝国の再建を目指すためにこの上なく適合的な理念であった。第一に，復興のため国民が一致団結して取り組まなければならないが，厳しい階級対立の下で労使紛争が激化した従来の轍を踏まないためには，すべての国民を資本家，労働者といった区分なしに「一つの国民」として統合していく必要があった。シティズンシップ論はまさにそれに適合するものであった。第二には，第二次世界大戦後には社会主義がソ連一国からから世界的な体制となり，イギリスはもとより西欧先進資本主義国は社会主義・共産主義の脅威に曝されることになった。資本主義体制維持のためには，社会主義の理念である「平等」に対抗する上でシティズンシップ論の「平等」原理こそふさわしかった。

福祉国家とシティズンシップ

　かくしてシティズンシップの理念を現実の政策・制度とすることが求められたのであるが，その具体化がベバリッジ報告に基づき形成されてきた福祉国家であった。すべての国民を単一の社会保険に組み込むという平等原理と，それを通じてのナショナル・ミニマムの実現という社会的権利の保障は，まさにシティズンシップの理念に適合するものであり，T. H. マーシャルのシティズンシップ論はベバリッジの福祉国家を理論的に支え推進するものとなった。戦後のイギリスは労働党，保守党が政権を競ったが，両党の指導者も含めイギリスの支配層には戦後復興と大英帝国の再建，さらに社会主義に対抗した資本主義体制の維持という共通の目的があり，そのため彼らにとって福祉国家は不可欠の政策であった。

　こうした事情は他の西欧先進資本主義国にとっても同様であった。大戦後に資本主義体制の覇権国家となったアメリカは，戦後復興と社会主義体制への対抗のためマーシャル援助を通じてヨーロッパにドルを散布しブレトンウッズ体制を構築し世界経済を繁栄に導いた。その経済的繁栄を背景に各国は福祉国家

の建設に向かい完全雇用を目指したが，そのための政策手段がケインズ主義に基づく財政金融政策であった。こうして各国における福祉国家，すなわちベバリッジ‐ケインズ主義的福祉国家がこの時代の姿となった。

こうしてシティズンシップ論とそれに基づく福祉国家は先進諸国では戦後復興と体制維持のために国民統合を図る有力な国家イデオロギーとなった。同時に，自由と民主主義を求める第三世界の人々，差別と抑圧に苦しんできた女性，障害者，黒人等の人々にとって，シティズンシップの理念は解放と抵抗のための有力なイデオロギーともなった。その意味でシティズンシップは世界的に共通の理念となっていった。もちろん福祉国家の体制は平等と民主主義を掲げて国民，とりわけ労働者階級を体制内に取り込むものであったのみならず，外国籍の者（移民等）は当初からその権利を認められず，男性稼得者モデルに立脚し女性を第二市民とみなすなど，福祉国家の基礎をなすシティズンシップ論は市民の平等という普遍性を掲げつつも排除の原理を内包するものでもあった。[3][4]

日本の福祉国家

世界的な福祉国家指向の中で，日本はどのような位置にあったであろうか。戦後復興の混乱の中からサンフランシスコ条約による独立，朝鮮特需による経済復興を通じて高度経済成長へと時代は進んだ。その過程で福祉国家建設の議論はあったものの，何よりも経済成長第一主義がその時代の基本であった。

憲法第25条で「すべて国民は，健康で文化的な最低限度の生活を営む権利を有する」と生存権保障が規定され，生活保護法等の福祉三法の制定に始まり国民皆保険・皆年金の実現など社会保障の諸制度の整備は順次進められたが，シティズンシップの理念を欠いたままそれらを通じてナショナル・ミニマムが国民の権利として保障されたとはいい難く，そのための公共支出も低位に止まった。[5]先進諸国の福祉国家では完全雇用政策が目指されたが，わが国では雇用保障はもっぱら民間企業に委ねられ国が積極的に取り組む政策とはならなかった。このため1970年前半までに社会保障の充実が図られたとはいえ，それは先進諸国が取り組んだベバリッジ‐ケインズ主義的福祉国家ではありえなかった。そこにはわが国における市民社会の不在もしくは未成熟という問題があったと考

えられる。⁽⁶⁾

2　福祉国家の変容と教育

シティズンシップにおける教育の意義

　A. マーシャルが粗野で怠惰な労働者をジェントルマンにするためには教育を不可欠なものとしたが，T. H. マーシャルも教育をきわめて重視した。シティズンシップは民主的な市民社会を前提とするものであり，民主主義のためには市民が教育を通じて啓蒙されることが必要欠くべからざる条件であった。それを欠いては19世紀のシティズンシップの政治的要素は成り立たず，民主主義も機能しなくなる。

　産業革命後のイギリスでは多数の児童が工場などで労働を強いられ，児童の労働時間の制限等を定める工場法が制定されていく中で工場主による児童の教育について規定されたが，実際にはきわめて内容的に乏しかった。それでもやがて19世紀の終わりまでには初等教育は無償の義務教育となっていった。

　T. H. マーシャルは，子どもの教育，すなわち公的な初等教育を国が保障することは市民の形成に不可欠であり，「教育の権利はシティズンシップを構成する真正の社会的権利である」とする一方，「自分自身を改善し，自分を文明市民にするという義務は社会的義務であり，単なる個人的義務ではない」とした。そして，「19世紀を通じた公的初等教育の成長は，20世紀におけるシティズンシップとしての社会的権利の再確立へと向かう道程における，最初の決定的なステップだったのである」とした。[7]こうした市民を形成する市民教育があって初めて政治的権利としての参政権も実体的な意味を持つようになり，社会的権利の基盤となる。ただし労働者階級に政治的権利を認めることは彼らの政界進出を許し体制変革につながる恐れがないわけではないが，T. H. マーシャルはイギリス市民社会への揺るぎない信頼の上にこの政治的権利を認めたのであった。[8]

　公的な初等教育の普及は市民形成の上で大きな役割を果たしたが，そこには優秀な労働力を求める資本の要求もあり，同時に優秀な兵士を求める国家の要

求もあり，19世紀から20世紀にかけての帝国主義の時代的背景が影を落としていた。いずれにせよ教育の普及は社会保障制度の展開と相伴って，それまでの「財産」と「教養」を有する市民により形成されてきた市民社会を広範な一般民衆（労働者）をも包摂する大衆社会へと変質させていった。教育はそのプロセスを通じて人びとの能力を選別し，その選別により職業上の地位や所得を正当化することにより，社会的な階層化の道具ともなる。高等教育に関してみれば，一方では下層階層の者でもそれを通じて上層階層に上昇することができるように，階級構造を変化させ平等化を促進する機能を有している。しかし他方では，高等教育を受けられるのは高額な学費を負担でき，かつ就学のための機会費用を負担できる上層階層に限られ，逆に階級構造を固定化し不平等を維持する機能を有するものでもある。

福祉国家の変容とシティズンシップ

　戦後ヨーロッパでは米ソ対立の冷戦構造において緊張下の安定が図られるとともに経済的繁栄が続いた。イギリスは1956年のスエズ出兵の失敗によりもはや大英帝国の夢は去り，その後は普通の国として歩まざるを得なくなった。ましてやその後ソ連型社会主義体制が崩壊し，中国で市場経済が拡大されていけば，大きなコストのかかるベバリッジ－ケインズ主義的福祉国家は不要なものとなっていく。

　1973年のオイル・ショックはそれまでの世界経済の繁栄に終止符を打ち，急激なインフレと失業増をもたらすとともに福祉国家の基礎を揺るがした。イギリスでは経済停滞の中で政府の経済運営とりわけケインズ主義の有効性が問われるようになり，社会保障などの公共支出を通じて肥大化した「大きな政府」が批判され，福祉国家に対する不満が国民の間からも噴出し福祉攻撃や納税者の反乱といった事態がみられるようになった。そこへ保守党のサッチャー内閣が登場し，「小さな政府」を目指し公的部門の民営化を進め反ケインズ主義に基づく政策運営を行い，公共支出の削減，とりわけ社会保障の諸制度の切り捨てを断行していった。サッチャー首相は新保守主義の立場から個人の自己責任を強調し，福祉国家によるナショナル・ミニマムの権利の保障という理念を否

定し，公的年金制度の改革にみられるように民営化・市場化と個人責任を軸とする改革を推し進め，従来の福祉国家の姿を大きく変容させていった。

　こうした変化の背景にはシティズンシップ論の変化がともなった。T. H. マーシャルのように近代市民社会における市民としての権利を重視する自由主義の立場がある一方，古代ギリシアの都市国家における市民を原点として市民としての義務を重視する共和主義の立場がある。後者の立場からは，今日では就労（＝社会への貢献）して自立した生活を送ることが市民の義務であり，国からの給付は義務の遂行を前提とするものでなければならず，シティズンシップとしての社会的権利は否定される。こうしてシティズンシップ論自体の中からも福祉国家に対し強い批判が向けられ，その影響力が強くなっていった[10]。

　サッチャーらの新保守主義は市場での競争力強化とそれによる経済成長を目指す新自由主義と結びつき，以後，それが世界の流れとなり福祉国家に対する見直しが進められた。社会保障の諸制度は権利よりも義務を重視する方向へと向かい，アメリカの福祉制度のAFDC改革に典型的にみられるように，制度への依存を排除し福祉給付の受給者に対してモラルと就労を強調するワークフェア（workfare）が世界的にも拡がっていくことになった。

教育と就労および社会投資戦略

　イギリスではサッチャリズムにより経済の活性化に成功したものの福祉国家の縮減が図られ格差拡大などが進み，その批判が高まる中でブレアー首相の労働党政権が登場した。ブレアー政権は社会主義でもなく新自由主義でもない「第三の道」を政策の基本に据え，教育を政策の最重点においた。それは教育を通じて各個人のエンプロイヤビリティー（employability：就労可能性）を高め人的資本の向上を図り，雇用の機会を拡げ経済成長と失業問題の解消を図ろうとするものであり，特に社会的排除を受けている人々に対して教育を通じた就労機会の拡大により社会的包摂を図ろうとするものでもあり，「福祉から労働へ（welfare to work）」という政策である。しかし就労を通じての社会への包摂とは各個人が労働市場での競争に勝って安定した職を得てこそ実現されるものであり，その点では市場主義に他ならず，ミニマム保障は否定される。こう

して教育 – 就労という文脈において，就労のための人的資本形成とそのための個人責任が前面に登場し，市民と市民社会を形成する市民教育の側面は後退せざるを得ない。

この間，各国で財政危機が進行し社会保障を中心に公共支出の抑制・削減が進められ，福祉国家の政策も経済成長・競争力強化に寄与することが求められ，社会投資戦略（social investment perspective）[11]が唱えられるようになった。それは年金，失業給付など従来の受動的な所得保障によるナショナル・ミニマム保障よりは，職業訓練等による技能・技術の向上，保育所の整備，育児休業の充実等により人々のエンプロイヤビリティーを高めるというアクティブな政策を通じて労働市場への参加と自立を支援することを目指すものである。しかしその政策は，結局はエンプロイヤビリティーという人的資本の向上に眼目があり，経済的側面に焦点が当てられている。失業者だけでなく高齢者，障害者などエンプロイヤビリティーに欠け就労できずに貧困に陥る人々がいても，それは個人の責任であり，彼らにはセーフティネット，それも削減されたセーフティネットによる最低の処遇で生活保障をすれば足りることになる。

3　今日の福祉国家と大学

生涯学習

戦後の先進諸国は大衆民主主義・大量消費社会として特徴づけられ，その中で人々の要求の多様化，価値観の多元的が進み各人の生き方もそれぞれの個性に応じたものとなっていった。その実現のための手段として生涯教育論が登場し，1965年にラングランによりユネスコで提唱された。この時期は福祉国家が提供する画一的な給付やサービスとそれにより規定される画一的な生き方に対する批判が高まり，各人が自由に生き方を「選択」する指向が強まりつつあった。各個人は多様な形で学習を続け自己実現を図り，「生きがい」を持って充実した人生を送っていく，そうした生き方が求められたのである。そこに生涯教育論が登場する必然性があった。また，各国での人口高齢化という背景もあった。

ベバリッジ−ケインズ主義的福祉国家ではシティズンシップにおける教育の重要性から社会的権利としての教育にかかわる権利が重視され，国民生活にかかわる公的サービスの政策体系としてのソーシャル・ポリシー（social policy）では医療，福祉等と並んで教育が位置づけられ，教育に関する公的責任が当然視されていた。福祉国家が見直される時代になると，国家の教育政策のあり方も変わってくる。とりわけ新自由主義が各国での主要な政策イデオロギーとなると求められる個人の生き方は自由で平等な「市民」ではなく，市場で勝ち抜くことができる「強い個人」となっていく。要するに，個人の価値は「人間としての尊厳」を離れ市場評価に委ねられ，各個人は市場が求める条件に適合できるエンプロイヤビリティーを備えかつ高めなければならず，自ら研鑽に励み職業訓練等を受けなければならない。それこそが個人の生き方として次第に教育，とりわけ生涯学習の主たる側面となっていく。

　一方，市民としての権利と義務についてのシティズンシップ教育が唱えられるようになった。それはアクティブな「参加」を目指した共和主義的な立場からの市民教育であるということができよう。

　わが国も1980年代後半以降には教育政策の生涯学習体系への移行が目指された。従来の「生涯教育」という用語は，各人が自発的意志に基づく活動としての「生涯学習」とされた。そこには教育主体の「公」から「私」への転換があり，それは財政危機に直面し行財政改革を余儀なくされた国家政策の反映であると同時に，自己責任を強調する時代の流れの反映でもある。また特に民間のカルチャーセンター等が生涯学習の中に位置づけられるなど市場主義の浸透がみられた。

大学開放の位置づけ

　今日の社会は大衆社会・消費社会であり，同時に福祉国家である。それは一面では自由と平等が一般化した市民社会であるとされるが，その内実はグローバル化した経済構造の中で「市民」は「消費者」に矮小化され，本来市民が有すべきシティズンシップの諸権利は商品選択での消費者の権利に置き換えられ，公的な生活保障は後退し各種の格差は個人の責任に帰されてしまう。T. H.

マーシャルが想定したような自由で平等な市民社会は「生活世界の植民地化」が進行するなど大きく変質し，市民としての権利は希薄化され諸権利を保障してきた福祉国家も変容を来してきた。

　こうした今日の福祉国家の下では，大学は伝統的なエリート養成のための教育と研究の場に止まることはできない。大学は今日の市民社会状況にどう向き合い自らを位置づけていくかが問われる。

　生涯学習の観点からは，今日，学習の場はいたる所に拡がっており，学校はもとより保育所，地域包括支援センター，消費者センターなど市民社会における広範な場が学習の場となっている。したがって大学も市民社会における学習の重要な場として自らを位置づけ，大学開放を進め公開講座の開催，市民講座への講師派遣をはじめとしてそれぞれの地域の実情に応じた取り組みが求められる。大学開放は同時に地域支援・地域貢献でもあり，その実践には「生涯学習センター」や「地域連携センター」に止まることなく両者の機能を備え専任の担当者を配置した「エクステンションセンター」の役割が大きい。

　こうした取り組みは，第一には，福祉国家の変容の中で市民の自由と権利が失われていく中で，社会とりわけ地域における「知の共同体」ないしは「知」の拠点としての大学が，自由と権利の担い手としての市民を形成していく役割があるからに他ならない。かつての「世間」や「企業社会」をいまだに引きずりつつあるわが国社会では「市民」形成のための教育の必要性が極めて高い。[12]大学開放と生涯学習には何よりもこのような基本的な位置づけが必要である。第二は，人口の少子化の中で近い将来かなりの大学が定員割れから破綻することが見込まれる。そこで生き残るためには，若者のみならず社会人，高齢者を含めすべての住民を大学に取り込んでいく必要がある。それが大学にとって大衆化した大学教育，多様な価値観を抱く市民活動支援，コミュニティ再興の地域創生政策の姿でもある。そこでは大学が地域を取り込んでいくという発想が不可欠である。

今日の福祉国家と大学

　そのためにも大学の内部改革が必要である。これまで大学には市民と市民社会の形成という視点はほとんどなかったといってもよく，市民や行政との「協働」にも縁遠かった。さらにほとんどの大学では，教員のかなりの部分は地元出身ではない者が占めている。彼らの「知」を地域に活かしていくにしても，彼らが真に地域を理解し地域を愛し，地域に貢献できるような努力が大学の内部から生み出されなければならない。

　今日，大学のあり方については各種の議論がされている。しかしその主流は大学を市民社会や市民との関係から切り離し，経済的視点から一部の大学を世界に通用する国際競争力のある大学とする一方で，残余の大学は実践的な職業教育を行うべく特化し職業訓練校化すべきだという考え方である。こうした動きは市場主義の下で教育をも「社会投資戦略」の手段として再編しようとするものであるともいえる。しかしながら大学は，市民社会における「知」と「教養」の拠点として，生涯学習等の実践を通じて自由で平等な市民および新たな市民社会の形成という重要な役割の担い手であることが再確認されるべきである。

　戦後世界を形づくったベバリッジ－ケインズ主義的福祉国家は変貌を余儀なくされた。それは前提としてT. H. マーシャルなどの自由主義者が当時描いていた伝統的な市民社会は失われてきてしまったということである。大衆社会・消費社会を超え自由と平等な世界を目指し，すべての国民に今日の時代にふさわしいナショナル・ミニマムを権利として保障する新たな福祉国家への再建を目指そうとすれば，新たな市民社会の構築がなければならない。今日，わが国でも広範な市民が多様なアソシエーションを形成し，コミュニティの再生をはじめとする多彩な市民活動に取り組んでおり，各種の「協働」が進められ，新たな市民社会の展望も語られるようになってきている。その中で大学にもその一翼を担う主体としての自覚が望まれる。それでこそ格差や不平等が拡がる現在の福祉国家に代わる新たな自由，平等で豊かな福祉国家の展望もみえてくるのではなかろうか。

第Ⅰ部　地（知）の拠点となる大学開放

注

(1) T・H・マーシャル／トム・ボットモア／岩崎信彦・中村健吾訳『シティズンシップと社会的階級』法律文化社，1993年，37頁。
(2) 近年，多様な「市民社会論」が提唱されているが，本論で「市民社会」とは，さしあたり，ジョン・ロックやアダム・スミスの言う，自由と平等の世界である。それはT. H. マーシャルのシティズンシップ論の前提をなす古典的市民社会でもある。
(3) 渡辺雅男『市民社会と福祉国家』昭和堂，2007年，65頁を参照。
(4) たとえば，表弘一「リスクとシティズンシップ」木前利秋・時安邦治・亀山敏郎編著『葛藤するシティズンシップ』白澤社，2012年，68頁などを参照。
(5) 生活保護をめぐる朝日訴訟判決（プログラム規定としての憲法第25条），老人福祉施設への入居をめぐる判決（反射的利益としての入所措置）など。
(6) 今日でもこの問題は残っている。シティズンシップという市民社会の側面を無視すれば，社会保障の諸制度の整備状況，社会保障給付費の対GDP比率などから今日ではわが国も「福祉国家」であるといえようが，あまりに無限定的に思われる。
(7) 以上の引用は，前掲『シティズンシップと社会的階級』33頁，34頁および同頁。
(8) この市民社会への強い信頼に関しては，「「市民社会」は，……支配層のイデオロギーが強く浸透し，国民の側から資本の支配を受け入れる「同意」を得ている社会である。かくして，資本主義社会は，いくらかの政治的ぐらつきがあっても簡単に倒れない」というグラムシの市民社会論を想起する必要があろう。聴濤弘『マルクス主義と福祉国家』大月書店，2012年，238-239頁を参照。
(9) それまで市民社会から排除されていた労働者階級の市民社会への登場については，オルテガ・イ・ガセット／神吉敬三訳『大衆の反逆』ちくま学芸文庫，1995年。
(10) 「市民的共和主義のルネサンスは現在の政治生活を支配してきた自由主義的シティズンシップのエッセンスとしての個人主義に対する反動を表すものである」(Lister, R., *Citizenship—Feminist Perspective*, Macmillan Press, 1999, p.23) と指摘される。
(11) 社会投資戦略については，Jensen, J., "A New Politics for Social Investment Perspective," in Giuliano Bonoli and David Natari eds., *The Politics of the New Welfare State*, Oxford University Press, 2012.

⑿ 「氏族的,祖先崇拝的なものと,国家的なるもの以外に「社会」の存在を知らず,否,その社会を,単に「世間」と観じて「世渡り術」を卑俗な規範として守るこの国の庶民のあり方……」(増田四郎『西欧市民意識の形成』講談社学術文庫,1995年,85頁),および「この企業主義によって,企業人をはじめ多くの日本人は市民生活を失ってしまった。……つまり企業社会は,戦後の日本にできかかっていたかもしれぬ市民社会を窒息させてしまったわけである」(山田鋭夫『20世紀資本主義』有斐閣,1994年,263-264頁)などの指摘が重要である。

参考文献

岡野八代『シティズンシップの政治学』白澤社,2003年。

ウィリアム・ベヴァリッジ／一圓光彌監訳『ベヴァリッジ報告』法律文化社,2014年。

植村邦彦『市民社会とは何か』平凡社新書,2010年。

佐藤隆三「我が国に欠けているシティズンシップの視点」『UEJジャーナル』8,2012年,1-5頁。

田口富久治編著『ケインズ主義的福祉国家』青木書店,1989年。

デレック・ヒーター／田中俊郎・関根政美訳『市民権とは何か』岩波書店,2002年。

不破和彦『成人教育と市民社会』青木書店,2002年。

吉田傑俊『市民社会論』大月書店,2005年。

Blank, R., and Ron Haskins eds., *The New World of Welfare*, The Blooking Institution, 2001.

Keane J., *Civil Society*, Polity Press, 1998.

Turner, Bryan S., ed., *Citizenship and Social Theory*, Sage Publications, 1993.

第3章
知識基盤社会に対応した大学開放

五島敦子

　知識がイノベーションの源泉となる知識基盤社会において、大学は社会とどのような関係を結び、いかにして大学の諸機能を開放していくべきだろうか。大学の機能は、教育・研究・社会貢献といわれるが、日本における社会貢献の議論は、1990年代初頭までは生涯学習の文脈で展開されてきた。ところが、2000年代以降になると、イノベーション政策、地方分権改革、国立大学法人化といった一連の政策誘導によって、社会貢献活動は産学官連携の文脈で制度化が進んだ。しかしながら、大学が地域社会とどのように関係を結ぶべきかについて、全学的な議論は深まっていない。本章では、アメリカを中心に「エンゲージメント」という概念が登場した背景と展開過程を明らかにすることで、大学が社会に果たすべき役割を考えていく。

1　知識基盤社会の大学の使命

知識基盤社会における大学への期待

　知識基盤社会（knowledge-based society）とは、中央教育審議会答申「我が国の高等教育の将来像」（2005年）によれば、「新しい知識・情報・技術が政治・経済・文化をはじめ社会のあらゆる領域での活動の基盤として飛躍的に重要性を増す」社会とされる。知識が国境を越え、競争と技術革新が絶え間なく生まれるグローバル化時代では、創造性・独創性に富む卓越した指導的人材が必要である。さらに、幅広い教養と柔軟な思考力を持ち、自分とは異なる文化や背景を持つ人々と交流しながら、積極的に社会を改善していく人材、すなわち「21世紀型市民」が求められている。

このような新しい時代では、年齢、人種、性別にかかわらず生涯にわたって学び続けることが不可欠である。そのため、大学には、社会人受入れの推進等の生涯学習機能や地域社会・経済社会との連携が求められている。そこで、本答申は、社会貢献を「大学の『第三の使命』」と位置づけたうえで、知識基盤社会を牽引する人材を育成するには「教育・研究機能の拡張（extension）としての大学開放の一層の推進等」が重要であるとした。高等教育における社会貢献と大学開放の意義を明記した点で、本答申は、日本の大学開放史上のメルクマールと位置づけられる。

社会貢献の明文化とその課題

新しい時代の大学のあり方は、教育基本法改正（2006年）、学校教育法改正（2007年）によって政策的に明文化された。新設された条項（教育基本法第7条・学校教育法第83条第2項）では、教育研究の成果を「広く社会に提供することにより、社会の発展に寄与する」ことが定められ、社会貢献が大学の果たすべき使命であることが明示された。具体的方策の一つとして、学校教育法第105条が新設され、履修証明制度が創設された。これにより、各大学が社会人等の多様なニーズに応じた履修証明プログラムを開設し、修了者に対して履修証明書を交付できるようになった。その後、「社会人の学び直しニーズ対応教育推進プログラム」をはじめ、特色GPや現代GPを通じて社会貢献を目的とする事業が取り組まれた。近年では大学改革実行プランによる「地（知）の拠点整備事業」が進展している。いまや、国公立・私立の別を問わず、大学が果たすべき使命の一つとして社会貢献が明記されるようになった。

社会貢献に対する関心の高まりは、少子高齢化・国際競争下における大学間競争の激化を背景とする。外部資金の獲得や新たな顧客の開拓につながるという期待のもと、地域社会・経済社会との協働によって大学の存立基盤を強化することがねらいである。大学機関別認証評価でも、社会貢献あるいは地域貢献は評価項目の一つに位置づけられているように、外部評価の指標となっている。

この傾向は世界的潮流であるが、日本では、大学が地域社会にかかわることが、教育・研究の質的向上にどのようにコミットするのかについての議論が欠

けている。たとえば，大学評価・学位授与機構の評価事業では，地域貢献活動は選択評価事項の一つであるが，公開講座の開講数や参加者満足度が示されるものの，それが地域社会や大学自身にとってどのような意味を持っているのかが言及されていない。産学官連携の領域では一定の進歩がみられるが，何をしたかを羅列的に挙げるにとどまり，教育・研究活動の質的向上にどう生かされ，継続的に発展させるのかに踏み込んだ評価が不足している。近年では，学生の地域貢献活動が盛んに奨励されているが，学士課程教育としてのカリキュラムの整合性についての議論は発展途上である。

　欠落の理由として，社会貢献活動が，教育・研究活動と切り離された文脈で理解されてきたことが挙げられるだろう。これに対し，諸外国では，教育・研究・社会貢献の関係を捉え直し，大学と地域社会の関係を再構築するエンゲージメント（engagement）という概念が広まっている。

2　アウトリーチからエンゲージメントへ

アウトリーチの限界

　社会貢献の起源は，しばしばアメリカにおけるモリル法制定（1862年）に求められる。本法は，国有地の払い下げを受けて，各州に1校以上の州立大学（ランドグラント大学）を設立することを定めた。これにより，州立大学（ランドグラント大学）は，研究成果を産業経済や社会政策に応用することで，公共の福祉に貢献する使命を負うことが明らかになった。第二次世界大戦後は，貧困問題や雇用開発に対して政策的提言を行うなど，大学が担う社会貢献活動は多岐にわたった。そうした社会貢献活動は，大学が自らの壁を越えて地域社会に手を伸ばすという意味で，アウトリーチあるいはサービスと呼ばれてきた。[1]

　アウトリーチは，大学の恩恵を受けられない人々に大学に集積された知を届けることをねらいとする。その前提には，基礎科学は応用科学を経て実用に向かうという科学観があり，大学の科学研究が起点となるというリニア・モデルの考えがある。このモデルでは，基礎研究，応用研究，開発，生産，販売の各段階が逐次的に起きてイノベーションが起こるとされる。そこでのアウトリー

チは，大学の優れた「専門知」が，地域社会の課題に対して最善の解決を与えるという考えに基づいている。それゆえ，大学の社会貢献活動は，これまで，大学から地域社会へという一方通行で理解されてきた。

けれども，問題が複雑になり研究が高度になるほど，科学研究と実際的課題の乖離が起こり，大学から社会へという，いわば上から下への一方通行の流れが日常化してしまう。その結果，課題の解決というよりも，断片的な情報提供にとどまるか，あるいは，分析だけにとどまるといった状況を生みかねない。この場合，アウトリーチは教育・研究の付随的なものでしかない。

エンゲージメントへの期待

これに対して，知識基盤社会では，知が生まれる場面や経緯は多様であり，問題の解決方法は一つとは限らない。よりよい解決には，大学で生み出された「専門知」と，地域社会での経験から生まれる「実践知」の相互作用が必要であり，知識生産を行う主体同士を連携させていくことが重要となる。経験を省察し，知識が絶え間なく再構成されることがイノベーションを生むからである。その前提には，基礎研究から販売までの各ステージは連鎖的に関連し，フィードバックのループによって進むという連鎖モデルの考えがある。ニーズが発見を誘引するため，課題中心型になり，個別のディシプリンにとらわれない領域横断性が求められる。さらに，その成果を参加者の間で共有するネットワークが要請される。

たとえば，看護学生が病院に通えない高齢者の居住地域で支援活動に携わることは，単に学生の学外実習というだけにはとどまらない。学生や教員が地域に入ってデータの集積・分析を繰り返し，地域住民と協働して解決方法を模索することで，新しい知の創造が期待される。課題の発見には，大学の専門家だけでなく，地域の力をいかに結集できるかが鍵となり，教員，学生，地域住民の信頼関係を築くことが重要である。よりよい解決には，保健医療や福祉だけでなく，経済的・政治的・社会的問題や人種的・民族的問題にも視野を広げ，横断的に検討する必要がある。こうした地域社会での「実践知」は，キャンパスでの学びの質を変えるとともに，大学の「専門知」に働きかけて研究活動に

変革をもたらす可能性をもつ。この場合，大学と社会の関係は，一方通行ではなく，双方向的・互恵的な関係である。そうした関係性を表す概念としてのエンゲージメントに期待が向けられている。⁽²⁾

大学の使命の再考

エンゲージメントが注目されたのは，1980年代以降，公的資金に対する大学の説明責任が問われ，学問研究のあり方や学生の学びの質が再考されたことに遡る。アメリカでは大学教授職の使命を検討したボイヤー（E. L. Boyer）が，これまでの大学では研究が重視されるあまり，教育や社会貢献が軽視されているとして，知識の「発見」「統合」「応用」「教育」という4つのスカラーシップを再定義した。⁽³⁾ボイヤーの提言は教育と研究の二項対立を超える議論として参照されるが，社会貢献を再検討する議論も提示している。⁽⁴⁾

ボイヤーは，大学が歴史的に担ってきた知識の「応用」としての社会貢献が十分な評価を得ていない点を批判した。ここでいう「応用」とは，大学から社会へという一方通行ではなく，現場の課題を持ち帰って理論の検証と発展に結びつける双方向的関係を意味している。さらに，そうした考えを発展させて「エンゲージメントというスカラーシップ」（scholarship of engagement）を提言した。彼によれば，エンゲージメントとは「大学の豊かな資源を，我々の子どもたち，学校，教師，都市などにとって緊急の社会的・経済的・倫理的課題に結びつけること」であり，「大学と市民の文化が相互にもっと継続的で創造的にコミュニケーションする風土をつくることも意味する」というように，幅広い意味を持っていた。⁽⁵⁾

3　エンゲージド・ユニバーシティという戦略ビジョン

大学理念の再定義——発見・学習・エンゲージメント

ボイヤーの批判を受けて，公立・ランドグラント大学協会は，大学と地域の関係を再考するため，州立・ランドグラント大学（土地付与大学）の未来に関するケロッグ委員会（Kellogg Commission on the Future of State and Land-Grant

Universities：以降，ケロッグ委員会）を設置した。ケロッグ委員会は，1996年から2000年にかけて協議を重ね，『我々のルーツに戻る』(Returning to Our Roots) と題する6つの報告書を発表した。グローバル化に対応するための競争力強化や経営努力の要求が高まる中で，州立大学は過度の研究志向や成果主義・商業主義に陥っているために，社会のニーズに対応できず地域との関係を失っていた。そこで，報告書では，モリル法に遡って「我々のルーツに戻る」というメッセージのもと，大学理念の再定義を行った。具体的には，研究・教育・社会貢献という3つの理念にかわって，「発見」(discovery)，「学習」(learning)，「エンゲージメント」(engagement)，という3つの理念が提起された。

「発見」とは，閉じられた研究室での研究成果を学会誌に発表することではなく，さまざまな領域の知識と技術を横断的に統合することで新しい知を生み出すことである。それは，地域社会のニーズに基づきながら地域住民との協働を通じてはじめて可能になる。「学習」とは，教員から与えられる受動的な教育ではなく，学生と教員が責任を共有し，あらゆる資源を活用してアクティブに行動することによって得られる学びである。それは，サービス・ラーニングと問題解決学習によって育まれ，個々の人生に対する挑戦と結びついてはじめて意味を持つ。「エンゲージメント」とは，大学から社会へという一方通行ではなく，地域社会との双方向的・互恵的関係である。それは，単に社会貢献に置き換わるものではなく，「発見」と「学習」を統合する概念である。その意味で，エンゲージメントは「大学が地域に対して生産的に関わることができるよう，基本的な大学の機能を再設計すること」を意味している[6]。

エンゲージド・ユニバーシティの提唱

「エンゲージド・ユニバーシティ」(engaged university) とは，エンゲージメントを機軸にした21世紀の大学像である。それは，大学と地域が課題を共有し，互恵的につながり，互いに尊重し，話し合いの場を持つ大学である[7]。

エンゲージド・ユニバーシティは，一方で，理論の探求に軸足を置きつつ，他方で，複数のディシプリンを融合させイノベーションを生みだすことで，社会のニーズに結びつける大学である。この大学像を唱導するラマレイ（J. A.

Ramaley) は，ストークス（D. E. Stokes）による「パスツールの象限」を用いて，基礎・応用という基準と，特定用途への関連性の高・低という基準という2つの軸で，大学像を4分類している。その中で彼女が支持するのは，利益とは無関係に基礎研究に邁進するボーア型や，利益追求を目的として応用研究に励むエジソン型とは異なり，基礎研究でありながら社会に役立つ成果が期待できるパスツール型の大学像である。[8]

　エンゲージド・ユニバーシティは，公的な利益か，私的な利益か，という二項対立的な考え方では実現できない。なぜなら，高等教育が社会にもたらす利益について，公と私の境界を明確に分けることはできないからである。例えば，高度な教育を受けた人々から生じる個人的収益は，高い税収という公的な利益もつくり出す。また，よりよい教育を受けた市民は犯罪者となる危険性が低く，地方政府が提供する社会福祉や医療サービスを受ける確率も低くなるので，公益に資することになる。この場合，公的利益と私的利益を切り離すことはできない。それゆえ，公と私の互恵的・相互作用的・補完的な関係は，地域社会の力を拡大させる。

　このような大学像は，大学と企業・行政・NPO等の連携を促し，知識基盤社会を牽引する人材を育成するための指針を示した。その究極的なねらいは，大学と地域が互恵的につながることによって，学生が民主的な社会の形成者となるよう「生涯にわたって学び続ける学習者」となることである。[9]

教育中心から学習中心へ

　エンゲージメントという概念は，教育中心から学習中心へという学習観の転換から，学生の学びへの取組みや学習経験を測る学生エンゲージメント（student engagement）研究の中で具体化してきた。[10]それは，高等教育の大衆化やテクノロジーの変化にともなって，学生像や学習形態が多様化したことを背景としている。アメリカでは，大学生の40％が25歳以上であるように働きながら学ぶ非伝統的学生が増えたため，柔軟に学べるオンライン教育が急速に発達してきた。しかし同時に，中退率の高さが問題になり，学生の学びの質が問われている。[11]

テレンジーニ（P. T. Terenzine）とリーズン（R. D. Reason）の調査によれば，教室での講義よりも，サービス・ラーニング，ラーニング・コミュニティ，協同的研究モデルといった，多様なコミュニティにおける活動的で協同的な学習活動にかかわるほど，学生は人生にとって意味のある学習成果が得られるという。ディル（D. D. Dill）によれば，大学教員もこのような学びに自律的にかかわるほど，生産性があがるという。政府が説明責任のために教員を監視するよりも，教員自身が社会的な相互作用を経験するほうが教育・研究の発展につながるからである。

サービス・ラーニングは，エンゲージメント研究を理論的支柱として教育効果や研究インパクトの分析が進み，教育実践としても学問研究としても成功をおさめている。たとえば，1985年の設立以来，サービス・ラーニングを先導してきた大学間ネットワークであるキャンパス・コンパクトには，今日，1100校以上の大学が参加しているように，大きな広がりをみせている。2006年には市民参加を促進する研究大学のネットワーク（TRUCEN）が形成され，2000年代後半には研究大学もこぞってエンゲージメントを推奨するようになった。この成功は，大学と地域社会の関係の深まり，いわばエンゲージメントの深まりが，教育・研究の質を高めるという主張を裏づけるものである。

4　エンゲージメントをめぐる世界的潮流

エンゲージメント概念の多様性

エンゲージメントは，世界各国において，大学と社会の相互関係を構築する新たな概念として注目されている。オーストラリアでも，コミュニティ・サービスにかわってコミュニティ・エンゲージメントという概念が広まっている。その特徴として，①大学とコミュニティの協働，②相互利益性，③教育研究活動の質の向上，④第三の機能というよりは教育・研究活動の一環といった事項が強調されている。

イギリスでは，科学研究が社会にどうかかわるべきかという問題からパブリック・エンゲージメントに関する議論が深められ，2008年に「パブリック・エ

ンゲージメントのためのビーコン」プロジェクトが発足した。各大学の取組みを支援する組織である NCCPE（National Co-ordinating Centre for Public Engagement）は，パブリック・エンゲージメントを「大学が活動と成果を一般の人々と共有するためのあらゆる取組み，相互に共通の成果を生み出すための双方向のやり取り」と定義している[16]。

しかしながら，エンゲージメントという概念にかかわる用語・定義・活動内容は，国家や組織団体あるいは大学ごとに多様であり，統一した見解はない。そのため，エンゲージメントを測るアセスメントの方法が模索されている。

評価指標としてのエンゲージメント

アメリカでは，2005年にカーネギー教育振興財団がコミュニティ・エンゲージメントの認証事業を開始したことが，エンゲージメント概念が普及する契機となった。エンゲージメントの深さは評価の対象となり，選ばれる大学の条件となるからである。

カーネギー大学分類は，カーネギー高等教育審議会によって1970年に作成された大学分類で，数度の改訂を経てきた。本来の目的は，多様な高等教育機関を整理分析するためであった。ところが，研究大学を頂点とする従来の分類方法が大学ランキング等の指標に用いられ，高等教育機関の序列化をもたらすようなった。そこで，分類カテゴリーの大幅改訂が行われた際，新たにコミュニティ・エンゲージメント分類（Community Engagement Classification）が設定された。

この認証事業は，高等教育機関の多様性を尊重し，大学全体で地域の発展に継続的にかかわることを推奨する。選択的評価事項であるため，各大学が自主的に参加するもので，量的データで測ることができない質的データを蓄積して，個々の大学の特色ある試みを評価する。認証は5年毎に行われ，10年毎に再認証を受ける。直近の認証事業は2015年に行われ，現在，361校が認証を受けている。

評価のプロセスでは，大学全体としての組織的な対応がどこまで徹底しているかが重視され，財政的基盤，教員評価への反映，ファカルティ・ディベロッ

プメント，カリキュラム上の整合性などが検討される。単に大学の資源を社会に開放するだけでなく，開放することが大学自身の教育・研究活動の発展にどう結びつくのかが重視される。したがって，評価事業に参加することは，自らの教育研究活動を総括的に見直し，エンゲージメントという概念を中心に据えた組織改革を促すことになる。

次の認証は2020年であるが，すでに認証に向けて改革に着手した大学もある。たとえば，サザン・メイン大学では，2014年に学長のリーダーシップのもとで，コミュニティ・エンゲージメントの強化を打ち出した。コミュニティ・サービスを管理していた部局をコミュニティ・エンゲージメントとキャリア・サービスを行う部局に改組し，ディレクターやコーディネーターの専門職を多数配置した。学部単位で行われていたインターンシップ，サービス・ラーニング，ボランティアなどを横断的に掌握し，新規プロジェクトに競争的資金を配分して活性化を図っている。[17]

戦略ビジョンとしてのエンゲージメント

近年，エンゲージメントは，大学の戦略ビジョンの中に位置づけられるようになり，結果として，大学のガバナンス改革が促されている。カナダのサイモン・フレイザー大学では，2011年にエンゲージド・ユニバーシティを戦略ビジョンとして位置づけた。これによって，カナダで最も地域とのかかわりの深い研究大学となるという目標のもと，全学的にエンゲージメントが推奨された。たとえば，郊外の移民急増地区にあるサレー・キャンパスでは，学生が移民子弟の家庭教師を務めることで大学進学率を高め，地域経済の活性化や政治参加を促している。都心にあるバンクーバー・キャンパスでは，都市再開発をめぐる階層間の対立に際して，対話と参加の場を住民に提供したり，学生が積極的に地域再生にかかわったりすることで，人間関係の再構築を試みている。

これらが可能になったのは，従前の地域連携事業を客観的基準に基づいて自己評価し，ターゲットを定めて戦略的にプログラムを組み立てているためである。企業や自治体との連携により，柔軟に資金を得ているところも大きい。それは，学長の強いリーダーシップのもとで大学ガバナンス改革が進展した結果

である。それを支えているのは，企画力と調整力に富むコーディネーターや経営管理能力に長けたディレクターといった専門職である。[18]

世界を逆転させるエンゲージメント

　エンゲージメントやエンゲージド・ユニバーシティという概念は，欧米諸国ばかりでなく，南半球を含めた世界的な広がりをみせ，さまざまな大学間連携組織が成長している。例えば，2005年には，タフツ大学ヨーロッパセンターが主幹となって，6大陸23か国から29大学の学長らが集結した。彼らは「高等教育についての市民の役割と社会的責任に関するタロワール宣言」を締結し，タロワール・ネットワーク（The Talloires Network）が設立された。ネットワークは，エンゲージド・ユニバーシティの実現を目指して世界会議を主催したり，ボランティア，サービス・ラーニング，インターンシップなどの優れた活動を表彰したりしている。また，学生国際交流ボランティア・プログラム，発展途上国の若年者失業対策プログラム，アクション・リサーチ・プログラムなども行っている。加盟大学は，2012年では62か国247大学であったが，2016年には76か国356大学となったように，急速に拡大している。[19]

　タロワール・ネットワークの活動は，先進国だけでなく，アフリカ，東アジア，南アジア，ラテンアメリカ，中央アジアなどの発展途上国の大学も参加するグローバルな運動である。先進国と発展途上国の学生が交流し協働して，公衆衛生改善，貧困撲滅，環境保護などの課題に取り組むことは，南半球と北半球の経済格差を是正することにつながる。したがって，エンゲージド・ユニバーシティは，南から北へと「世界を逆転させる」可能性を持っている。[20]

エンゲージド・ユニバーシティの目指すもの

　知識基盤社会において，知の普及は，大学から社会へという一方通行ではなく，知が生まれる契機は多様となった。そのため，大学と社会の双方向的・互恵的関係を意味するエンゲージメントが重要となっている。従来の大学理念では，教育・研究・社会貢献が別々のものとみなされ，社会貢献は教育・研究の付加的な位置づけにあった。これに対し，エンゲージド・ユニバーシティとは，

これら三つの機能を有機的に統合することにより，新しい価値を創造する大学である。大学が地域との対話を深めることは，学びを豊かにすると同時に新しい発見を誘引する。それは，南北格差や環境保護といったグローバルな課題にも及ぶ。つまり，エンゲージメントの深まりが教育・研究を発展させ，世界を変える可能性を持つという点で，大学理念のパラダイム転換を示唆している。

　ここから指摘できるのは，日本の大学でも多様な社会貢献活動が展開されているが，それらをつなぐ論理が欠けていることである。実は，教育・研究・社会貢献のどのような活動であっても，それを担う人（ひと）がいなくては成り立たない。エンゲージド・ユニバーシティが目指すのは，協働的な学習を通じて学び続ける学習者を育成することである。21世紀において大学が社会に果たすべき役割は，生涯をかけてそうした力を獲得できる「人（ひと）づくり」といえるだろう。そのためには，それぞれの大学が理念と目的を全学的に共有できるようなガバナンスの構築が不可欠である。

＊本章は，2016年度パッヘ研究奨励金 I-A-2 および JSPS 科研費（15K04335）の助成を受けた研究成果の一部である。

注
(1) アメリカ大学開放の歴史的展開および主たる先行研究については，以下を参照。五島敦子『アメリカの大学開放——ウィスコンシン大学拡張部の生成と展開』学術出版会，2008年。
(2) Ramaley, J. A., "Service and Outreach: the Public University's Opportunities and Obligations," R. L. Geiger, C. L. Colbeck, R. L. Williams and C. K. Anderson (eds.), *Future of the American Public Research University*, Sense Publishers, 2007, pp.145-161.
(3) E. L. ボイヤー／有本章訳『大学教授職の使命——スカラーシップ再考』玉川大学出版部，1996年。原著は，Boyer, E. L., *The Scholarship Reconsidered: Priorities of the Professoriate*, Carnegie Foundation for the Advancement of Teaching, 1990.
(4) 間篠剛留・原圭寛・翟高燕・塔娜「ポスト・ボイヤーのスカラーシップ論」『慶応義塾大学大学院社会学研究科紀要：社会学・心理学・教育学：人間と社会

の探究』79, 2015年, 1-14頁。
(5) Boyer, E. L., "The Scholarship of Engagement," *Journal of Public Service & Outreach*, 1(1), pp.11-20.
(6) Kellogg Commission on the Future of State and Land-Grant Universities, *Renewing the Covenant: Learning, Discovery, and Engagement in a New Age and Different World*, National Association of State Universities and Land-Grant Colleges, 2000, pp.21-25.
(7) Kellogg Commission on the Future of State and Land-Grant Universities, *Returning to Our Roots: The Engaged Institution*, National Association of State Universities and Land-Grant Colleges, 1999, pp.27-37.
(8) Ramaley, J. A., "Scholarship for Public Good: Living in Pasteur's Quadrant," *Higher Education for the Public Good: Emerging Voices from a National Movement*, A. J. Kezar, T. D. Chambers, and J. C. Burkhardt (eds.), Jossey-Bass, 2005, pp.166-181.
(9) *Ibid.*, pp.157-158.
(10) たとえば，以下を参照。小方直幸「学生のエンゲージメントと大学教育のアウトカム」『高等教育研究』11, 日本高等教育学会, 2008年, 45-64頁。
(11) 五島敦子「アメリカの大学における継続教育部の改革動向――UPCEAを事例として」『アカデミア（人文・自然科学編）』12, 南山大学, 2016年, 77-89頁。
(12) Terenzine P. T., and R. D. Reason, "Bad Rap or Regrettable Truth? Engagement and Student Learning at Research Universities," *Future of the American Public Research University*, Sense Publishers, 2007, pp.165-185.
(13) Dill, D. D., "Are Public Research Universities Effective Communities of Learning? The Collective Action Dilemma or Assuring Academic Standards," *Future of the American Public Research University*, Sense Publishers, 2007, pp.187-203.
(14) 村上むつ子「サービス・ラーニングの新しい潮流――『学問性』と『社会の関わり』（上）（下）」『教育学術オンライン』（2434／2435），日本私立大学協会，2011年。
(15) 出相泰裕「オーストラリアにおける大学開放の動向」出相泰裕編著『大学開放論――センター・オブ・コミュニティ（COC）としての大学』大学教育出版, 2014年, 208-217頁。

⒃　独立行政法人科学技術振興機構研究開発戦略センターイノベーションユニット「パブリック・エンゲージメントに関する英国大学の取組み」『産学共創ソーシャルイノベーションの深化に向けて』独立行政法人科学技術振興機構研究開発戦略センター，2015年，113-119頁。

⒄　五島敦子「コミュニティ・エンゲージメントの評価——カーネギー大学分類の選択的分類を手掛かりに」『UEJ ジャーナル』18，2015年，1-8頁。

⒅　五島敦子「知識基盤社会の大学と地域——サイモン・フレイザー大学の戦略的ビジョンに注目して」『アカデミア（人文・自然科学編）』8，南山大学，2014年，51-64頁。

⒆　Tuft University, "The Talloiresnetwork". (http://talloiresnetwork.tufts.edu) [2016.3.10]

⒇　Watson, D., R. M. Hollister, S. E. Stroud, and E. Babcock, *The Engaged University: International Perspectives on Civic Engagement*, Routledge, 2011.

第4章
地方創生時代の大学開放

香川重遠

1　大学開放の新時代

大学と地域社会の新しい局面

　今日のわが国においては，地方における雇用や人口の減少が国家的課題となっている。これらの地方における課題が顕著になった背景には，戦後以来のわが国における，地方から都市へという仕事を求めた人口移動と，特に1990年代以来の急速な少子高齢化の進行の結果としての人口減少，というわが国の資本主義社会がこれまで犠牲にしてきた2つの側面が重なったことにある。

　こうした地方の課題を問題視し，政府は2014（平成26）年にまち・ひと・しごと創生本部を立ち上げ，1兆円を超える予算をつけ，地域社会の活性化によって国力の維持および発展を目指す取組みを始めている。

　時を同じくして，今日では大学と地域社会との関係も新しい局面に入っており，大学は自らの有する研究力や教育力の拡張，キャンパス利用の機会の提供，教員や学生マンパワーの派遣などを通しての地域社会への貢献を模索し，また，地域社会の側においても，地方自治体を始めとして大学に課題解決への貢献を期待し始めている。

　大学が地域社会の課題解決に取り組むことは，国民の生活の身近な問題の解決に取り組むことであり，特に地方創生の時代においては，大学開放にはこれまで以上に積極的な役割が期待されてくることになる。

第Ⅰ部　地（知）の拠点となる大学開放

COC（Center of Community）としての大学

　文部科学省は2013（平成25）年と翌2014（平成26）年に発表した「地（知）の拠点」整備事業（以下，大学COC事業）において，大学COC事業のモデルとなる高等教育機関を公募し，採択された高等教育機関に予算をつけるといったように，大学を代表とする高等教育機関が地域社会の課題解決に貢献する姿勢を政策的にも推し進めようとしている。

　松坂浩史は，大学COC事業創設の狙いを，文部科学省が2013（平成25）年に提示した大学改革実行プランの6つのプランの中から，①「地域再生の核」，②「生涯学習の拠点」，③「社会の知的基盤」という3点にあると述べ[1]，「地域志向は，大学で研究を行うことを否定するものではなく，大学の教育・研究・社会貢献を『地域に向かうもの』とすることである」といい，「大学の教育という機能に『地域志向』を重ねていく，そのために必要な大学の改革を支援することが一つの目的である」と主張している[2]。

　今日ではほとんどの大学に地域連携に関する部署が設置されているが，これからのCOCとしての大学を考えるうえでは，地域社会との連携を確固なものとし，大学にとって地域社会は最重要のステークホルダーであると位置づけ，地域社会との協働体制を構築し，強化していく必要がある。

大学COC事業への地方創生の期待

　さらに，2015（平成27）年には「地（知）の拠点大学による地方創生推進事業（COC+）」が発表され，大学COC事業には「地方創生」という国家的課題に大学が地域社会と連携し，対応していくことへの期待が明確に含まれた。

　また，同年のまち・ひと・しごと創生会議による「まち・ひと・しごと創生基本方針検討チーム報告書」においては，「地方大学等の活性化」が謳われ，その基本的な視点は，「意欲と能力のある若者が地域に残り活躍する環境をつくっていくためには，雇用の創出とともに，地方大学等が一層活性化し，より多くの若者を惹きつける魅力ある存在となることが重要である」と述べられており，そのための「検討すべき課題と今後の対応方向」の第一に，「知の拠点としての地方大学強化プラン」が位置づけられている[3]。

地方創生という観点から，義本博司は地域社会における大学が果たしている機能を，①若者を地域に止め置く機能，②良質な雇用を創出する機能，③経済主体としての機能，④研究成果を地域に還元する機能，⑤教育機関として地域人材を育成する機能，⑥地域の様々な主体のハブとなる機能，の6点にまとめている。⁽⁴⁾

 これを大学開放の観点から整理すれば，これらの中でも，⑥地域の様々な主体のハブとなる機能を中心として，④研究成果を地域に還元する機能や⑤教育機関として地域人材を育成する機能などを担っていくことが期待されていることになる。

コミュニティの意味するもの

 今日において，大学COC事業においても用いられているコミュニティ（community）概念は一つのキーワードとなっており，あらゆる分野で多用されている。

 コミュニティ概念の確立者である社会学者マッキーバー（R. M. MacIver）は，社会から「国家」「コミュニティ」「アソシエーション」を区別して考える重要性を説き，とりわけ，コミュニティとアソシエーションの違いの重要性を強調し，コミュニティに関しては，「村，町，地方あるいは郡（county），国（nation）などのもっと広範囲な共同生活のいずれかの領域を意味づける」[5]ものとし，そして，アソシエーションに関しては，「社会的存在がある共同関心または諸関心を追求するための組織（あるいは「組織される」社会的存在の一団）である。それは，共同目的に基づいて創出される確定した社会的統一体である」と定義している。[6]そして「コミュニティは，社会生活，つまり社会的存在の共同生活の焦点であるが，アソシエーションは，ある共同関心または諸関心の追求のために明確に創設された社会生活の組織である。アソシエーションは部分的であり，コミュニティは統合的である」と述べている。[7]

COC へのコミュニティ論の援用

　マッキーバーの論を COC としての大学開放に則して考えれば，コミュニティは大学の立地する地域社会に該当する。ここで用いる地域社会とは一つの市（区）単位である場合もあれば，それらの複数の場合もあり，大学自らが属していると考える地理的な領域になるだろう。また，大学 COC 事業の趣旨においては，地方自治体の下で大学と地域社会とが協働するというヒエラルキー式なコミュニティではなく，大学を中心に，地方自治体を含めたさまざまなアソシエーションが協働するというフラット式のコミュニティが想定されている。

　こうしたフラット式のコミュニティを想定すると，COC としての大学開放には，地方自治体や地元の企業，NPO などその他のアソシエーションとの協働のハブ（中心的存在）となることが期待されている。

　COC としての大学開放には，地域社会の課題とは何か，その解決方法は何か，という「情報」を他のアソシエーション間に流通し，共有していくための重要な役割を果たすことが求められてくるだろう。マッキーバーはコミュニティ発展の法則として，「<u>各種のアソシエーションが，単一で特有の利害に専念すればするほど，コミュニティに対してのサービスはより優れたものとなる</u>」と提起している。[8]

　地域志向のシンクタンクとしての大学は，その大学の学部学科構成によって，それぞれの地域課題の解決へのアプローチを図ることになる。具体的には，経済や雇用の地域課題の面からアプローチするならば，大学は，地元企業，商工会議所，ハローワークなどの経済や雇用の機能を有するアソシエーションと，観光の面ならば観光の機能を有するアソシエーションと，医療の面ならば医療の機能を有するアソシエーションと，といった具合に，地域課題に応じて地域社会のアソシエーションと問題意識を共有していくことが必要になる。

2 「生涯学習社会」の実現のための大学開放

「生涯学習社会」の時代

　2014（平成26）年6月14日に閣議決定された「第二期教育振興基本計画」では，今日のわが国の直面する課題として，「少子・高齢化による社会活力の低下」「厳しさを増す経済環境と知識基盤社会への移行」「雇用環境の変容」「社会のつながりの希薄化など」「格差の再生産・固定化」「地球規模の課題への対応」などを挙げ，これらの危機を乗り越えるための「新たな社会モデル」として「知識を基盤とした自立，協働，創造モデルとしての生涯学習社会の実現」が主張されている(9)。

　ここで用いられている生涯学習社会とは，教育基本法第3条において，「国民一人一人が，自己の人格を磨き，豊かな人生を送ることができるよう，その生涯にわたって，あらゆる機会に，あらゆる場所において学習することができ，その成果を適切に生かすことのできる社会」と定義されている。こうした「生涯学習社会」の実現に対しても，大学開放には大きな役割を果たすことが期待されてくる。

公開講座における地域学講座の必要性

　今日では，グローカリズムの時代と称して，さまざまな取組みが大学でも行われている。その中でも，特に注目されるのは，多くの大学が行っている，学生が「グローバルな知」を身に付けることを主眼に置いたプログラムである。だが，グローカリズムの時代というならば，もう一方の極であるローカルにも同じように目を向けねばならない。その意味では，「ローカルな知」もまた同じく重視されねばならない。

　そう考えると，学士課程教育や公開講座において「ローカルな知」を学ぶ地域学講座を実施することは，地方創生の時代においては重要な意義を持つことになる。実際に，大学COC事業が採択された多くの大学では教育カリキュラム改革として，学士課程教育において地域を志向したプログラムが必修として

設定されている。

　前平泰志は「ローカルな知」を学ぶ地域学について，「自らの住む地域（ローカル）の自然，地理，歴史などをあらためて学ぶことによって，自らが住む地域への関心や愛情を呼び覚まし，そこに住む自己を問い直し，ひいては地域の活性化や地域づくりにつなげていこうとする一種の生涯学習の社会的実践である」と定義し，「ローカルな知は親密性の知でもあるが，同じ地域社会に生きるもの同士にあっては，地域社会の方言，慣習，文化，歴史，伝統，自然，空間の履歴を共有するために，その親密な感情が生まれやすい」とその利点を主張している。

　大学開放が地域社会への貢献を意識するならば，公開講座において「ローカルな知」を学ぶための地域学講座の実施は，地域社会の成員としての自覚や意識を促進するためにも必要となる。代々その地域に住む地域市民においても，地域の特性をよく知っているわけではないし，仕事の関連などで移住してきた地域市民は，その地域が「一時的な住処」であろうと「終の棲家」になるところであろうと，深く知っていないのが現状である。「地域学」が，地域市民の共通教養となり，それを源泉として精神的な連帯感を養い，両者がよりよいまちづくりに向かって共同する「連帯」を培っていくことが，地域社会の発展のインフラになることが期待される。

巡回講座の可能性

　今日においては，大学の数は増大し，大学は国民にとって身近なものとなっている。しかし，特に山間部や離島，過疎地域などの地方においては，大学が身近でない地域社会の方が多いのが現状である。

　これからは，大学が身近でない地域社会のニーズも受け止めていかなければならない。そういった地域社会は大学を有している地域社会と比べ，文化や教養の習得の機会の面で不利益を被っている。そうした文化や教養の地域間格差を埋めるために，大学開放の一形態として，大学が身近でない地域社会への巡回講座を企画することは重要な意義を持つであろう。

　イギリスでは，20世紀初頭にWEAのトーニー（R. H. Tawney）が，チュー

第4章　地方創生時代の大学開放

トリアルクラスとして巡回方式の講座を先駆的に実践した。トーニーは，グラスゴー大学において教鞭をとる傍ら，そこから離れたロッチデールやロングトンなど5か所をわたり歩き，1クラス30名ほどの労働者の受講生を相手に経済史や文学の講座を担当した。[12]トーニーは，チュートリアルクラスの講義方法について，「大学のチュートリアル・クラスは事実，大学のないところに設置された大学の中核であり，その組織は簡潔なものである。それはせいぜい30人までの受講生グループにより成り立ち，彼らは大学が任命したチューターの下で学習する目的で3年間，冬の間の24週間にわたって毎週1回，定期的に集まり，チューターの示す読書コースに従い，2週間に1度，論文を書くことに同意する」と説明しているが，その何よりの特色は本格的な学問講座であったことにある。[13]トーニーのチュートリアルクラスとしての出前講座は多くの労働者の支持を得ることに成功し，その後のWEAの全国的な発展に大きく貢献した。

　巡回講座では，講師を斡旋すれば，立派な建物などはいらず，公民館など講義を行うだけの場所を確保するだけで足りるので，費用はそうかさむことがない。大学開放の一形態としての巡回講座を教育機会の少ない地域社会で実践することによって，文化や教養の地域間格差を埋めることは地方創生の観点からも望ましく，国や地方自治体にとって社会的投資にも値するであろう。そういった意味では，これからの大学開放の発展の方向性の一つとして，地域社会の実情に則したうえで，巡回講座を組んでみる意義は大きいだろう。

大学と地域社会との協働

　「生涯学習社会」の実現のための大学開放は，公開講座だけにはとどまらない。そのためには大学COC事業のコンセプトと同じく，大学と地域社会との協働も必要となる。

　大学は地域社会における高次な教育機能を有するアソシエーションとして位置づけられるが，そのほかにも，地域社会には教育機能を有するアソシエーションとして，小中高校，公民館，図書館，生涯学習センター，カルチャーセンターなどがある。「生涯学習社会」の実現のための大学開放には，他の教育機能を有するアソシエーションとの協働を通して，地域社会を単位として「生涯

学習社会」を実現する「知のインフラ整備」が任務とされよう。

　ここで再びマッキーバーのコミュニティ論を援用したい。マッキーバーは，「個人が彼自身の人間性の集中点になり，そのために人間性が豊かになるにつれて，コミュニティもまた豊かになる」と前置きしたうえで，「コミュニティが充実され，小さなコミュニティと大きなコミュニティの法が調和するのは，人間性の完成，すなわち，社会性と個人性の斬新的な統合によってである」と主張している。

　このように地域社会における「生涯学習社会」の実現は，知識や教養の取得によって個人の人間性を向上させることにつながり，地域社会もまた豊かになるという相乗効果的な筋道が考えられる。同時に，地域社会における「生涯学習社会」の実現は，個人の社会的孤立や地域社会における関係性の希薄さなどの問題の解決にも寄与しうるものとなるだろう。

3　市民意識を涵養する大学開放

「市民」と「シティズンシップ」

　昨今ではわが国においても，民主主義社会への参加を促進するために，国民一人ひとりに「市民」や「シティズンシップ」といった自覚を促す必要性が主張されている。

　こうした主張を強化した要因の一つに，イギリスにおけるシティズンシップ教育の促進がある。イギリスでは，若者の疎外の結果としての政治的無関心を問題視し，ブレア政権時代にクリック（B. R. Crick）の指導の下に学校教育の法令教科として2002年に「シティズンシップ」科目が導入された。クリックの強調するシティズンシップの定義とは，「市民的共同社会において公的な目的のために個人が互いに働きかけあうことを理想とし，市民的自由が確保され自由な市民によって活用される状況に結びついたシティズンシップ」であった。

　わが国においても，2006（平成18）年に経済産業省が「シティズンシップ教育と経済社会での人々の活躍についての報告書」を発表し，「シティズンシップ教育」による「成熟した市民社会」の形成の必要性を提起している。同報告

書では,「今後,わが国において,成熟した市民社会が形成されていくためには,市民一人ひとりが,社会の一員として,地域や社会の中での課題を見つけ,その解決やサービス提供にかかわることによって,急速に変革する社会の中でも,自己を守ると同時に他者との適切な関係を築き,職に就いて豊かな生活を送り,個性を発揮し,自己実現を行い,さらによりよい社会づくりに参加・貢献するために必要な能力を身に付けることが不可欠だと考えます」と提起し,政治参加だけでなく,職業を通しての社会貢献や自己実現,他者への協調性の涵養,社会への積極的なかかわりなどを含む意味でシティズンシップを定義している(17)。

こうしたシティズンシップ教育は,わが国においても,学校教育の領域で推進されつつあるが,大学開放や生涯学習の領域においても有効性を持つと思われる。

イギリスの大学拡張の歴史とシティズンシップ

イギリスの歴史を振り返ってみれば,大学拡張の分野においても,シティズンシップを理念とした教育実践の歴史的蓄積があることがわかる。シティズンシップを理念とした大学拡張の源流として,19世紀後半のトインビー・ホールにおける大学拡張としてのセツルメントが挙げられる。

トインビー・ホールは19世紀後半のオックスフォード大学の大学改革運動者であったベリオール・カレッジ講師のトインビー(A. Toynbee)のメモリアルとしてロンドンのイースト・エンドに開設されたセツルメント機関である。トインビーは研究の傍ら,バーネット夫妻(S. Barnett & H. Barnett)とともにロンドンの不況区であったイースト・エンドの貧困問題に実践的に取り組んだ人物であった。

当時のイギリスは自由放任の資本主義が行き詰まりをみせ,「二つの国民」と形容されるほどに,富裕層と労働者階級間の区分が明確であった。当時のオックスフォード大学の大学改革運動者は,シティズンシップ理念を共有し,社会階級の分裂を問題視し,「二つの国民」を平等な権利と義務をともなった一つの「市民」として統合するために大学が高等教育を労働者階級に拡張してい

く必要性を主張していた。

　トインビーは，1882年5月のオックスフォードで開かれた協同組合大会での「協同組合員の教育」という著名な講演において，社会階級の分裂を統合するために「市民の教育」(education of citizen) が必要であると提起した。

　同講演においてトインビーは，「市民の教育とは，コミュニティのそれぞれの成員に，彼が所属する他の市民やコミュニティ全体と結ぶ関係性について教育することを意味している」といい，その具体的な教育計画を，1．政治教育，2．産業教育，3．衛生教育から構成されるものとした上で，「このように形式化された全体的な計画は，仲間たちへの義務は何であるのか，どのようにすれば彼らとの一体化が可能であるかを示すという意味で，人間個人に関わる教育ではなく，『市民』に関わる教育である。人間に内在する義務を行おうとする単なる漠然とした衝動は，その義務が何であるかと，それを実行する方法とを認識させる知識がなかったら無益である」と主張した。

　社会的平等の追求やシティズンシップを理念とするトインビーの理念は，その後，トインビー・ホールにおいて実践され，当時のイギリスの成人教育運動に多大な影響を及ぼしただけでなく，さらに，トインビー・ホールから派生したWEAにも継承され，シティズンシップはイギリス成人教育の理念となった。

地方創生の時代の大学開放とシティズンシップ

　イギリスでは，大学拡張や成人教育はシティズンシップを理念として発展してきた歴史があるが，これまでのわが国の大学開放においては，シティズンシップの理念はほとんど取り上げられてこなかった。

　だが，地方創生の時代の今日では，シティズンシップの理念は重要な意義を持つものである。大学開放において，地域社会の成員がシティズンシップの「権利と義務」を学び，それらを遂行するための知力を養えば，市民としての自覚を高め，社会参加を促進していくことにつながる。

　その意味では，わが国の大学開放においてもシティズンシップの理念を重視し，公開講座において資本主義，民主主義，社会保障といった現代社会の構造をヒューマニズムの観点から捉える「シティズンシップ」講座やその関連講座

（生き方論，生きがい論，ウェルネス論，コミュニティ論，サービス・ラーニングなど）を教育プログラムとして設置し，市民の自覚を促進することや，行政や民間企業では対応しづらいニーズに応える活動を行うことを使命としている地域社会のNPOとの協働を強化するなど，市民の活躍する場づくりを整備していくことは，重要な意義を持つ取組みとなりうるであろう。

　地域社会とは生活の場であり，雇用，産業，教育，介護，保育，医療，安全などの生活問題が顕著に現れる場である。同時に，地域社会は市民の側からの生活問題への対応がもっとも有効な場でもある。大学開放の一番の目的は知識の習得による人間性の向上にあり，社会構造の変革はそれに付随するものであると考えるならば，大学開放が生活問題に主体的に対応する市民としての自覚を涵養することは，地方創生における地域社会の活性化の核となりうるものである。

注

(1) 松坂浩史「地（知）の拠点整備事業（大学COC事業）が目指す新しい大学と地域の関係」『都市社会研究』6，2014年，17頁。
(2) 同上書，18頁。
(3) 「まち・ひと・しごと創生基本方針検討チーム報告書──ローカル・アベノミクスの実現に向けて」（内閣官房提出資料）2015年，31頁。
(4) 義本博司「大学と地方創生」『IDE──現代の高等教育』571，2015年，18-19頁。
(5) MacIver, R. M., *Community, A Sociological Study : Being an Attempt to Set Out the Nature and Fundamental Laws of Social Life, 3rd ed.*, Macmillan, 1924, p.22.
(6) *Ibid.*, p.23.
(7) *Ibid.*, p.24. 続けて，マッキーバーは，「国家がコミュニティの同時終了のものでも同義のものでもないことは全く明白である」と国家とコミュニティの区分を強調し「国家は，このように社会秩序の維持や発展のための重要な（fundamental）アソシエーションであって，その目的のためにその中枢機関にはコミュニティの結集した力が授与されるのである」（*Ibid.*, p.29）と国家を重要なアソ

シエーションとして位置づけ（*ibid.*, p.32），国家はコミュニティの成員の共同関心の追及によって創出される「アソシエーションの全体を整合する機関であるように思われる」（*Ibid.*, p.46）と主張していた。

(8) *Ibid.*, p.251.

(9) 『第二期教育振興計画』2 - 5 頁（平成26年 6 月14日閣議決定）（文部科学省 http://www.mext.go.jp/a_menu/keikaku/detail/__icsFiles/afieldfile/2013/06/14/1336379_02_1.pdf［2016.3.27］）。

(10) 前平泰志「〈ローカルな知〉の可能性」日本社会教育学会編『〈ローカルな知〉の可能性——もうひとつの生涯学習を求めて』東洋館出版社，2008年，18頁。

(11) 同上書，19頁。

(12) Wright, A., *R. H. Tawney*, Manchester University Press, 1987, pp.5-6.

(13) Tawney, R. H., *The Radical Tradition : Twelve Essays on Politics, Education and Literature*, George Allen and Unwin, 1964, p.80. ハロップは，「チュートリアル・クラスは今では大学の成人教育提供の非常に小さな部分を占めているが，それは間違いなく成人教育の歴史において名誉ある場であり，高度な教育をそれ以外の方法ではそれを欲しながらも，得られない人たちに提供した」と指摘している。 Harrop, S. (ed.), *Oxford and Working-class Education (new edition) : With Inroductory Essays by Sylvia Harrop*, University of Nottingham, 1987, p.5.

(14) MacIver, R. M., *op.cit.*, p.332.

(15) *Ibid.*, p.333. 現代においては，価値観の多様化からコミュニティも分化しているが，マッキーバーは，「コミュニティの分化が大きくなればなるほど，社会教育の必要性もそれに応じて大きくなる」とコミュニティ内の整合を保つための社会教育の必要性を主張している（*ibid.*, p.318）。

(16) Crick, B. R., *Essays on Citizenship, Continuum*, 2000. 関口正司監訳『シティズンシップ教育論——政治哲学と市民』法政大学出版局，2011年，137頁。

(17) 経済産業省「シティズンシップ教育と経済社会での人々の活躍についての研究会報告書」経済産業省，2006年， 9 頁。

(18) Toynbee, A., *Lectures on the Industrial Revolution of the Eighteenth Century in England Popular Addresses, Notes, and Other Fragments*, 3rd Impression. Longmans, Green, and Co., 1913, p.243.

(19) *Ibid.*, p.245. トインビーの「市民の教育」の考えについて宮坂は，「トインビー

が具体的な教育スキームとして期待していたものは、ステュアートの巡回講師構想、つまり大学拡張である。労働者階級が自己の知的水準を高めることで社会を合理的に改革し、階級的解放を実現するように、知識人が献身的に貢献すること——これがイギリス成人教育の精神なのである」と、そこに「大学拡張」構想と「イギリス成人教育の精神」があることを指摘している。宮坂広作『英国成人教育の研究 II』明石書店、1996年、50頁。

参考文献

Briggs, A., and A. Macartney, *Toynbee Hall: The First Hundred Years*, Routledge and Kegan Paul, 1984.（阿部志郎監訳『トインビー・ホールの100年』全国社会福祉協議会、1987年）

出相泰裕編『大学開放論——センター・オブ・コミュニティ（COC）としての大学』大学教育出版、2014年。

香川重遠「トインビー・ホールにおける『市民の教育』——イギリスにおけるシティズンシップ教育の源流」『生涯学習・社会教育研究ジャーナル』8、2015年、59-72頁。

香川重遠「Center of Community のための大学開放の一試論——R. M. マッキーバーの社会学に依拠して」『UEJ ジャーナル』17、2015年、19-25頁。

Marshall, T. H., and T. Bottomore, *Citizenship and Social Class*, Cambridge University Press, 1992.（岩崎信彦・仲村健吾訳『シティズンシップと社会的階級——近現代を総括するマニフェスト』法律文化社、1993年）

第Ⅱ部

大学開放の内容

第5章
学生教育と社会人教育の融合をめざす大学開放

白石義孝

　2006（平成18年）年の教育基本法の改正以来，わが国の大学開放，わけても大学による社会人教育は制度的に整えられ，かつ大学教育を受ける機会が限られている地方でも，社会人を積極的に正規の学生に受け入れることが検討されるようになった。

　本章では，大学開放の将来の姿は，公開講座や，正規の授業の一部に参加するだけではなく，正規の学生として編入することを目指すことだと考えた。すなわち一般学生教育と社会人教育を融合することが大事ではないかと考え，宇部フロンティア大学が実施している教養履修制度を取り上げる。特に制度ができるまでの大学による社会人教育と，教養履修制度の運用について，報告する。

1　大学による社会人教育の発展

　大学による社会人教育は，二つの系統で進んできた。一つは公開講座の系統，もう一つは正規の授業を社会人に開放することである。この両方が融合して教養履修制度ができてくるのであるが，それが大学に受け入れられる準備段階をまずみておきたい。

社会人を対象にした大学公開講座

　社会人を対象にして大学教育を提供する一つの形態は，大学の公開講座である。これは他大学でも大学開放として取り組まれているもので，宇部フロンティア大学（以下，本学）でも短期大学の開学以来，ずっと提供されてきている。当初は，学科別に提供されてきていたが，4年制大学に発展する時を契機にし

て，公開講座の受付窓口を一本化し，全学的な運営組織を持つことが不可欠になってきた。そのため，宇部短期大学附属生涯学習センターが1998（平成10）年に発足し，のちに4年制大学に引き継がれた。2015（平成27）年に大学の社会貢献活動を行う機関として，全学共用の地域連携センターとして再発足した。このセンターが公開授業も管理するということから，もう少し詳しくその内容を述べておきたい。

地域連携センターは，「大学の有する人的，知的，物的資源を地域社会に有効に活用するための支援を行います。地域社会との多様な連携・協働を推進し，地域の発展・振興に貢献するとともに，地域に愛される開かれた大学の実現を図ります」というように，大学と地域を結ぶリエゾン・オフィスである。運営については，センターという名称を使っているものの，実態は生涯学習や地域貢献事業を担当する学内組織であり，専任の教職員はいない。全員が他部門を本務としながらセンターの業務を兼担して運営を行っている。施設面では，専用の建物や教室を持たず，授業を行っていない時間帯の空き教室を活用して講座を行っている。

センターの事業としては，山口県や宇部市からの委託研修事業の実施，および自前の公開講座の企画運営がメインであり，地域社会のニーズ，受講者のニーズ，本学学生のニーズといった多方面のニーズを取り込んだ講座を年間30程度開講している。費用面でみると，人件費と施設使用料が最小限に抑えられているため，学外からの補助金と受講料収入だけですべての事業運営を行う独立採算制が成り立っている。

本学の生涯学習講座の特徴として，受講者の講座開講のリクエストや行政からの要望に即応できることがあげられる。プログラムの追加や新規講座開設を1か月以内で，企画から広報，採算ベースを超える受講者の確保まで実現することが可能である。パソコン講座では，受講者からのリクエストに応じて，新たなテーマの講座を追加開講することがあるし，資格・検定講座でもリクエストがあれば直前対策講座を追加開講している。今後も，この機動力を活かして新たな分野の講座を開発し，市民の潜在的な学習ニーズを発掘していこうと考えている。

また、センターの提供する、夜間・週末などの授業時間外に開講される生涯学習講座に在校生が参加する場合は、学生からは受講料を取らないか、もしくは割引する措置をとっている。

正規の大学の授業の公開

社会人が大学の授業を聴講する場合、従来から行われてきたものに、研究生、聴講生の制度があったが、さらに新たに社会人に大学教育の門戸を開くということから、2002（平成14）年に社会人入学制度が採用された。この制度は、社会人を対象にした一般学生と違う入学試験を行い、カリキュラムは一般学生と同じものである。それでも、入試を社会人の経験に配慮して特別に考えたところが新しく、これによって大学で学ぶ社会人が増えることになった。開学初年度では10人の学生が入学した。

もう一つ重要なことは2002年度から長期履修制度を本学でも採用することにしたことである。この制度は、学生が仕事や家事等社会生活を送りながら大学の学生として修学できるように、標準修業年限を越えて一定期間にわたり計画的に履修して学位を取得できるようにした。本学では、人間社会学部福祉心理学科においてこれを実施した。

入学試験の方法については、AO入試に準じて書類審査と面接（2回以上）が実施されるが、面接の日程は、受験者の都合に合わせて随時実施される。また、履修するプログラムについては、一般学生と一緒の受講スタイルが多いものの、ゼミは夜間や土曜日といった社会人学生の都合に合わせて個別対応という形で実施される。さらに、勤務の都合上どうしても出席できない科目（ゼミを除く）は放送大学の互換科目による履修も認められるということにした。また、社会人の中には、修業年限を長くしても昼間だけでは受講できない場合があり、補講という形で時間外に開講することにした。また、他大学などで修得した単位は、教授会を経て、60単位を超えない範囲で、本学で履修したものとみなすことなどを届け出た。社会人学生の特性に配慮した受講形態が採用されることになった。こうした授業の形態や単位互換は、社会人学生の特性に配慮した措置である。

応募状況は，第1期生と第2期生が各25名程度，第3期生以降は毎年10名前後が入学している。公開講座出身者（2回以上の受講者）が1年目に5人，2年目に3人が入学していた。短大部の教職員が口コミで卒業生に勧誘を行ったところ，4期までに入学した長期履修学生のうち短大部卒業生は16人と多い（1期生4人，2期生7人，3期生2人，4期生3人）。6期生からは，大学・短期大学の既卒者のうち3年から5年という比較的短期間での卒業を希望する者を対象に，3年次編入生の受け入れを開始した。3年次編入が認められた場合，最大60単位の既修得単位の認定を受けることができる。しかし，3年から5年以内に卒業するためには，夜間だけでなく，平日日中の授業も多数受講しなければならないため，他大学での既取得単位に加えて，本学での前回の在籍時に取得した単位も併せて認定できるように制度の見直しを行った。

一般学生を公開講座へ

大学公開講座は，基本的に社会人を対象にして開かれており，大学の正規の授業科目ではないが，現在の学生にとって有益と思われる講座は，単位認定できるように教授会で認めることにした。たとえば，授業時間が30時間（45分を1時間に換算）を超えるものについては，一般学生向けの授業と融合させるというものである。とりあえず資格取得関連する講座を手始めに適用を開始し，これの最初の実例は，地元の商工会議所と連携して市内で試験を実施している「福祉住環境コーディネーター検定試験2級」の対策講座である。同講座は，毎年4〜6月の夜間の時間帯（18時30分〜20時45分）で12週にわたって開講されるもので，1コマの授業時間は5分休憩を除いて130分となっているため，一般学生向けの授業としての単位認定基準を充足している。この講座を福祉心理学科の専門科目「福祉住環境論」に読み替える。履修登録を行った学生は，検定試験の点数に応じて成績評価を受けることになる。一般学生の受講料負担はない。

現在は，学生のニーズに応えて資格制度に関連して公開講座を学科の授業科目に読み替えることを行っているが，この経験を基にして，教養講座や卒後教育の領域で，該当する講座を拡げていくことができるという感触を得ている。

第5章　学生教育と社会人教育の融合をめざす大学開放

高大連携授業

　多くの大学が行っている高大連携授業についても，2004（平成16）年3月に近隣の山口県立宇部西高等学校と高大連携協定を調印し，同年4月より同校生徒が本学の授業の受講を開始した。高大連携の形式は，宇部西高校側から受講希望講義のリクエストを受け付け，本学の該当講義を高校生の通学できる時間帯で開講するようになった。この高大連携授業は，2016（平成28）年度には，毎週金曜日の14時40分から16時10分の間に開講され，開講科目は前期に「社会学概論」，後期に「社会心理学」が開講されている。8名の高校生（総合学科の2年生と3年生）が本学に通ってきた。ちなみに，2科目の単位修得試験に合格すると，宇部西高校では「現代社会」の単位が認定される。また，高大連携授業で本学の単位を修得した高校生が，数年後に本学に入学した場合は，当該科目の単位が認定されるため，再度受講し直す必要はない。筆者が担当した「社会学概論」の講義には，高校生と一般学生（35名）に加えて，5名の社会人学生もともに学んでいた。これもその後の新たな融合授業を考えるのに役立つ経験をえることになった。

夜間公開授業の実施

　2007（平成19）年度後期より，勤務の都合などで日中の受講が困難な社会人学生を主な対象として，6時限目（18時30分〜20時）を設定し，外国語やパソコンなどの実技系の教養科目や社会人学生からの受講希望の多い心理学の専門科目などを中心にイブニング授業を開始した。しかし，開講科目によっては受講者が少ないことが予想されたため，夜間公開授業として一般市民の受講も可能とし，宇部市の広報紙などで募集の告知を行った。その結果，各科目とも数名の市民の受講があった。

　2009（平成21）年度からは，社会人対象の夜間開講科目に加え，福祉分野の資格関連科目を中心に，授業開始時間を30分早めた18時〜19時30分に6時限目を設定し，一般学生と社会人学生が一緒に学ぶスタイルの授業も開始している。

第Ⅱ部　大学開放の内容

シルバーカレッジ事業

　宇部市の委託により本学において実施したシルバーカレッジ事業は，2006（平成18）年から5年間継続し，2011（平成23）年3月に終了した。この経験も社会人教育を進めていくのに大きく役立つことだった。シルバーカレッジは，60歳以上の市民を対象として，地域社会におけるリーダー的な立場となれる人材の育成を目指すプログラムである。

　シルバーカレッジのプログラムは2年制で，大学の学生との合同授業の受講と専門のゼミナールから成り立っていた。合同授業のうち一般学生との融合を目指したものは1年次の前期の「人間と社会」と1年次後期の「地域と生活」の2科目である。これらは福祉心理学科の教員5名が分担するオムニバス形式の講義と選択式のゼミナールが一体化した授業で，授業は，全15回のうち初回がオリエンテーション，2回目から6回目までは各教員が担当する基本講義を行う。7回目は基本講義の総括と各教員によるゼミナールの紹介を行い，受講者が5つのゼミの中から2つを選択する。8回目から10回目までが最初に選んだテーマのゼミに分かれて受講し，11回目が全体で最初のゼミの総括，12回目から14回目までが2番目に選んだテーマのゼミに分かれて受講し，15回目が全体で2回目のゼミの総括を行うと構成になっていた。

　また，2年次前期になると一般学生と一緒に宇部市の文化や歴史などの様々な点について学ぶ郷土学の「宇部学」が開講され，担当講師として，本学教員のほか，郷土史家やふるさと観光ボランティアの方，および年度によっては宇部市長にもお話しいただいた。さらに第1期修了生の中から郷土史研究会で活動しておられる方にも1回ほど講師として登壇をお願いした。

　2年間のプログラムの最後となる2年次の後期には，シルバーカレッジ受講生のみを対象とするゼミナールが開講され，全員が興味を持ったテーマについて研究発表を行って，最終的に修了レポートを提出することができれば，2年間の課程の修了証が交付された。ちなみに，修了証の授与者の名義は，「宇部ふるさと学園」長である宇部市長と，本学の学長の連名であった。

　受講者の状況をみると，初年度は大学の授業を一般学生と一緒に学べるというコンセプトが好評で，50名を超える入学者があったが，その後は漸減し，第

第5章 学生教育と社会人教育の融合をめざす大学開放

表5-1 融合のタイプ別にみた特徴の比較

	入学試験	プログラムの内容	ゼミの対象	夜間・休日開講
社会人入学制度	社会人対象	一般学生向け	学生と社会人合同	なし
長期履修学生制度	社会人対象	主に一般学生向け	原則個別対応	一部のみあり
教養履修学生	社会人対象	主に一般学生向け	社会人に特化	原則なし
公開講座	なし	一般社会人向け	なし	あり
高大連携授業	なし	高校生と一般学生合同	なし	なし
夜間公開授業	なし	社会人学生向け	なし	あり
シルバーカレッジ	なし	シニアと一般学生合同	シニアに特化	なし

出所：筆者作成。

4期生になると20名を下回るようになった。また，宇部市が新たに「宇部志立市民大学」の取組みを始めることが決まったため，2011（平成23）年3月の第4期生の修了式をもって，シルバーカレッジは閉講することとなった。

以上，大学が社会人教育をどのように取り込んできたかをみてきた。ここで取り上げた開放授業の形態別に，試験の有無，プログラム内容，ゼミの対象，夜間・休日開講で比較したものが表5-1である。それぞれの試みで社会人への大学教育の開放経験が大学に蓄積されてきたことが，次の挑戦をする力量をつけることになった。

2　教養履修制度

長期履修制度から教養履修制度への移行

社会人の学習機会拡充の方策として導入された長期履修制度は，働きながら大学の卒業資格や，福祉の国家試験受験資格（社会福祉士・精神保健福祉士）および認定心理士の資格を取得するためのリカレント教育の機会を提供している。通算で120名を超える入学者があり，社会人の在籍者数は最大で80名近くにのぼった。

しかし，ここ3年間は長期履修学生の入学者数が毎年1～2名にとどまっている反面，教養履修学生の入学希望者が増加してきているという実態を踏まえ，

理事会において大学の運営面，学生への学習環境提供面の両面から，長期履修学生の募集停止が決定された。募集停止の具体的な理由として，以下の点が指摘されている。

① 最長で10年間の在籍期間があるため，カリキュラム変更を行った際に，旧カリキュラムの対象となる学生向けの科目を対象の学生が卒業または退学するまで残しておかなければならない。

② 長期履修学生は，入学当初に卒業までの予定修学年数を5～10年の間で申請することになっているが，社会人学生の場合は自身の仕事や健康問題のほか，育児や介護などの事情により，やむを得ず休学する場合など履修が予定通りに進まないことも多い。そのため休学・復学の申請が出るたびに予定修学年数の延長が必要となるなど事務手続きが煩雑化する。

③ 社会人学生のうち日中フルタイムでの勤務者を受け入れるため，一般学生向けの授業とは別に社会人向けの授業時間帯を平日の夜間や週末に設定し，各学期の開始前に社会人学生に対して「夜間および週末開講を希望する科目のリクエスト」を受け付けていた。しかし，次第に各科目の受講希望者のばらつきが多くなり，受講希望者が1，2名しか集まらず，リクエストを受けて時間割に設定したものの開講することができない科目が散見されるようになった。

④ 放送大学との単位互換制度を導入したところ，放送大学の利用希望者は多かったものの，放送大学を重点的に受講して，本学の対面授業の履修登録はほとんど行わない学生が出てきたことにより，単位制授業料（1単位当たり2万円）を採用している，本学の長期履修学生からの授業料収入は大幅に減少することとなった。

⑤ 入学してくる社会人学生側のモラルの低下，例えば，大学で学びたいという意欲は持たず，最小限の科目の履修登録を行うことによって，安価で学生の身分を手に入れようとする者が出てきた。実際に懸念されたケースとしては，スマートフォンの学生対象の通話料割引プランに加入するのが目的で入学し，退学するまでの4年間の修得単位数がほぼゼロだったものや，家族旅行のためにJRの学生運賃割引証の発行を求めたもの，無職の方が消費者金融から借金するための身分証明書としての学生証を入手するため本学に入学しようとした

ものなどがあった。

　こうした理由から，平成28（2016）年度の入学生より，長期履修学生の新規受け入れを中止し，教養履修学生への一本化が進められることとなった。これにより，開学2年目の平成15（2013）年度から13年間継続した長期履修制度は，在学者の卒業・退学とともに終了することとなった。

教養履修制度とは
　長期履修学生制度に代わって採用された教養履修制度は，大学の正規の授業を社会人にも開放してきた経験を活かして制度設計された。この時に参考になった経験は5年間の運営で培ったシルバーカレッジを5年間運営した経験から得られた社会人教育のノウハウを活用して企画したもので，2011年10月には「シニア対象の教養履修学生（50歳以上の社会人）の募集について」の企画書が教授会に提案され，次年度より実施することになった。最初は受講対象年齢を50歳以上としていたが，その後は30歳以上に変更された。

　教養履修制度とは，本学が独自に企画した30歳以上の社会人を対象とした，特別の入学制度で，小人数のゼミナールを中心に研究指導を受けることができるほか，一般教養科目や「心理学」「教育学」「福祉学」の講義を受講して4～8年間で大学卒業を目指すプログラムである。126単位分の科目を履修することで大学卒業資格（学士）を取得でき，すでに大学・短期大学，専門学校等を卒業している場合は，過去に修得した単位が最大60単位まで認められる場合がある。学生の身分は福祉心理学科の一般学生と同等であり，福祉心理学科開講科目の中から自由に科目を選ぶことができる（別途課程履修費が発生する，福祉系の資格の現場実習と教育実習は除く）。

　「現代教養研究Ⅰ～Ⅷ」という教養履修学生のためのゼミナールが学期ごとに開講され，ゼミのテーマは医療・健康，環境・生活，文化・歴史など多様である。これまでにゼミで扱ったテーマの例としては，〔医療・健康〕「認知症治療およびケアの現状を通して」「認知症家族・介護者を地域で支える」「くすりの飲み方・使い方」「長寿社会における健康・生きがい・終活を考える」〔環境〕「夏が来なかった時代について科学的に考えてみよう」「地球温暖化の予測

は正しいのか？ということを検証してみよう」〔文化・歴史〕「旅する生涯学習」「伝記にみる旅と人生の転機」「祭りと年中行事の謎を読み解く」「国宝と世界遺産の魅力をさぐる」「和の文化ともてなしの極意を考える」などがあり，一部のゼミは地域住民の受講者も受け入れている。

　また，認定心理士を希望する学生は，教養科目と専門科目の所定の単位を取得して卒業することで，認定心理士申請資格を得ることができ，臨床心理士の資格取得を目指して，本学大学院への進学を希望する学生には受験指導も行っている。

　年間授業料は定額制を採用し，2016（平成28）年度は年額31万円（半期ごとに15万5千円納入）のため，社会人学生は自分の興味関心や生活スタイルに合わせて自由に科目を履修することができ，大学側にとっては，単位制授業料の計算や予定修学年数の登録など，長期履修学生への対応にかかっていた煩雑な事務手続きが不要となった。

3　地域連携センターを拠点とした新たな社会人教育への取組み

地域連携センターによる地域社会貢献活動の運営

　2015（平成27）年4月，大学の社会貢献活動を行う専門の機関として「附属地域連携センター」が設置され，それまでの附属生涯学習センターは，新組織の一部（生涯学習部門）となった。

　地域連携センターの目的は，本学の有する人的，知的，物的資源を地域社会に有効に活用するための支援を行うこと，および地域社会との多様な連携・協働を推進し，地域の発展・振興に貢献するとともに，地域に愛される開かれた大学の実現を図ることとされている。地域連携センターは学外と学内をつなぐワンストップ機関として位置づけられており，その業務としては，「学外の様々なニーズに対する窓口として対応すること」，および「学内外がともに取り組む諸活動をコーディネートすること」となっている。

　具体的な事業例としては，以下のようなことが想定されている。
・自治体，教育機関，事業所，各種団体等と連携・協力のコーディネート

第5章　学生教育と社会人教育の融合をめざす大学開放

・ボランティア等，学生の対外活動の仲介
・地域課題に関する研究推進
・社会貢献に資する学内資源の情報の集積
・公開講座，開放授業等による生涯学習の場と機会の提供
・資格試験の運営
・出前講義等の高大連携の推進支援
・その他，学外と学内の協働・連携全般に関する相談・対応

　附属生涯学習センターの設置から17年を経て，地域連携センターに機能を拡充された背景として，本学と宇部市との連携・協力協定がある。協定は本学発足時の2002（平成14）年と第二次として2014（平成26）年に短期大学部を加えて内容を拡充したものが締結されている。以下，2つの協定の概要を紹介する。

①　宇部市と宇部フロンティア大学の連携による地域交流に関する協定

　2002（平成14）年3月27日，宇部市と宇部フロンティア大学は，同大学の開学にあたり相互交流を通じて，地域と大学との交流促進と市民福祉の増進に寄与することについて，「連携による地域交流に関する協定」を締結した。具体的には，環境活動支援，大学でのシンポジウムの開催，市，商工会議所等と連携した講座の開催，出前講座の推進と体験学習支援，市主催のインターンシップ制度への参加，大学図書館の開放，各種審議会等への教員の積極的な参画，地域イベントへの学生参加など，幅広い事項について連携して取り組むことが掲げられている。

②　第二次宇部市と宇部フロンティア大学・宇部フロンティア大学短期大学部との包括的連携・協力に関する協定

　2014（平成26）年10月8日，宇部市役所において，宇部市と宇部フロンティア大学および宇部フロンティア大学短期大学部は，地域社会の発展に寄与するために互いに支援・協力するという包括的連携・協力に関する協定を締結した。

　この協定は，2002（平成14）年3月27日付け「宇部市と宇部フロンティア大学の連携による地域交流に関する協定書」を見直したもので，この協定締結により，地域交流を幅広い分野において連携して取り組んでいくことが定められた。具体的に連携して行う交流の事項としては，地域の健康・福祉の向上に関

すること，地域文化の振興に関すること，生涯学習に関すること，そしてその他まちづくり，地域活性化等に関し，必要と認めることが掲げられている。

地域社会に対する大学の広報活動

2012（平成24）年度から教養履修学生の受け入れを始めて以来，社会人学生募集の広報活動は，一般学生の募集活動に比べて広報費がほとんど割り当てられていなかった。主な広報活動としては，毎年12月から2月にかけて実施する「社会人学生入学説明会」にあわせて，Ａ4版2つ折りのパンフレットを2000部程度作成し，近郊の公共図書館やコミュニティセンター等約30か所に担当教員が必要部数を持参し，イベント資料コーナーへの設置を依頼することと，ポスティング型のフリーペーパーへの広告掲載を12月と1月の2回実施した。フリーペーパーの配布エリアと部数は，宇部市・山陽小野田市地域（8万2000部），山口市地域（7万8000部），防府市地域（5万2000部）である。

2016（平成28）年度入学生の募集にあたっては，新たな試みとして，これまでの紙媒体による広報に加え，宇部市内のコミュニティＦＭ放送局である「ＦＭきらら」での広報番組の放送と，スポットＣＭの放送を実施することになった。

広報番組のタイトルは「フロンティア大学 Dream Come True」というもので，2016（平成28）年1月6日～3月30日の毎週水曜日午後3時から55分間の生放送を全13回実施した。番組のスタイルはFMきららの女性パーソナリティーを進行役に，本学の教員や社会人学生が各自の準備したテーマに沿って話をするというもので，トークの合間に4回ほど音楽をかける時間があり，その選曲も教員や社会人学生に任せられていた。なお，FMきららは音楽著作権料を支払うべき各団体との間で年間の包括的利用許諾契約を締結しているため，正規に購入したＣＤであれば自由に持ち込んで流すことができた。

本学からの出演者は，全13回のうち広報部長（教授）が4回，教養履修学生の第1期生（60代男性）が3回，そして筆者（社会人学生担当の教授）が6回で，各自が事前に設定した進行表に沿って，パーソナリティーとの対話形式で，本学の授業内容の紹介や社会人学生としての体験談，および社会人入学説明会や

公開講座の告知を行った。

　番組の反響としては，放送開始から1か月経過した2月ごろから，社会人入学説明会に番組を聴いて参加したという方や，母親が番組を聴いていて説明会への参加を勧められたという方が出てくるようになった。番組の放送開始当初は，平日の午後3時という時間帯に，どのような方々がコミュニティFMを聴いているのか全く見当がつかなかったが，自宅で聴くだけではなく，パート勤務の主婦や高齢者などの勤務先のBGM代わりに流れているという状況や，営業職の方など車で移動することが多い方々もカーラジオで聴かれているという状況もわかった。

地方の小都市における大学の使命

　本学は，地方の文化の中心地である県庁所在地ではなく，その周辺部にある地方の産業都市に立地している。このような立地条件にあるところの大学としては，大学開校以来，地元の人材を育成することと，大学の文化を地方に拡げていくことを使命の一つにしている。大都市の市民は，さまざまな高い教養ある文化を享受することができるが，地方ではメディアを使って活用することはできても，そうした文化活動に直接に対面し参加していくことが，物理的にも経済的にも難しい状況にある。こういう認識を持って，大学の社会人教育に私たちは取り組んできた。

　本文でも紹介したように，最初は大学公開講座が社会人教育の中心であったが，本学では正規の大学教育を，学生と一緒に社会人も学べるようにできないかといろんな試みをしてきた。その結果，大学の教職員の社会人教育に対する積極的な姿勢も変わってきたように思えるようになった。この大学人の意識転換は，大学がコミュニティの「知」の拠点になるためには不可欠なことであると考える。OECDの調査によれば，大学生に占める25歳以上の社会人学生の割合は，欧米では20％近くになっているのに，わが国だけは2％であって調査対象国の中で最低の状況であることが明らかにされている。地方の小都市において市民の大学教育に責任を果たす使命を持つ大学として，社会人大学生への道を拡大していくことこそ大事であると考える。

参考文献

石井育子「社会人にとっての'大学再入学'」『大学時報』363，2015年，60-63頁。

松本治彦・白石義孝「パートタイム学生を1つの柱とした地域密着型大学」『宇部フロンティア大学人間社会学部紀要』2(1)，2011年，1-6頁。

佐久間章「正規学生との共学による大学公開講座の取組について」『札幌国際大学紀要』40，2009年，131-140頁。

佐久間章「社会人対象公開授業と学習集団の組織化―社会人教養楽部（がくぶ）の取組」『UEJジャーナル』3，2011年，6-10頁。

白石義孝「"夜間公開授業"初年度の成果と課題」『宇部フロンティア大学附属地域研究所年報』4，2007年，89-99頁。

白石義孝「社会人学生の受け入れによる地域密着型大学を目指す 宇部フロンティア大学附属生涯学習センターの取組」『社会教育』平成23年12月号，2011年。

白石義孝「大学が地域社会に何かできるのか～『検定事業』の視点からの大学開放の意義」『社会教育』平成25年7月号，2013年。

宇部短期大学編『宇部短期大学三十年の歩み』1990年。

宇部フロンティア大学『平成24～26年度 自己点検・評価報告書』2015年，102-114頁。

宇部市ホームページ（http://www.city.ube.yamaguchi.jp/）［2016.7.12］

宇部フロンティア大学ホームページ（http://www.frontier-u.jp/）［2016.7.12］

第6章
大学の公開講座の開き方

香川正弘

　我が国の大学は、明治以来の国家・社会の須要に応ずる人材の育成という大学観から、今は「地方創生の拠点」となる大学へと変身しつつある。大学の機能にも、研究・教育に、社会貢献という機能が新たに加わった。この社会貢献というのはどういう意味か、また、多くの大学で行われている社会人を対象にした講座は、どのように取り組まれるべきかについて、本章では考察をしたい。

1　社会貢献としての大学開放

知識基盤社会での大学
　大学に社会貢献の役割が明確に主張されたのは、2005（平成17）年の中央教育審議会の答申「我が国の高等教育の将来像」においてであった。この答申においては、21世紀の社会を「新しい知識・情報・技術が政治・経済・文化をはじめ社会のあらゆる領域での活動の基盤として飛躍的に重要性を増す、いわゆる『知識基盤社会』（knowledge-based society）の時代である」といい、こうした社会的背景のもとで、大学は次のことに留意して運営することが重要であると指摘している。
　・大学は教育と研究を本来的な使命としているが、同時に、大学に期待される役割も変化しつつあり、現在においては、大学の社会貢献（地域社会・経済社会・国際社会等、広い意味での社会全体の発展への寄与）の重要性が強調される、……こうした社会貢献の役割を、言わば大学の「第三の使命」としてとらえていくべき時代となっているものと考えられる。
　・このような新しい時代にふさわしい大学の位置付け・役割を踏まえれば、

各大学が教育や研究等のどのような使命・役割に重点を置く場合であっても，教育・研究機能の拡張（extension）としての大学開放の一層の推進等の生涯学習機能や地域社会・経済社会との連携も常に視野に入れていくことが重要である。

　この二つの指摘は，前者において，大学の使命に伝統的な教育と研究に加えて，新たに「第三の使命」として地域社会や経済社会や国際社会に対して「大学の社会貢献」が加えられ，その使命を達成するために，「教育・研究機能の拡張（extension）」を図る「大学開放」を推進していくことが重要であると述べている。この提言を受けて，2006（平成18）年には教育基本法が改正され，大学について第7条が設けられ，「大学は，学術の中心として，高い教養と専門的能力を培うとともに，深く真理を探究して新たな知見を創造し，これらの成果を広く社会に提供することにより，社会の発展に寄与するものとする。」と規定された。

　日本の大学は，明治の近代大学の創建以来，教育と研究を使命として存在してきた。この体制は，1970年代ぐらいから社会の教育・研究ニーズに応える方向で，正規の大学教育や施設の社会人への開放，公開講座を扱う部局の設置，そして産学連携の受入整備等，それぞれの分野で徐々に発達してきていたのを，改正された教育基本法において一元的に統合して大学の設置目的に示したものである。そして，その後の高等教育政策は，この規定に基づいて強力に進められることになった。ここではまず，改正された教育基本法における大学の規定と，その条文の背景にある中央教育審議会答申「我が国の高等教育の将来像」の上記の説明文を基に，大学開放がどのように位置づけられているか，またその意味を確認しておくことにする。

大学の第三の使命としての社会貢献

　第一は，大学の使命に社会貢献を加えたことである。この社会貢献は，大学が本来持っている研究という固有な使命によって「新たな知見を創造し」，その「成果を広く社会に提供すること」によって，「地域社会・経済社会・国際社会等，広い意味での社会全体の発展への寄与」するという意味である。社会

第6章　大学の公開講座の開き方

　貢献を「第三の使命」というのは，第三番目に付与された使命からであろう。第一・第二は「教育と研究」であるが，歴史的にはともかく，現在は「新たな知識を創造」する「研究」が第一の使命，その「研究」に基づいて「教育」するのが第二の使命と考えられ，その両方の成果を広く社会に「普及」させていくのが第三の使命としての「社会貢献」ということになる。

　大学の「社会貢献」という用語は，「地域社会・経済社会・国際社会等，広い意味での社会全体の発展に寄与する」ことといわれるように，非常に幅広い概念である。この考え方は，1970年代頃からよく使用されるようになった「開かれた大学」という用語が発展したものであるが，[1]「開かれた大学」が主に社会人を対象にした公開講座による「大学開放」を盛んにする意図で用いられた。これに対し，「社会貢献をする大学」は，学内の人的・物的・知的資源を大学構外の社会の役に立てること（社会的課題の解決や幅広い知的で高度な学習）を目指す諸活動を包含するものである。その新しさは，「開かれた大学」として行われてきた生涯学習事業や産学官連携事業，並びに個々の教員や学生が社会で行ってきた諸活動を一括して「社会貢献」という用語で表したことにあり，それを大学の正規（regular）事業の一部と位置づけたことにある。そうすることによって，大学の教育・研究を大学構外に「拡張」し，大学が「社会の変革のエンジン」としての役目を果たすよう期待しているのである。

社会貢献の場としての地域社会

　第二は，「地域社会・経済社会・国際社会」のうち，特に社会貢献の場を「地域社会」にあることを強調していることである。大学は地域社会から要望があれば，教員の派遣を認めてきた。例えば，自治体の行政委員会や審議会の委員には学識経験者という枠があり，それはほとんど大学の教員が務めてきた。自治体や各種団体の設置する調査・企画委員会の委員，各種の研修会の講師，他大学の非常勤講師等の要望が学外から大学に出されれば，大学は本務に支障のない限り，教員の兼業として認めてきた慣例がある。[2]従来から行われてきた大学の生涯学習，産学連携事業，地域連携事業を，上述のように地域社会・経済社会・国際社会という3つの場を具体的に示すことによって，「開かれた大

学」はどこの誰に対して開かれるべきかを表現している。大学全体として社会貢献に取り組む義務があることになると,正規の授業もこの3つの対象地域との関連で検討されることになる。

　3つの対象地域のうち,その基礎となるのは地域社会である。これを具体的に政策で示したのが「地（知）の拠点大学による地方創生推進事業」である。2013（平成25）年度から実施されたこの事業は,大学等が自治体と連携し,全学的に地域を志向した教育・研究・地域貢献を進める大学等を支援することで,課題解決に資するさまざまな人材や情報・技術が集まる,地域コミュニティの中核的存在としての大学の機能強化を図ることを目的として「地（知）の拠点整備事業」として実施された。次いで2015（平成27）年度から,大学が地方公共団体や企業等と協働して,学生にとって魅力ある就職先の創出をするとともに,その地域が求める人材を養成するために必要な教育カリキュラムの改革を断行する大学の取組みを支援するために,地方創生の中心となる「ひと」の地方への集積を目的として「地（知）の拠点大学による地方創生推進事業」を実施するとされた。このふたつの事業を促進していくために,大学と自治体,大学と地元の各種団体,また大学相互の間に,連携協定や包括協定が締結されることになった。このような政策があって,大学が地域社会に開かれていく道筋ができることになった。

大学開放は「教育・研究機能の拡張」である

　第三は,大学開放が「教育・研究機能の拡張（extension）」と述べられていることである。一般に,大学の社会貢献といえば,大学開放のことだと理解する人が多いが,では大学開放とはどういうことを意味するのかと問われると,明確に答えられる人は少ないだろう。これを初めて明確にしたのが,上述の文言である。すなわち,大学開放とは,地域社会において大学の持つ「教育・研究機能」を「拡張」していく活動を意味すると定義されたことにその画期的な意味がある。

　このことは,次のようにいうことができる。大学が学生（院生を含む）に通常授業として提供している「教育」,並びに教員や学生が行っている「研究」

活動そのものを，社会人にも学生と同じように提供するということである。大学開放は，学内で提供されている大学教育を社会人バージョンにして開放するということであり，その目的は，教育基本法の第7条に規定しているように，社会人が「高い教養と専門的能力を培う」ことにある。また，ここで使われている「拡張」という用語は，受講者が地域の社会人へと対象が拡大していることと，学ぶ人々がいる地域や職場へと出て行くという教場の地理的な「拡張」を意味している。

　以上，改正された教育基本法に述べられている大学の新しい使命を取り上げ，3点ほどその画期的意味を持つことを指摘した。これらのことは，21世紀は知識基盤社会である，大学は地域経済活性化にも貢献する，という欧米における大学政策と軌を一にして，我が国でも制度的整備を進めてきたことによっている。社会貢献のできる大学へという政策に沿って，我が国の大学は，地元地域を志向する大学という方向をとり，数多の地域団体や他大学とも協定を結び，大学の人的資源を活かして人材育成に乗り出すことになった。しかし，制度を形式的に整えたり，協定を結んだりすることはできても，運用するソフトの部分はきわめて不十分に思える。それが顕著に表れるのが，大学開放教育による人材育成の部分である。

2　大学の社会人教育としての公開講座

大学開放の主流は公開講座

　文部科学省は，「開かれた大学づくりに関する調査」を経年で実施している。2012（平成24）年度の調査における最初の質問は，「地域社会に対する大学の貢献として実際に取り組んでいること」を問うたもので，この調査結果をみながら，大学の社会人教育を考えてみたい[3]。

　第一に，上位を占めているのは，「公開講座の実施」（93.1%），「教員の派遣」（83%），「社会人入学者の受入れ」（80.7%）である。これらの項目は，戦後の新制大学発足以来行われてきた地域社会への大学開放の代表的な進め方である。これに続いて「学生の社会貢献活動」という項目がみられる。学生が地

域社会にかかわることは住民から，支持されて拡がっている。

　第二は，下位グループに「地域人材を養成すること」（34%），「正規授業を一般公開すること」（34.6%），「地域活性化のためのプログラムを開発・提供すること」（41.5%），「社会人の学び直しに関すること」（42.3%）という項目が挙がっていた。このグループに属する項目は，大学開放の具体的な内容への関心を示している。これをみると，公開講座以外に，正規の大学教育の社会人への開放と，プログラム開発での地域社会への貢献が挙げられているが，数値からみていずれも低調であることを示している。

　これらのことから，大学の社会貢献は，社会人への公開講座の提供と，教員の派遣や，学生の社会とのかかわりが，我が国における大学開放の主流であることがわかる。しかし，現在の大学の公開講座は，教養教育による市民の人材育成だけでなく，地域連携や産学連携で行われる専門的・職業的な人材育成も含めて考えられ，そのために「地域活性化のためのプログラム」を「開発」したり「提供」したりするのも，「公開講座」の領域で行われる研究・教育の開放であることになる。

大学公開講座の実施状況

　先に引いた文部科学省の調査によると，公開講座の実施状況は次のような数字になっている。開設大学数は，大学数732校のうち690校（94.3%）で実施。開設講座数は，大学数677校で2万8827講座，一大学当たり平均講座数は42.6講座。受講者数は，大学数673校で116万9849人，一大学当たり平均受講生数は1738.3人。

　また，講座内容を13の領域に分けて，全講座数でそれぞれの占める割合を次のように示している。語学系は20.2%，人文教養系は17.8%，育児・医療・福祉系は11.7%，芸術系は9.7%，理工系は7.7%，スポーツ・実技系は5.5%，趣味系は5.3%，ビジネス・経済系は5.2%，資格取得系は3.6%，社会問題系は3.5%，IT系は3.5%，地域課題解決系は2.1%，その他は4.2%。

　大学の公開講座に関するこれらの数値をみれば，新しい大学開放観，すなわち「教育・研究機能の拡張」としての組織的な社会人教育は定着しており，特に一大学の受講生が平均値で1738人という大きな数字は，大学が地域の「知的

拠点」となっていることを示している。しかし，実際に大学の公開講座での社会人教育が「知的人材」を育成するように提供されているのかというと，違和感を覚える。例えば，OECDの「各国の高等教育機関への進学における25歳以上の入学者の割合」を示したグラフがあるが，それをみると，26か国中の最高値はアイスランドで36.8％，中間値あたりでアメリカは22％，最低値が日本で２％となっている。これは学校教育と大人の生涯学習の両系統が大学開放で一つに融合する段階に到達していないこと，公開講座から正規の大学授業へと進む道が形成されてないことに原因があると思われる。

大学公開講座の問題点

　大学公開講座のこの調査では，講座の質的分析がなされていない。例えば，講義の回数，講座の形態，講座の構成要素，講師の属性，大学教育としての質の保証等について調査することは，公開講座の性格と質を判定するために不可欠な設問となるが，本調査だけでなく外の調査でもほとんど調べられていない。そのため，大学開放の古い公開講座の考えと，中教審答申に形成された新しい公開講座の違いについて意識されていない。公開講座の現状について，上杉孝實は次のように述べている。

　「日本の大学開放の場合，あまりにも正規教育とかけ離れていて，その接続が難しい状況にあった。その一方で，大学で形式化した講義や儀式にとらわれ，成人としての扱いが乏しいことも目立つ。」

　「多様な背景を持った学習者から成る成人教育では，個別的な把握の上で人間関係を築くことが必要で，少人数で，ひとりの教員が継続的に関わることが重要」，「日本の場合，いわゆる『ごった煮』あるいは『五目飯』と称されるプログラムが多く，講師も毎回のように変わるものが多い」といった問題がある。

　「大学の正規教育と異なる公開講座」，「成人としての扱いが乏しい」，「一つのテーマを深掘りする学習が少ない」，輪講により講義ごとに講師と話題が代わる「ごった煮」といった指摘は，一部の先進的な大学を除いて，多くの大学の公開講座でみることができる。我が国では，大学の使命を研究・教育・社会貢献と三者横並びで考えようとしているが，イギリスの大学開放では，教授

（及び公開講座講師）による研究があっての教育であり，その教育は一般学生と社会人学生に分かれると理解されている。このように理解されれば，正規の大学教育で一般学生に求められる参考文献の読書，予習・復習，レポート提出，発表などは，社会人を対象にした公開講座でも要求されることになる。我が国の一般学生は入学試験に合格し，入学金を払い，高い授業料を払って在籍しているので，手厚い指導がなされる。これに対し，公開講座の受講生には，もっとも安い受講料で大学教育が受けられるようになっており，安価なだけに，ほとんど学力をつけるような指導がなされていない。大学開放の基本的な考え方には，大学で学びたいと思う人には誰にでも教育を施すということがあるので，その学びたいという人が，たとえ社会人であった場合も，社会人の学生（adult students）として扱い，公開講座の一講義でも正規の学生と同様に教育することとされてきた。イギリスでのこの種の議論は1860年代にあり，正規の学生と社会人学生を教育上差別しないという考えが大学拡張講座では原則のひとつになっている。

19世紀イギリスにおける成人教育講座の混乱

「一つのテーマを深掘りする学習が少ない」という指摘は，講座がどうして成人教育で使用されるようになったのかを知らないことにその原因があるように思われる。このことを理解するためには，私たちも，知識社会を形成するためには「講座」（a course of lectures）によって学ぶという学習方式がイギリスで作り出されたことを振り返ってみる必要がある。講座の成立を手短に述べれば次のようにいうことができる。すなわち，17世紀初頭における「知は力なり」というベーコンの知識論を信奉した人々が，ジョン・ロックが提唱した探究型クラブでの相互学習を発展させ，17世紀の科学革命，続く18—19世紀の産業革命期を通して，専門家による講義での知識伝達の教育が成立し，大人は「講座」で学ぶという国民文化を創り出してきたことにある。[9] 19世紀の中頃も講座が成人教育の有力な手段であったが，講座で学ぶことが下層の中流階級から労働階級にまで普及するにつれて，寄せ集め的・ごった煮的な講義の集まりのようになって批判を浴びることになった。その一つが，スマイルズ（S.

Smiles）の『西国立志篇』（1859年）に載っているので紹介しておく。

「勤勉の功を積まずして，容易に得るところの知見は，算して教養の道とはなさず。かくのごとき知見は，心中に居所を占むれども，人心をして不順ならしむることあたわず。一時英敏の才を生ずといえども，元来特に楽趣に供する目的をもって学習をなすゆえ，堅基を崇くし，実益を獲ることあたわざるなり。かくのごとき知識は，心霊の領悟にあらずして，特に五官の感覚および食色の快楽に似たるのみ，時過ぐれば跡なく消滅すべし。」[10]

スマイルズの成人教育及び講座に対しての批判は，当時の講座の組み立て，講師の選抜，受講結果の修了証などにおける混乱状態を語っているのである。

ケンブリッジの大学拡張講座

講座は大学の外で発達してきた成人教育の教授形態であるが，それを大学内に取り込んで，大学教育に合わせて近代化したのが，現在の「講座」と呼ばれるものである。このことはケンブリッジ大学のジェイムズ・スチュアート（J. Stuart）が全学に公表した「大学拡張に関する書簡」（1871年）において詳細に述べられている[11]。その中で，当時，成人教育で提供されている講座が，輪講による「ごった煮」になっているのを問題として，「真の教育は，継続的でなければならないし，また十分学識のある人から与えられるものでなければならない」，また「いかなる人の教育でも，その過程は，同一教師の一定期間にわたる継続的な指導が必要である」と述べて，科学的講座を提唱した。この文言を読めば，「講座」は大学の講義をモデルにしていることがわかるであろう。

この時以来，イギリスでは，講座は毎週1回の講義と週1回のクラスを10～12回続けて一人の講師が責任を持って担当することとなり，この講義の部分が「公開講座」に，クラスの部分が「チュートリアルクラス」に発展していくことになった。我が国の大学も知識基盤社会に対応しようとするのであれば，こうした大学拡張の長い歴史を参考にすることになると思われる。毎年冬にロンドンで開かれているクリスマスレクチャーに憧れるだけでなく，大学拡張教育が生み出した英知をも学ぶことが必要であると思う。

第Ⅱ部　大学開放の内容

3　実践的な大学公開講座への組み直し

　大学が社会貢献をする意味は，地域のさまざまな仕事に就いている人々の知力の地平を拡げ向上させることにある。このために，大学には大学開放を専門的に扱う部局や委員会が設けられ，それが地域社会と大学内を結ぶ役割を果たすことになる。この機関の仕事は，地域社会の人々の社会的課題と高度な学習ニーズがどこにあるかを調べ，そのニーズを満たすために学内の人的資源とを結合させて，社会人教育のプログラムに編成して提供していくことにある。この場合，住民の高度な学習ニーズとは，公民館や生涯学習事業を行う諸施設・諸団体などでの学習では容易に満たされないニーズであり，学問的裏づけに基づいて学びたいというニーズである。以下では，大学の公開講座，産学連携による産業人育成や研究開発を知識基盤社会に対応するように組み立てていくために役立ちそうな発想を，講義の回数，講座の形態，講座内容による分類等から提示したい。

講義の回数で決まる標準講座

　講座というのは，一つの設定された問題を解くために，複数の講義を重ねて聴講し，最後にはその回答を受講生自らが得るというように構成される教授形態である。モデルは大学の講義にあるので，学期ごとに12回が基本的な講義回数となり，ケンブリッジ大学で始まった。講義が学期（ターム）毎で完結することからターミナル講座（標準講座もしくは中期講座）と称される。この12回の講義構成というのは，はたして何を学ぶ場合でも妥当な回数かということで，『源氏物語』の著名な講師，日本舞踊の講師をはじめ，数多くの大学の教授にも聞いてみたが，12回あれば一つのまとまったことを教えることができるというのが一致した意見であった。日本舞踊でいえば，最初に導入，次に内容を10のパートに分けて教え，最終回にまとめとすると，最後には一つの踊りがマスターできるというのである。成人教育のカリキュラムにおけるモジュールという考え方も，ここに由来すると思われる。

12回を標準講座にしたとき，その半分の6回講義の講座が短期講座となり，そのまた半分の3回講義が導入講座となる。短期講座は，テーマを深掘りしないで全体を概括的に講義をしていくというように，より安価に知識を普及させるときに用いられる。導入講座は，いきなり短期や中期の講座で始めるのが冒険と思われる時，試験的実験的に試みる講座である。導入講座に名前が挙がってくる前に，オムニバス方式で1回の講義を集めてシリーズにしたものも行われる場合があり，そこで人々の関心の度合いをみて導入講座にしていくような試みもある。1回だけの講義は講演会，いわば大学の文化事業であって，講座の数に入れてはいけない。

　12回講義の標準講座は学期の期間をフルに使う。受講生の関心の度合いが高く，内容が多ければ，続く学期にも継続して同じテーマで講座を開く。この場合は年間を通じての24回講義となり，セッショナル講座（長期講座）と称される。この年間を通じての講座を経年重ねていくと，2年制，3年制，5年制のセッショナル講座というように，長期にわたる講座が成立することになる。

　我が国の講座は，3，4，6，10，12回というように講義回数がバラバラで，標準講座という意識がない。標準講座がないということは，学内，他大学や専門学校等との正規の授業に連結させようという意識がないということでもある。日本人は，お稽古事では生涯をかけて深掘りをする。同じことは，公開講座でもみることができるが，十年一日の如く同じスタイルで受講しているとすれば問題であろう。それは大学教育型の指導が入っていないからである。

講義中心の講座とチュートリアルクラス

　講座を仕分けするときに，講義の回数で分けるのとは別に，他にもいろいろな分け方がある。たとえば講義方式や学級方式，座学と実技実習や巡検，通学制と宿泊制，など多様であり，内容と受講者の利便を考えてもっとも効率的な教授形態が採用される。そのうち，ある特定の内容について，知的理解を深めることが目的で開かれる講義方式での講座は，通常，一人の教授が初回から最終回まで責任を持って講義をすることになっている。この方式は大学教育では概論に用いられていて，一挙に体系的に知識を習得することが可能になるので，

昔からよく使用されてきた教授法である。

　この講義方式から分かれたのが，ゼミナール方式での教授法である。これはあるテーマを設定し，教授が全体の進行を示した上で，教授の指導を受けて受講生が研究・発表し，その発表内容をめぐって議論を進めていき，学問的真実を究めようとするものである。この方式は，受講生が調べて分析し発表できるだけの学力を身につけ，また教授－受講生，受講生同士での議論を通じて，それぞれの受講生が多様な考え方のあることを知ることになり，それがまた自己の発見にもつながるという利点がある。このゼミナール方式では，講師はチューターと呼ばれ，個々の受講生の問題関心に合わせて個別的に指導するので，チュートリアルクラスとも称される。

　チュートリアルクラスは，我が国の公開講座ではほとんど採用されていない。したがってチューターもまた存在していない。しかし，高度情報化社会では，知識・情報を得ることが誰でも簡単になっているので，講義中心方式から徐々にチュートリアルクラスに，講師はチューターに代わっていく傾向にある。チューターは講師よりもさらに指導力を求められる。また，講義方式とチュートリアルクラスの中間的な方式として，ひとコマの授業を講義に半分，クラス討議に半分を使うという方式（講義-クラス：Lecture-Class）もある。この方式では，受講生が事前に予習して調べてくることが前提になる。そのためには，受講生が，漠然とした問題関心を研究課題に高め，資料を収集し，資史料やデータを分析する方法を学び，そしてそれを論文にしていくというような「大人の学び方」講座が設けられる必要がある。スマイルズが楽趣な学びを非難したのは，ただ講師の講義を聴くだけで学んだ気持ちになっているというのは，真の学習になっていないと批判したのである。

夏期講座，宿泊講座

　外国にあって我が国にみられない公開講座に，サマーミーティング（夏期講習会），サマースクール（夏期学校），宿泊制講座，週末講座などがある。夏期に大学の施設を活用しての夏期講座については，社会教育法第48条にも名前が出てくるが，どういうわけか，我が国の大学ではあまり行われてこなかった。

第６章　大学の公開講座の開き方

　夏期講習会のイギリスでの始まりは1888年のオックスフォード大学での試みにあるが，それは大学の学寮を開放しての宿泊制講座であった。我が国では学寮を開放するというのは成り立たないが，その代わり自治体をはじめとする多様な団体と結んでいる包括協定を活用して宿泊制の講座を開くことは可能である。また週末活用（土曜・日曜に通学もしくは宿泊での集中講義）の講座を開くことも可能である。在学生には非常勤講師による集中講義があるが，社会人に対しては同様な講座が開かれていない。このような講座は，大学と企業との連携協定に基づく継続教育等で特に多用されるものであると思われる。

講座の体系化
　講座を内容で区分しようとすると，文部科学省の調査にもみられるように，13に領域に分けられるような例がある。受講生にはわかりやすいであろうが，趣味系，資格取得系，社会問題系，地域課題解決系というような領域は，大学教育のどこの学部・学科を基にした公開講座なのかわかりにくい。そのため，大学の開放度を自己点検するには，教養教育，専門教育，高度専門教育に分けてチェックすることと，学問領域を表す学部ごとで講座をまとめてみることが必要であると思う。教養教育は，一般教育の社会人バージョンであり，リベラル・アーツを中心にした内容で提供される。専門教育は学部学科単位で将来専門的な分野で仕事に就くための教育を受けるのに対応したもので，今我が国で行われている大人の学び直しの分野に一部は相当する。
　高度専門教育は，大学の専攻科もしくは大学院での専門職教育に相当し，社会人の場合には卒後教育（post-experienced education）による継続教育と位置づけられる。正規の大学教育で成り立つ授業は，公開講座でも成りたつと考えられる。
　大学の公開講座が大学教育の拡張であるのであれば，正規の大学教育に相似して組み立てていく必要がある。例えば入門→概論→専門→特講→専門職大学院というようにプログラムを組み上げていくのと，一つの領域内において４年サイクルぐらいで，概論→複数の科目（選択）→特講というように，学習の進む経路を示すことも大切である。このようなカリキュラム編成は専門職員によ

る仕事となる。生涯学習というと,市民のニーズに応えてプログラムを作るということになっているが,大学公開講座の場合は必ずしもすべてがそうであるというわけにはいかない。市民自らが教授の著作を読み,公開講座にして欲しい研究を指定することは,極めて難しいことが多いからである。教養教育の分野では,自己発見,地域文化,市民の共通教養等に応えて大学教員の研究と教育を開放していくが,専門教育の分野は,それぞれの職業団体のニーズに応えてプログラムが提供される。ここが通常の生涯学習機関のプログラムと異なる点である。

注

(1) 斎藤帝淳編著『開かれた大学へ——大学開放及び大学教育改革の進展』ぎょうせい,1982年参照。
(2) 香川正弘「大学の地域社会への開放に関する基礎的研究——佐賀大学教員の兼業調べを中心にして」『佐賀大学教育学部研究論文集』37(1-1),1989年,1-33頁。
(3) 『「平成24年度開かれた大学づくりに関する調査研究」報告書』リベルタス・コンサルティング,2013年。
(4) 同上書,3頁。
(5) 同上書,26-27頁。
(6) 大学・専門学校等における社会人の学び直しについて,第3回雇用政策研究会資料4,2012年5月14日,33頁。本書,110頁にも同じ言及がある。また37頁にも関連したことに言及がある。
(7) 上杉孝實「生涯学習の理念と現実——大学との関連において」『UEJジャーナル』10,2013年,12頁。
(8) 上杉孝實「生涯学習への大学の関わり——日英の比較を中心に」『UEJジャーナル』17,2015年,5頁。
(9) 香川正弘「イギリス成人教育における学級・講座の原初形態——近代大学拡張講座の祖型を求めて」『生涯学習・社会教育研究ジャーナル』7,2013年,121-135頁。
(10) S.スマイルズ/中村正直訳『西国立志篇』講談社学術文庫,1981年,416頁。
(11) 香川正弘「J・スチュアートの大学拡張提案に関する覚書」『四国女子大学・

四国短期大学研究紀要』15, 1974年, 5 -21頁。坂根治美訳「イングランドにおける大学拡張——ジェームズ・スチュアート『大学拡張の父』」『研究ノート　大学と社会』20, 1991年, 80-88頁。
⑿　実際ケンブリッジの講座では, 講座開始前に, 市民を集めての無料での講義概要を説明するオリエンテーションが, 講座の締めくくりには受講生に対しての試験が実施されたので, 講座は計14回で構成されることになる。

参考文献

浅岡純朗「社会人から大学院生へ, そして課程を終えて——65歳からの人生」『UEJジャーナル』2, 2011年, 17-21頁。

朝倉祝治「企業人よ, 大学を上手に利用しようではないか」『UEJジャーナル』5, 2012年, 1 - 4 頁。

香川正弘「大学開放を地域連携に生かす方策」『UEJジャーナル』2, 2011年, 4 - 8 頁。

箱木真澄「ケンブリッジ大学継続教育研究センター訪問記」『UEJジャーナル』3, 2011年, 17-21頁。

第7章

地場産業を育てる大学開放

河村能夫

　本章のテーマ「地場産業を育てる大学開放」は，近年の「大学開放」の概念的枠組みの拡充という潮流を反映している。日本における大学開放は，従来，生涯教育を基軸として人間のライフサイクルとの関連性に焦点を当てた縦軸的に展開されてきたが，近年，地域社会との関係性に焦点を当てて横軸的に展開されてきており，大学開放の地平が広がっている。

　日本において大学と地域との関係性に焦点が当たるようになったのは，最近のことである。2007（平成19）年の学校教育法の大幅改正により大学の目的に「社会の発展に寄与すること」が明記され，2012（平成24）年の文部科学省「大学改革実行プラン」でも「地域再生の核となる大学づくり（COC：Center of Community）」が示されるなど，国の政策としても大学と地域社会との関係性構築が重視されるようになってきている。この転換の背景には，後述するように，現代の社会は脱工業化社会（post-industrial society）と認識され，その社会のあり方は，研究開発（R＆D）と社会現場との関係性に規定される知識集約社会との時代的認識がある。このことは，大学と地域社会の関係性が基軸的な重要課題となってきていることを意味している。

　したがって，テーマ「地場産業を育てる大学開放」は，大学改革の中でも時代的変化に対応した最も具体的な課題であるといえる。本章では，地場産業を狭義に捉えるのではなく，地場産業が地域経済の主軸として機能していることに鑑みて，ほぼ地域経済と同義的に使用する。

　この課題を3つのアプローチから接近する。第一に，現在進行している大学改革が過去の大学改革とどう異なるのかを検証することによって，大学にとって現在進行形の改革がどういう意味を持つのかを明らかにする。本章では，こ

第Ⅱ部　大学開放の内容

の課題を理論的に検討するのではなく，より具体的な事例として，京都における大学改革の事例に基づいて検討していく。第二に，大学改革の内実として地域連携するということが大学の教育研究にとってどういう変化を意味するのかを明らかにする。これについても，理論的によりも具体的な事例に基づいて課題にアプローチする。京都の大学では1990年代初頭から，地域との連携を模索・構築してきた実績がある。個別の大学の試みでは，龍谷大学の龍谷エクステンションセンター（REC：1991年設置），立命館大学のリエゾン・オフィス（1995年設置）があり，大学連携組織では，「京都・大学センター」（大学コンソーシアム京都の前身：1993年設置）がある。最近のものとしては，京都府北部地域・大学連携機構（2012年設立）を挙げることができる。これらの京都での蓄積を振り返ることによって，大学と地域との連携関係のあり方を検討する。第三に，脱工業化社会と呼ばれる知識集約社会の時代にあって，地域社会にとって大学と連携することの意味は何なのかを考察する。

1　日本の大学改革にみる3つのパラダイムシフト

日本の大学改革と龍谷大学の事例

　日本の高等教育は，日本が近代化に入った明治時代以降，概ね3つの転換期を経験している。第1期は明治時代初期で，近代ヨーロッパの大学の概念に基づいて，日本の高等教育制度を確立した台頭期である。第2期は戦後期で，アメリカの大学の概念に基づいて，高等教育を開放化した改革期である。この二つは，共にトリクルダウン（trickle-down），つまり，トップダウンの改革であった。第3期は1980年代半ば以降に始まり現在に至る時期で，少なくとも初期段階では，私立大学の視点からすると，大学が主体的に取り組んだ大学改革で内発的発展（endogenous development）であるといえる。しかし，その後，文部科学省はすべての大学が自主的改革を推進するような構造的環境整備を実施してきており，大学改革はもはや一過性のものではなく，持続的に構造的に追求すべきものへと転換してきている。終わりのない変革が求められているといえる。

この内発的改革を龍谷大学の長期計画を事例に検証する。龍谷大学は，1970年代に長期計画（第1次：1975〜1984年）を始め，第2次長期計画（1985〜1990年），第3次長期計画（1991〜1999年），第4次長期計画（2000〜2009年），第5次長期計画（2010〜2019年）と長期計画を積み重ねる中で，大学改革を遂行してきている。1980年代の第2次長期計画は，次の4つの問題認識を前提に企画された。第一の問題認識は，少子高齢化であった。18歳人口の学生だけを対象にしていると私立大学の市場が徐々に縮小していくことを意味していた。第二の問題認識は，急激な技術革新による情報化の進行であった。第三の問題認識は，情報化を基盤とした経済のグローバル化であった。急激な技術革新やグローバル化は，大学教育のあり方に大きな影響を与えると予測していた。第四の問題認識は，そのような状況変化下で地域社会がグローバルに相対峙する立場となり，その重要性がますます強まってきていることであった。この4つの問題に大学としてどう取り組むかということが，80年代前半からの龍谷大学長期計画での基本的課題であった。

　この第2次長期計画を策定するうえで，大学改革のパラダイム転換（paradigm shift），つまり，大学のあり方に対する認識の枠組みを大きく変える必要性があると確認された点が3つあった。それは，図7-1にまとめたとおりである。

大学改革のパラダイム転換1：教養市民養成への転換

　大学改革のパラダイム転換の第一は，大学の役割が，少数のエリート養成から多数の教養ある市民養成へと転換したことである。旧来は，大学への入学者数も非常に限られ，少数のエリート養成が客観的な大学の社会的役割であった。日本が戦後復興を終え経済発展への離陸期となった1960年での大学・短期大学への進学率は10％に過ぎなかった。先進工業国の所得水準に到達した1970年代では4人に1人が，1980年代では3人に1人が，そして2000年代に入ると半数以上が高等教育機関に進学する状態となった。このことは，大学がユニバーサル化し，大学の役割は教養あるバランスのとれた市民，教養人の育成へと社会的役割が変化してきていることを意味している。

第Ⅱ部　大学開放の内容

図7-1　大学改革のコンセプト

		旧来の大学		新しい大学
教育	社会的機能	エリート教育	+	市民教育
	目標	専門家育成	+	教養人育成
	内容・方法	1) 専門的・個別的 2) 抽象的・理論的 3) 演繹的	+	1) 総合的・多様的 2) 具体的・実証的 3) 帰納的
	制度的性格	固定性・閉鎖性	→	柔軟性・開放性
普及(Extension)		エリートレベルでの個別的普及	+	一般レベルでの制度的普及
研究	社会的機能	科学・技術的水準の向上	+	文化的水準の向上
	内容・方法	制度的専門領域 専門領域の分化 中間領域の拡大	+	社会問題別の 総合的アプローチ
対応策		大学院教育体制の強化	+	学部教育体制の改善 （人間学の重視）

出所：河村能夫「開発途上国の発展に大学が果たす役割」公開セミナー『国際協力における高等教育の役割——地域に届くアプローチとは』報告書，独立法人国際協力機構（人間開発部／教育課題タスクフォース），2007年2月，9頁．

　この転換は，具体的には，龍谷大学の内部では，88改革と呼ばれた1988年に実施した教育制度改革にみられる。セメスター制，Grand-Point-Average (GPA)，グレード制（科目のnumbering），9月入学・卒業などの制度的導入，さらに，カリキュラムのあり方を学部内に固定せず，経済学部・経営学部・法学部に所属する学生は，国際関係，英語コミュニケーション，環境などの具体的で総合的アプローチを可能とする共通コースを主専攻として修得し卒業できる制度の新設が行われた。さらに，教養あるバランスのとれた市民育成を目的とした制度として大学外部からも分かり易いものとしては，生涯教育講座で，龍谷エクステンションセンター（REC）が実施してきている龍谷コミュニティ・カレッジや京都市と大学コンソーシアム京都が実施してきている京コミュニティ・カレッジなどが挙げられる。

第7章 地場産業を育てる大学開放

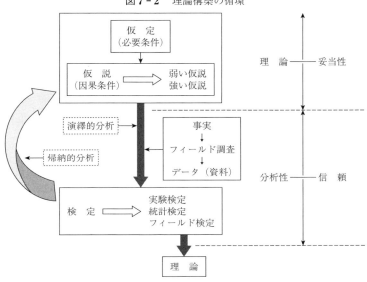

図7-2 理論構築の循環

出所：河村能夫「開発途上国の発展に大学が果たす役割」公開セミナー『国際協力における高等教育の役割——地域に届くアプローチとは』報告書，独立行政法人国際協力機構（人間開発部／教育課題タスクフォース），2007年2月，20頁。

大学改革のパラダイム転換2：帰納的教育への転換

　大学改革のパラダイム転換の第二は，大学の役割転換は同時に教育内実のあり方の転換である。旧来のエリート養成のための高等教育は，演繹的教育に基づく専門家育成で，非常に理論的・抽象的であったが，教養あるバランスのとれた市民育成の高等教育には，具体的な課題に接近する帰納的な総合的アプローチが要求される。つまり，演繹的教育から帰納的教育への転換である。

　図7-2は大学での研究教育を有効性あるものとする2つの柱，妥当性（validity）と信頼性（reliability）の関係性を示している。妥当性獲得のステップは理論の修得であり，先行研究に基づいて，より妥当性のある仮説を構築する過程である。信頼性獲得のステップは現実からのデータ収集とそれに基づく分析の過程で，仮説の検定の過程である。これは，構築した仮説が現実に適応可能かどうかの検定の過程であるが，多くの場合，同時に，構築した仮説でもって現実を分析する過程を意味している。このプロセスが演繹的アプローチで，図

95

では濃い色の矢印で示されている。帰納的アプローチは，現実から始まり，現実から収集したデータの分析結果に基づいて，現実を説明するのにより妥当性のある仮説を構築する過程を意味し，図ではうすい色の矢印で示されている。演繹的アプローチが「理論から現実を分析」する姿勢であるのに対して，帰納的アプローチは「現実の分析から理論化を図る」姿勢である。この転換の具体的な教育事例としては，京都にある50の大学・短期大学が結集してつくっている大学コンソーシアム京都が1998年以降続けているインターンシップ・プログラム，特に，その5年後の2003年から始められた Project Based Learning（PBL）に基づいた長期インターンシップのプログレスコースが挙げられる。

大学改革のパラダイム転換3：研究・教育・普及の社会的役割

　大学改革のパラダイム転換の第三は，演繹的教育から帰納的教育への転換にともない，大学の役割は研究と教育だけではなく，同時に，「普及」も社会的役割として位置づけられたことにある。後述するように，高等教育での演繹的教育から帰納的教育への転換には，現場（フィールド）との連携が不可避となる。大学と地域との連携の意味は，ここにある。大学の研究教育における現場との連携関係の構築とは，普及という機能を大学が果たしていることを意味する。したがって，大学の社会的役割は，教育・研究にとどまらず普及（社会貢献）にまで及ぶことを意味する。アメリカの高等教育の理念的な枠組みでは，大学単独では実現し得ない教育，具体的には行政府・企業・地域社会のコミュニティなどとの連携によって初めて可能となる教育（例えばインターンシップ）を協働教育（cooperative education）という。同様に，大学外部の主体（政府・企業・地域社会など）との連携によって初めて可能となる研究を，共同研究または協働研究（cooperative research）と呼ぶ。協働教育と協働研究の枠組みを地域社会に統合したのが，普及ということになる。

　大学の教育機能を軸に展開する普及は大学拡張，研究機能を軸に展開する普及は大学協働拡張（university cooperative extension）と呼ばれる。アメリカの高等教育機関のほとんどは教育機能を軸とした大学拡張事業を実施している。コミュニティの人々を対象とした生涯教育や資格教育などがそれである。他方，

第7章　地場産業を育てる大学開放

研究機能を軸とした大学協働拡張は土地付与大学（Land-grant College）と呼ばれる大学（原則として各州1校，全部で69校）を基盤に発展してきた。土地付与大学は，1862年に成立したモリル法に基づいて公有地が交付され，大学の設置と強化の対象となった大学を指す。これらの大学では，農業・農村社会の発展などに直接的に貢献することが大学の社会的役割となり，アメリカの普及事業の担い手となっている。1991年に設立された龍谷エクステンションセンター（REC）は，大学の役割として普及に焦点を当てたもっとも象徴的な具体的事例として，挙げることができる。

2　大学の教育機能を軸とした地域・地場産業を支えるしくみ

京都の大学改革にみる地域連携

現在進行している日本における大学改革には，3つのパラダイム転換があるということを指摘した。第一は，教養あるバランスのとれた市民の養成のための高等教育機関への転換，第二は，具体的で総合的アプローチに基づく帰納的な研究教育への転換，第三は，研究・教育・普及の社会的機能を統合的に果たす高等教育機関への転換である。これらを達成するためのキーワードは，現場（フィールド）であり，その現場を保持する地域社会である。大学にとって地域社会との連携は，上述の大学改革の3つのパラダイム転換を実現するための主要な手段であることを意味している。

京都では，1980年代半ばから始まった各主要私立大学の大学改革を背景に目に見えない競争関係が生まれたといえるが，その競争関係ゆえに協働する必要性も認識され始めたといえる。その認識が，1993年の当時37大学・短期大学による京都・大学センター（現，大学コンソーシアム京都の前身）の設立に結実した。大学連携組織の目的についての当時の共通認識は，護送船団の形成のためではなく，各大学がより良い大学を構築するために限られた資源を集中できるような環境を形成することであった。換言すれば，大学の集積によるシナジー効果の追求であり，その効果によって各大学が個性的に発展していくことを目指していたといえる。京都における地域との連携関係の主な事例を挙げると，

第Ⅱ部　大学開放の内容

資料7-1　京都における地域連携の例

1990年	京都工芸繊維大学地域共同研究センター設立（1994年建物竣工）
1991年	龍谷大学エクステンションセンター（REC）設立
1993年	京都・大学センター（大学コンソーシアム京都の前身）設立
1995年	京都大学ベンチャービジネス・ラボラトリー設立（2012年事業終了）
1995年	立命館大学リエゾン・オフィス設立
1998年	（財）大学コンソーシアム京都設立
1998年	大学コンソーシアム京都インターンシップ・プログラム開始
2003年	立命館大学インターンシップ・プログラム（全学）開始
2003年	京都産業大学コープ教育プログラム（4年間課程）開始
2003年	大学コンソーシアム京都プログレス型インターンシップ（長期PBL）プログラム開始
2003年	龍谷大学「地域人材・公共政策開発システム・オープン・リサーチ・センター」（LORC）設立
2005年	同志社大学大学院総合政策科学研究科ソーシアル・イノベーション研究コース設置
2008年	立命館大学大学院政策学研究科「地域共創プロデューサー育成プログラム」開始
2009年	（財）地域公共人材開発機構（COLPU）設立
2012年	（社）京都府北部地域・大学連携機構（CUANKA）設立
2013年	（NPO）グローカル人材開発センター設立

資料7-1のとおりになる。

　これらの事例の中で、大学と地域社会との連携関係を考察するうえで十分な蓄積がある大学コンソーシアム京都のインターンシップ・プログラム（1998年から開始）と龍谷大学の龍谷エクステンション・センター（REC：1991年設立）を取り上げる。その事例から、大学と地域との連携関係の構築は、大学にとっても意味があるだけでなく、関係する企業等の地域の組織・集団にとっても重要であり、地域の企業（地場産業）との関係性構築のプラットフォームとして機能していることが理解される。

インターンシップにみる協働教育（Cooperative Education）

　大学からみた場合のインターンシップ実施の目的は、教育の内実を変えることである。黒板を背に理論を唱えるような授業では、社会が高等教育に要求しているバランスのとれた教養人を輩出することはできない。大学コンソーシアム京都のインターンシップ・プログラムでは、事前学習でできるかぎり問題意識を明確にして仮説を考えさせる。その仮説はほとんどの場合、実習（イン

第7章　地場産業を育てる大学開放

図7-3　企業の仕事枠組におけるインターンシップの意義

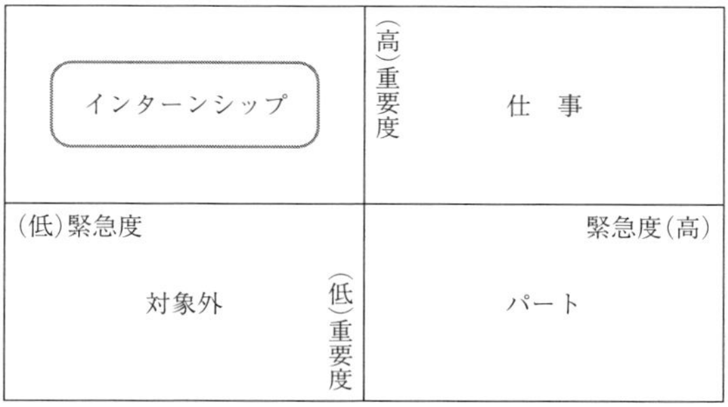

	（高）重要度	
インターンシップ		仕　事
（低）緊急度		緊急度（高）
対象外	（低）重要度	パート

出所：石川武「三共精機株式会社（ビジネスコース）の事例」『インターンシップ・プログラム修了生アンケート調査報告書』大学コンソーシアム京都，2016年5月，56頁。

ターンシップ）過程で崩れる。その後の事後学習で，なぜ自分の仮説が崩れたのか，さらに，実習での経験に基づいて自分なりのより有効な仮説をつくるというのが教育過程である。換言すれば，事前学習では課題の設定とその仮説構築，インターンシップ実習過程では仮説の検定，事後学習ではインターンシップ実習の経験に基づいた仮説の再構築，という教育の流れを学生は経験していることになる。インターンシップ実習から事後学習での新しい仮説づくりまでが，帰納的な教育プロセスである。

インターンシップにみる企業支援

インターンシップは，受け入れ側にとっても大きな意味がある。図7-3は，長い間継続してインターンシップ生を受け入れている三共精機株式会社の石川武社長が提示した構造図である。

企業が仕事を捉えるときの枠組みを4つに分類している。図での縦軸は重要度で，上に行くほど重要度の高い仕事，下に行くほど重要度の低い仕事を意味する。横軸は緊急度で，右に行くほど緊急度の高い仕事，左に行くほど緊急度の低い仕事を意味する。この二つの基軸でみたとき，企業は，緊急度が高く重要度の高い仕事は正規の仕事あるいは正規プロジェクトとして自主的，意欲的

に取り組む。緊急度は高いけれど重要度の低い仕事は，アルバイトかアウトソーシングに任せる。緊急度も低く重要度も低い仕事は，当然のことながら仕事の対象ではない。ところが，なかなか手がつけられないのは，重要度が高いけれども緊急度は低い仕事で，限られた人員では正規の仕事に没頭してしまい，重要だとはわかっていても常に後回しになってしまうような仕事である。この領域がインターンシップ生と一緒に取り組む仕事の領域であると判断している。緊急度は低いけれども重要度が高い仕事領域でのインターンシップ・プログラムで成果を達成することによって，企業は次への発展への布石を打つことができる。

　インターンシップが制度として定着するためには，受け入れ側にもメリットがなければならない。大学側にも受け入れ側にも意味がありメリットがあるという構図が，インターンシップの持続的な展開には不可欠な要件である。すでに述べたように，大学単独では実現し得ない教育である協働教育の典型例が，インターンシップといえる。協働教育は，20世紀初頭にシンシナティ大学で開発されたが，長い間マイナーな教育枠組みであった。しかし，1970年代に全米の大学に急速に浸透していった。1998年大学コンソーシアム京都でインターンシップ・プログラムを開設した背景には，アメリカが脱産業化社会に入り経済がグローバル化し始めた1970年代に，協働教育が有効な高等教育プログラムとして急速に普及した点に注目した視点がある。

3　大学の研究機能を軸とした地域・地場産業を支えるしくみ

龍谷エクステンションセンター（REC）の概要

　大学と地域社会とを直接的に連携する制度として1991年に全国に先駆けて設置されたRECは，アメリカの高等教育制度の概念からみれば，教育機能を軸とする大学拡張にとどまらず，研究機能を軸にした大学協働拡張を担う機関として設置された。前者の普及事業としては，龍谷コミュニティ・カレッジに代表される生涯教育プログラムや，リカレント教育プログラムが実施されている。後者の普及事業としては，協働研究や委託研究の事業が展開されてきている。

第7章　地場産業を育てる大学開放

図7-4　RECの概念図

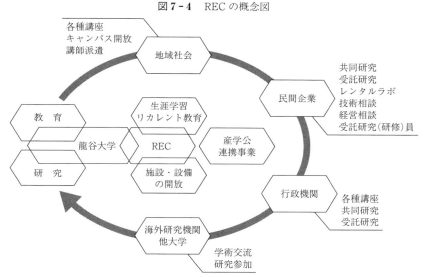

出所：河村能夫「開発途上国の発展に大学が果たす役割」公開セミナー『国際協力における高等教育の役割——地域に届くアプローチとは』報告書，独立行政法人国際協力機構（人間開発部／教育課題タスクフォース），2007年2月，12頁。

　その対象者であるクライエント（client）は，地域の住民，コミュニティ，諸団体・組織，企業，行政など地域社会の構成メンバーすべてとなる。RECの実施する事業は，図7-4に示されるとおりである。
　さらに，RECは大学と地域社会の連携関係を，研究機能と教育機能とともに施設の開放も絡めて構築されている。ここで特徴的であるのは，REC事業のそれぞれがシングル機能の事業として展開されているのではなく，研究施設，図書館施設，ネット施設など大学の施設開放とリンクされて展開されている点である。
　そのもっとも具体的で象徴的なのは，レンタルラボである。レンタルラボは，地場産業の中小企業をオンリーワン企業に育成する目的，換言すれば，インキュベーション機能を目的として設置された。中小企業にとって技術開発のために自己のラボを持つことは非常に難しいことであるが，理工学部を持つ大学にとってはラボをつくり提供することはそれほど大きな負担ではない。レンタル

ラボに入居した地場の中小企業は，自己の技術開発分野に関係する理工学部の人材と連携し協働体制を取りながら，グローバルな競争下でも十分に通用する技術開発を達成することが期待されている。龍谷大学の人材がかかわることによって，大学の研究教育のあり方にも改革の変化が期待できる。

協働研究機関としてのREC

RECのレンタルラボ設置には，REC設立の経緯と深い関係がある。1984 (昭和59) 年11月に滋賀県から瀬田に理工学部を開設する打診があった。滋賀県からは，土地提供にとどまらず，大津市と共同で70億円の資金提供，さらに，新たなキャンパスへのアクセスのためのインフラ整備も行うとの条件が提案された。瀬田キャンパス開学の経緯は，まさにアメリカの土地付与大学に類似した状況で，龍谷大学は瀬田キャンパスを日本型土地付与大学と位置づけた。そして，土地付与大学としての機能を具体的に持たせたのが，RECであった。

滋賀県が龍谷大学を誘致したのには，理由がある。1970年代前半まで滋賀県は典型的な農業県といわれていた。名神高速道路などによるアクセスの利便性に基づいて大企業を誘致し急速に工業化した結果，1970年代末には滋賀県は工業県となり県財政は潤った。しかし，当時の滋賀県は，現在の開発途上国が抱えるのと同じ典型的な問題を抱えていることに気がついていた。つまり，多くの大企業が誘致されたが，大企業の発注先の企業は従来からの東大阪や尼崎の中小企業で，県内の地場産業である中小企業には全く関係しない構造ができていた。

この二層構造は油（誘致された大企業）と水（地場産業の中小企業）のように全く分離していて，大企業誘致により工業化した県のマクロ経済は潤ったにもかかわらず，それは地場産業の中小企業の発展には結びついていない状況が存在していたのである。しかも，大企業の人材，特に頭脳に相当する人材は県外からの流入で，地元から雇用される状況にないことが県にとっての課題となっていた。その課題解決策が，龍谷大学の理工学部設置であった。

したがって，龍谷大学は，瀬田キャンパスに理工学部を開設した後，滋賀県の中小企業と連携する場を形成するためにRECにレンタルラボをつくった。

滋賀県工業協同組合に加盟している企業約500社のうち100社がオンリーワン企業になれば，滋賀県の地場産業の持続的発展は可能となるとの判断が基礎にあった。そのことに龍谷大学が主体的にどこまでかかわるかに，滋賀県における龍谷大学の存在意義の本質があるとの認識が大学にはあった。

新しい協働研究のあり方

これは明らかに新しい産学連携で，旧来の産学連携とは異なる。旧来の伝統的な産学連携のあり方は，大学と個別の大企業との共同研究である。個別の大企業のニーズに応じて大学が実施するもので，研究開発資金は企業から提供される。大企業にとっては，これによって企業独自の先端的技術を開発したり，それに関連する分野での研究蓄積によって技術力の強化につなげたり，さらには，将来の人材確保に結びついたりの恩恵がある。しかし，大学改革のプロセスの過程で，これとは違った産学連携のあり方が生まれてきており，それが日本の産業発展には決定的な重要性を持ってきているといえる。ここで注意しておきたいのは，この新しい「産学連携」には異なる3つの類型があり，それを混同してはいけないという点である。

第一の類型は，龍谷大学のRECが実施している産学連携である。RECのレンタルラボは，施設開放という場と大学の研究者と機器とを中小企業に提供することによって，中小企業が独自の技術を研究開発するシステムである。リスクを背負って開発研究を担っているのは，レンタルラボ入居企業である。開発研究に対する資本投資も一つの中小企業が担える規模のものである。大学は，中小企業が独自に技術開発を進めていく環境を提供することによって中小企業をバックアップしているという立場を守っている。

第二の類型は，立命館大学のリエゾンオフィスである。大学と複数の企業とのコラボレーションによる共同研究が実施されている。企業は独自の先端的技術の開発を目標に研究開発を追求するが，そのためには必要な基礎的研究（研究者からみれば応用研究）がある。各企業の独自の先端的技術は固有的なものであるが，そのための基礎的研究は企業を横断的に結ぶ共通的なものである。立命館大学のリエゾンオフィスは，この共通性を各企業から引き出し，複数の

企業と連携して大学との共同研究を実施するシステムである。このような共通性を引き出すには、深い専門性と強いファシリテーション能力が要求され、この役割を担える人を「目利き」と呼ぶが、この「目利き」の役目を果たす教員が立命館大学にはいた。リエゾンオフィスでは、複数の企業からの技術者と大学の研究者とが連携して共同研究をしている。開発研究のリスクも両者によって担われ、開発研究に対する資本投資も大きいものである。このようなシステムに対応できる企業は、客観的には、中堅以上の企業である。龍谷大学のRECレンタルラボでは、開発研究を担っているのは企業の技術者であるが、立命館大学のリエゾンオフィスでは、開発研究を担っているのは大学の研究者と企業の技術者の両者である。

　第三の類型は、京都大学のベンチャービジネス・ラボラトリーである。そこでは、世界トップレベルのナノテクノロジーの最先端研究が行われていた。研究開発資金は基本的に国家予算に基づき、研究は京都大学の正規の研究者以外に世界中から集められたポストドクターの若手研究者によって担われていた。研究開発資金の規模は非常に大きく、その開発研究は資本集約的で、大学関係者によって担われ、その研究成果はベンチャーとして結実させて大学のサテライト企業として位置づけられる。いわば大学発ベンチャー企業の形成である。これも新しい産学連携の形である。

　大企業との共同研究に基づく旧来の産学連携とは異なる新しい産学連携のあり方には、既述のとおり3つの類型があり、それぞれの社会的役割が異なる点は留意すべきである。地場産業の育成には、第一の類型である、中小企業の独自の技術研究開発を支援するシステムが基軸となるといえる。龍大RECのレンタルラボのように、開発研究の主体は中小企業の当事者であり、開発研究の資本投資もリスクも一中小企業が担える規模のもので、大学は、中小企業が独自に技術開発を進めていく環境を提供することによって、中小企業をバックアップしているという立場である。

4　地域にとっての大学連携の意味

　大学が研究機能と教育機能，施設開放という機能を統合して地域社会との連携関係を構築することは，大学の改革にとって重要な基軸となるが，同時に，グローバル化時代の地域社会にとっても基軸的な重要性を持つ。

　図7-5に示されるとおり，現代の社会は脱工業（産業）化社会といわれ，第四の産業革命ともいわれるIT技術の急激な発展に基づいた経済のグローバル化に特徴づけられる。このような変革期を背景に，経済の実態を構成する産業構造の把握の仕方も変化してきた。従来の経済学，社会学では，産業構造を把握する上で，第一次産業，第二次産業，第三次産業と分類していた。第一次産業は自然の生命体のメカニズムを利用し，それを人間の経済構造の中に取り入れたものである。第一次とされているのは，「生命」が一番の基本だからで，有機的産業ともいわれるのはそのためである。第一次産業以外は無機的産業であるが，第二次産業は，工業に典型的に現われるような「ものづくり」を意味している。第三次産業はサービス作業で，大学はその典型である。政府もここに入る。

　ところが，脱工業化社会を特徴づける産業として「第四次産業」が析出された。この第四次産業は，1970年の初めにアメリカで定義されたものである。産業機械が進化して，第一次産業・第二次産業といった「もの」を生産する産業に人は必要ないという状況が生まれ，産業構造における情報・知識・サービスなどの第三次産業の占める割合が圧倒的に高い社会に変化してくるとともに，社会構造は脱工業化社会に変質してきたとの認識が支配的になってきた。この時代的変化を背景に，第四次産業は第三次産業の中から析出された。この分野は，R＆D（Research and Development）「研究開発」である。この第四次産業のあり方こそが，その社会の発展性を規定すると認識されたのである。つまり，第四次産業が独立して存在しているのではなく，第一次，第二次，第三次産業とどのような連携関係にあるかが重要なのである。この第四次産業の担い手の典型は大学で，大学のあり方が社会発展のあり方を規定する社会になっている

第Ⅱ部　大学開放の内容

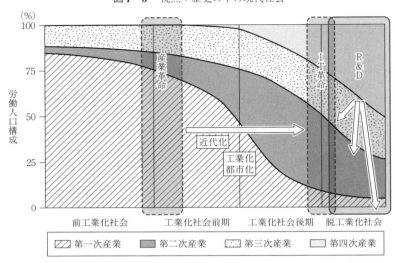

図7-5　視点：歴史の中の現代社会

出所：Brian, J. L. Berry et al., *The Geography of Economic Systems*, Englewood Cliffs, New Jersey: PrenticeHall, 1976, p.24. に掲載の図をもとに筆者加工。

ことを意味している。そして，第一次・第二次・第三次産業のあり方はまさに「地域社会」そのものである。つまり，大学と地域社会との関係性の構築が，その社会の持続可能な発展性に大きく影響するのである。言い換えると，大学は地域社会の発展に対する社会的責任を負っているということで，龍谷大学が国の政策に先駆けて日本で最初に龍谷エクステンションセンター（REC）を設立したのは，この認識に基づいている。

＊本章は，拙稿「地場産業を育てる大学開放――京都における大学改革の経験に基づいて」『UEJジャーナル』19, 全日本大学開放機構，2016年4月に基づいている。

参考文献

河村能夫「農業・資源経済学：グローバル化経済における日本農業・農村の開発枠

組と方法論　地域活性化と知識集約型水平統合——第4次産業（大学）の社会的責務」『経済学論集』52(3), 龍谷大学, 2013年3月, 399-418頁.

河村能夫「グローバル化時代における日本の大学発展と事務職員の役割——龍谷大学の積み重ねを事例として」『2011年度事務職員合宿研修報告書』龍谷大学, 2012年7月, 15-53頁.

河村能夫「龍谷大学における学士課程教育の再構築」『大学教育学会誌』30(1), 2008年5月, 29-33頁.

河村能夫「戦略的経営の実践——龍谷大学を事例として」『私学経営』387, 2007年5月, 53-66頁.

独立法人国際協力機構（人間開発部／教育課題タスクフォース）『国際協力における高等教育の役割——地域に届くアプローチとは』報告書, 2007年2月.

河村能夫・峯野芳郎「大学政策——大学コンソーシアム京都を事例として」『京都市政　公共経営と政策研究』法律文化社, 2007年2月, 177-198頁.

近畿経済産業局『インターンシップ——サクセスとリスク』調査報告書, 2003年3月.

河村能夫「大学運営の観点からみた地域との連携課題——大学をめぐる環境変化と龍谷大学の改革事例」『教育制度研究』9, 2002年, 45-50頁.

河村能夫「インターンシップの現状と課題——大学コンソーシアム京都の事例」『大学教育学会誌』22(1), 2000年5月, 28-33頁.

河村能夫「学園将来計画の立案方法と実際——龍谷大学の事例に基づいて」『私学経営』242, 1995年4月, 31-46頁.

河村能夫「セメスター制とは　定義と構造」『大学時報』44(240), 1995年1月, 54-59頁.

河村能夫「インターンシップとは何か　その意義と実際」『大学創造』創刊号, 高等教育研究会, 1994年, 7-15頁.

河村能夫「大学と地域社会の連携を考える——その現代的意義」『理工ジャーナル』6(2), 龍谷大学, 1994年, 73-78頁.

Berry, Brian J. L. and etc., *The Geography of Economic Systems*, Prentice Hall, 1976.

Van Drom, Eddy, "Reforms in the Japanese University Sysytem & Changes in the Contributions of Universities toward the Japanese Society",『阪南論集（人文・自然科学編）』44(1), 2008年, 35-44頁.

第8章

大学院における高度専門人材の育成と大学開放

山本幸一

1 大学院による高度専門人材の育成

知識基盤社会と高度専門人材

　大学院が知の拠点となる意義は，社会との相互関係において，有意な人材を社会に供給し，新たな知見を社会に還元することにある。本章では，生涯学習の理念を踏まえ，大学院を基盤とした大学開放機能について検討したい。

　知識基盤社会の到来といわれた21世紀に入って以降，大学院に求められた役割について，中央教育審議会答申等から概観する。まず「我が国の高等教育の将来像（答申）」（2005年1月）では，優れた人材の養成と科学技術の振興は両輪であるとし，大学院に社会のニーズに応じた学習機会の整備を求め，「新しい時代を切り拓く生涯学習の振興方策について（答申）」(1)（2008年2月）では，学習成果が社会を循環することによってさらなる知を生み出す，知の循環型社会が，わが国の持続的な発展の基盤になるとした(2)。いずれも継続的な学習が社会を支える，生涯学習の理念に基づいた提言であった。しかし，大学院の改革よりも社会の進歩は速く，少子高齢化，地域間格差，資源の争奪，感染症の世界的流行など，国内外の課題は深刻さを増すばかりである。

　中央教育審議会大学分科会の「未来を牽引する大学院教育改革（審議まとめ）」（2015年9月）では，人類社会に貢献する高度専門人材を「知のプロフェッショナル」と定義し，社会情勢や産業構造の急速な変化に対応できる大学院の改革を提言した。同審議まとめは，博士人材が新産業の創出や企業変革を牽引できる人材として多数育成されていないのではないかとの危機感を示し，大

学院に社会との連携を求めた。⁽³⁾

　大学院における大学開放機能は，教育研究とその開放を実践するだけの段階から，社会問題の解決やイノベーションの実現という成果の発現に向けた，新たな段階に入っている。

大学院をめぐる国内外の環境変化

　前述の審議まとめ（2015年）では，2022年に向けて，わが国の働き手人口（25～44歳）が2割減少しながら，経済生産性も低迷し，国際社会における優位性が低下することを示している。また民間・諸団体においても，外国資本比率が高まるなどの急激な構造変化に直面しているものの，日本的な流動性の低い雇用慣行に変化はなく，高度専門人材を活用する基盤は未整備と指摘している。⁽⁴⁾つまり，わが国では高度専門人材による生産性向上が急務であるものの，その担い手となる若手人口は減少し，企業・諸団体には高度専門人材を活用するノウハウが蓄積されておらず，負のスパイラルを抱えているのだ。

　諸外国の大学院レベルの学習人口と比較してみよう。OECD調査（2015年版）によれば，わが国では学士課程修了見込みの若者は45％とOECD平均36％より高いものの，博士課程は1.2％（OECD平均は1.7％），修士課程は8％（OECD平均は17％）⁽⁵⁾と，大学院修了率の低さは国際的に際立っている。また，同じくOECD調査をもとにした文部科学省資料では，大学入学者のうち25歳以上の割合についてOECD諸国の平均値が18.1％であるのに対して，日本の社会人学生比率は1.9％と極めて低い（図8-1）。⁽⁶⁾

　諸外国では，成人になって働き始めた後にも，正規の教育機関に戻って職業に必要なスキルアップを行うことが一般化しているものの，わが国では人生の初期に正規の教育を受けるだけで再教育を受ける者は少数にとどまっている。グローバル・スタンダードに照らしてわが国の高等教育は異質な存在といえる。わが国では，大学院の大学開放機能は，未だ存在感を示せていない。次項では，この今日的課題について，高度専門人材育成の歴史的な成り立ちから現況を検討する。

第8章　大学院における高度専門人材の育成と大学開放

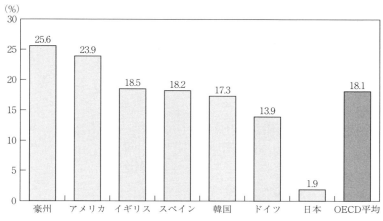

図8-1　大学入学者に占める25歳以上の比率の国際比較

出所：大学等における社会人の実践的・専門的な学び直しプログラムに関する検討会（第1回）配布資料3「社会人の学び直しに関する現状等について」2015年，より筆者作成。

大学院による高度専門人材養成のはじまり

　わが国の大学院は，戦前期から研究者の養成を目的として始まっている。[7] 戦後，国公私立46大学によって設立された大学基準協会が，1949（昭和24）年に大学院基準を決定したが，この段階でも，大学院は学術の研究者と大学教員の養成を目的とするとされた。しかし，戦後の経済成長，科学技術の進展によって，工学，薬学などの修士課程では技術者となる者も増加し，1974（昭和49）年に文部省が大学院設置基準を制定するにあたって，修士課程の目的に，高度な専門職業教育を行うことが明示され，博士課程についても同基準の改正時（1989年）に，研究者の養成の他に高度に専門的な業務に従事するための研究能力を養うと追記された。ここに大学院における高度専門人材の養成が明文化された。[8]

　ただ，米国のビジネススクールのような高度専門人材を養成する教育は，海外大学院への留学等によって代替された。わが国の大学院は，研究者養成という教育内容の枠組みを崩さずに，教育へのアクセスに焦点をあてた制度整備が行われたのである。

第Ⅱ部　大学開放の内容

社会人学生のための制度改革とエクステンションの理念

　まず行われた制度整備は，昼夜にわたる授業を実施する大学院の設置（修士課程1974年度，博士課程1993年度）であり，続いて専ら夜間に授業を行う大学院の設置（修士課程1989年度，博士課程1993年度），サテライト・キャンパスによる授業の実施（修士および博士課程1995年度），通信制大学院の設置（修士課程1998年，博士課程2003年）などである。いずれも社会人が学ぶための時間的，空間的な制約を軽減させる取組みであった。さらに修士課程においては，標準修業年限と異なる短期あるいは長期在学コース（1999年）の設定，一定の期間，標準修業年限を超えて履修できる長期履修学生制度（2002年）など，社会人が職場環境に左右されずに大学院で学べる便宜が図られた。

　また正規学生としての学習機会に加えて，科目等履修生制度（1993年）や履修証明制度（2007年）の導入により，パートタイムによる学位取得やエクステンションによる個々のニーズに応じた学習環境も整備された。特に科目等履修生制度は，あらかじめ単位を取得しておくことによって，大学院入学後の授業負担を軽減できることから，社会人の学位取得を支援する制度ともいえる。このような制度整備によって，大学院に在籍する社会人学生は，2015年度において5万7000名となっている。

　以上のように，社会人学生が正規授業を受講するにあたり，時間的，空間的制約を取り除く制度を整備したことは，エクステンションの理念を継承したものと位置づけられる。つまり，1870年代にイギリスのオックスフォード大学，ケンブリッジ大学による労働階級や女性にも開放した教育や，それらを地理的に拡張した大学巡回講座に由来するものといえる。当時の大学拡張では，労働階級側が有用な知識を求めたにもかかわらず，大学人は断片的な実務教育ではなく，社会科学等の学習によって社会を批判的に捉えることができる知識を組織的な教育課程として提供することを提唱している。

　なお，この時期の大学人の教育方針こそ，職業実技教育と一線を画した，今日の高等教育の源泉となっていることを指摘しておきたい。

第8章　大学院における高度専門人材の育成と大学開放

2　第3の大学院——専門職学位課程の登場と生涯学習

社会人再教育を目的とした教育課程，研究指導の特徴

　1970年代以降の昼夜開講制大学院，夜間大学院等の制度は，教育へのアクセスを改善したものの，高度専門人材を育成する教育内容の面での改善は，専門職学位課程の創設を待つことになる。

　2000（平成12）年，既存の修士課程でありながら，論文審査に替えて特定課題の研究で修了できるなど，実務的な職業教育を行うことを目的とした「専門大学院」が創設された。しかし，政府や産業界を中心に，社会人に対するさらに高度な専門教育を求める意見，例えば，経済財政諮問会議専門調査会緊急報告（2001年5月11日），産業構造改革・雇用対策本部「雇用の安定確保と新産業の創出を目指して」（2001年9月20日）等では海外のビジネススクールなどを想定した高度専門人材の育成に関する提言が相次いだ。

　そこで，修士課程の制約に囚われず高度専門人材の養成が可能な教育課程を編成するために，博士学位，修士学位に続く新しい学位課程として「専門職学位課程」を創設し，専門職大学院（2003年）が設置された。専門職大学院は，社会人の受け入れを前提にした制度であり，リカレント教育といわれる社会人の再教育を目的の一つとしたものだ。リカレント教育は，経済協力開発機構（OECD）教育研究革新センター（CERI）報告書「リカレント教育——生涯学習のための戦略」（1973年）[12]で広く提唱された理念である。同報告書では，義務教育以後の包括的な教育システムであり，生涯を通じて教育期と労働期を循環させる営みであるとし，リカレント教育の必要性を，人生初期に集中した教育では青少年の社会参加が遅れてしまうこと，急激な社会変動にともなう新たな知識や技術の習得は青少年期の教育だけでは困難であること，社会経験や実務を踏まえて学習動機が生じた場合は青少年期における教育よりも学習効率が高いこと，などと説明している。

　さて，専門職大学院の特徴は，これまでの大学院改革において触れられなかった教育内容の改善を行ったことである。その特徴は「理論と実務の架橋」と

なる教育内容・方法にある。

　授業形態は，事例研究や現地調査を中心に討論や質疑応答等を基本として，フィールドワーク，ワークショップ，シミュレーション，ロールプレイング等を導入し，修了要件に論文を必須とせず，特定課題研究や単位修得での修了を可能とした。こうした教育を行うために，必要な研究指導教員数は修士課程に比して1.5倍とし，うち分野により2割から4割以上を実務家教員とするなど，高度専門人材を養成に向けて教育課程，教育内容，教員組織を一体的な改革を行った。学位名称も，専門職学位となる。

　専門職学位課程を設計した中央教育審議会では，アメリカの職業課程（J.D.［法律博士］等の第一専門職学位，M.B.A.［経営管理修士］等の専門職志向の修士学位）やフランスの職業教育課程群を参考にしており，海外の大学院教育に教育課程のモデルを求めたことがうかがえる。

専門職大学院の学生

　2015（平成27）年度には，専門職大学院の174研究科に1万6623名の学生が在籍し，このうち社会人学生は，7831名で47％を占めている。研究科は，もっとも多い法科大学院に続き，ビジネス・MOT（技術経営），教職，会計，公共政策などで，ファッションや情報システム，福祉など特化した研究科もあり，職業人としてのビジネススキルの向上の他，専門分野の人材育成まで行われていることが分かる。研究科別の社会人学生比率はビジネス・MOT分野で88％，公衆衛生分野で75％，教職，会計，知的財産，公共政策の各分野でも35％から45％程度を占め，社会人の再教育のための大学院となっている。しかし，近年，社会人学生数は横ばい傾向で，修士課程も同様の傾向にある。

職業人養成型大学院における社会人学び直しの今日的意義

　職業人養成型大学院について，アメリカのプロフェッショナルスクールとの比較から「学位が企業から評価されない」「新卒採用が主流で労働市場が小さい」といった課題が提起されている。事実，アメリカの上場企業では，人事部長，営業部長クラスでは45％から60％が博士号あるいは修士号の取得者である

が、わが国の大企業では役員クラスでも大学院修了者は6％程度と低く[19]、高度専門人材の活躍の場は少ない。この問題は、大学院だけの課題に矮小化するべきではなく、わが国の民間・諸団体が高度専門人材を活用した事業展開をできるのか、わが国のマネジメント構造の現代化とグローバル化の問題とも捉えられる。社会人大学院修了者を活用する企業では、大学院が創出する人材と企業が求める人材要件とのギャップが小さくなるとの報告もあり[20]、高度専門人材の育成の需給がマッチしつつあるのも事実だ。

今後、職業人養成型大学院で「実務と理論の架橋」を理念とした教育実践が積み重なれば、わが国においても大学院による高度専門人材の育成が社会の進展に大きな役割を果たすだろう。人口が減少に転じ、社会のイノベーションが求められる時代に、企業、行政、医療、教育などの経営体は、右肩上がりの経済成長の中で自己利益の最大化を図る経営システムから、社会の一員として責任を果たす経営システムに転換することが迫られている。職業生活に新しい知見を創造する職業人養成型大学院は、社会基盤を維持するために極めて重要な役割を果たすと期待されている。

3　大学院レベルの大学開放と地域人材の育成

地域課題解決プログラム――修士課程と履修証明プログラム

ここまで大学院における社会人学生の動向について述べてきた。本書では、具体的な事例は第Ⅲ部に譲るが、大学院における大学開放を地域との関係で3点に類型化し、いくつかの取組みを例示したい。まず、短期プログラム（履修証明プログラム）による地域人材の育成から概観する。

2007（平成19）年度の学校教育法の改正によって、大学・大学院等が、社会人などを対象に120時間以上の特別な教育課程を提供した場合に、学位以外の学習証明として「履修証明書（certificate）」を交付できる履修証明プログラムが創設された。この制度によって学位取得とは別に、社会人が大学院レベルの専門的な教育を受けることが可能になり、より地域社会の実情にあった教育が提供されている。

例えば，愛媛大学大学院農学研究科では，愛媛県等の協力のもとで，修士課程に「森林環境管理学サブコース」，特別課程（履修証明プログラム）「森林環境管理リカレントコース」を設置し，県庁や市町村における森林管理職員や森林環境ビジネス分野での人材養成を行っている。林業労働に必要な資格の取得や森林組合へのインターンシップを組み合わせた実践的な教育課程を組み，地場産業である林業ビジネスの持続的な発展を支える拠点となっている。[21]

都市圏における社会科学分野の事例として，専修大学大学院経済学研究科による川崎市経済労働局と連携した特別課程（履修証明プログラム）の「KS（川崎・専修）ソーシャル・ビジネス・アカデミー」がある。[22] 社会経験豊富な定年後の団塊世代や子育て終了後の方々を対象に，地域課題を解決する担い手の育成を行っている。NPOでの現場実習を組み込んだ5か月の教育課程を提供し，修了者には市や産業振興財団の起業支援窓口が事後フォローを行うことで，新たな市民NPOが設立されるなどの地域振興につながっている。[23]

地域産業を創出するための研究と人材育成

大学では地場産業と密接に関連した研究が行われている。例えば，鹿児島大学焼酎・発酵学教育研究センター，福井大学繊維工業研究センターなどは，いずれも地場産業等の諸団体からの要請をもとに開設され，大学院での社会人教育や専門人材の育成と連携している。

研究成果を基盤として地域と連携しながら産業人材を育成する事例として，近年では，鳥取大学大学院工学研究科が鳥取県寄付講座として開設した「メタンハイドレード科学コース」がある。日本海沖に埋蔵されているメタンハイドレードを活用できる高度専門人材の育成を開始している。[24] また，山形大学大学院工学研究科では，有機エレクトロニクスに関する拠点化を進め，地場企業や県市との密接な連携のもと研究開発を進めるとともに「フロンティア有機材料システム創成フレックス大学院」を開設し，同分野の研究開発を進展させる人材育成に取り組んでいる。[25] 山梨大学では，ワイン科学研究センターの実績をもとに地域ワインメーカー等と連携した特別課程（履修証明プログラム）「ワイン・フロンティアリーダー養成プログラム」と，修士課程「食物・ワイン科学

第8章　大学院における高度専門人材の育成と大学開放

コース」で人材育成に取り組むなど知の拠点としての機能を担っている。いずれも地場産業の技術発展とともに産業を支える人材の供給拠点となっている。

地域マネジメント人材を育成する大学院

　複雑な地域社会の課題を解決し，公共経営の質を向上させるために，地域をマネジメントする人材育成を担う大学院も登場している。

　東洋大学大学院経済学研究科では，地域再生や公共施設マネジメントにPPP（パブリック・プライベート・パートナーシップ）を活用できる人材育成を行っており，インターネット通学制度によって社会人の通学に配慮している。香川大学大学院地域マネジメント研究科は，地域経済や地域振興に特化したビジネススクールでMBAを取得できる。公共政策を学ぶ明治大学大学院ガバナンス研究科では，公務員だけではなく，地方自治体の首長や議員らが15名在籍し（2006年度），公益団体やNPO／NGOスタッフ等とともに自治体経営，公共組織の政策形成や効果測定・評価等を研究している。同研究科では，英語による学位コースも開設しており，東南アジアやアフリカ等の現職行政官が留学し，地域経営を学んでいる。

　人口が減少に転じ，社会イノベーションが求められる時代に，企業，行政，医療，教育などの経営体は，右肩上がりの経済成長の中で自己利益の最大化を図る経営システムから，社会の一員として責任を果たす経営システムに転換することが必要だ。複雑な社会課題を解決するために，公共経営の質向上を実現できる人材育成が行われ，日本各地の地域社会で，あるいは海外の地方行政官として活躍している。

4　大学院と地域社会──高度専門人材の育成の課題

グローバル・スタンダードとわが国の大学院

　先に示したように1974（昭和49）年の大学院設置基準の制定にあたって修士課程の目的に高度な職業能力の育成が明示されて以降，社会人を大学院に受け入れる制度整備が行われてきた。

修士課程への社会人入学者は，1990年から2000年で5.0倍と拡大したが，2007（平成19）年の8470名を頂点に近年は減少傾向にある。社会人入学者率は2000（平成12）年以降10％台である。博士課程でも，1990（平成2）年から2000（平成12）年で8.1倍，2015（平成27）年で19.0倍に増大したが，2006（平成18）年に5000名を超えると2015（平成27）年現在まで微増にとどまっている。社会人入学者率は，38.4％（2015年度）と修士課程に比して高くなっている。専門職学位課程への社会人入学者数も一定数で推移しているが，社会人入学者率は，一般入学者の減少によって2010年からの5年間で10％上昇した。いずれの課程においても2005年ごろまでは増加したものの，この数年は一定数にとどまっている。

諸外国との比較では，わが国の大学院学生数は実数，比率ともに低水準にある。わが国の大学院学生数を1とした場合，アメリカは日本の11.7倍，中国は6.7倍の学生が在籍する。人口千人あたり大学院学生数においては，ドイツは日本の5.9倍，アメリカは4.6倍，韓国は3.3倍と引き離されている。

知識基盤社会において，世界的に博士学位，修士学位取得者の活躍の場が広がり，高度専門人材の需要が高まっているにもかかわらず，わが国の大学院が必ずしも社会人の再教育や高度専門人材の育成に積極的に対応できていない現況は，大学院における人材育成機能に関する今日的課題の一つである。

大学の論理と学習者の期待と社会のニーズのギャップ

わが国では，社会人の受け入れを標榜していても，実際に社会人に配慮した土日開講や集中講義等の授業形態を採用する研究科は少数にとどまり，社会人教育を重要な目的と位置づけていないとの報告がある[32]。

そこで2015（平成27）年度には，社会人や企業の学習ニーズに配慮し，土日開講をはじめ，実務家教員による授業，ワークショップ等の双方向授業，現地調査実習，企業と連携した授業などを取り入れた教育課程を文部科学大臣が認定する「職業実践力育成プログラム（Brush up Program for professional：BP）」が創設されたが，修士課程1756研究科（2015年度）中38プログラムしか認定されなかった[33]。大学と社会のギャップについては，地域社会との連携において大

学の認識不足を指摘するものや、大学として社会貢献を重視した方針を示しているものの実施率の低さを指摘するものなど、大学の社会連携に対する消極性はさまざまな側面から明らかにされている。また、企業側の視点から、厚生労働省「平成25年度能力開発基本調査」では、民間企業の正社員におけるOFF-JTの教育機関は、74.8％が社内研修であり、大学・大学院への入学は1.9％に過ぎず、大学院での再学習人口は少数にとどまっていることも明らかにされている。

さらに、大学院学生が体得したと感じる強み、すなわち学習成果としての知識や能力が、民間・諸団体から必ずしも評価されていない、あるいは民間・諸団体が評価、活用する能力がないというギャップも存在する。大学院での学習成果について、大学院側からすれば、民間企業等が評価する成果と評価しない成果が曖昧であることが問題であり、民間・諸団体からすれば、大学院での学習成果の強みが理解しにくいという問題となる。

教育における学位という資格は、どのような能力を示すのか、職業における資格や社内訓練における資格とどのように違い、また同じであるのか、教育と職業を分けて検討している限り、大学・学習者・社会の三者に存在するギャップの解消は難しいだろう。

高度専門人材の育成に向けた処方箋

大学院修了者の学習成果と社会のニーズとのギャップはいかに埋めることができるだろうか。リカレント教育が、生涯を通じて教育期と労働期を循環させることを企図したように、教育の成果と職業能力との間に相互互換性があれば、ギャップを埋める一助になるのではないか。教育と職業能力の互換性について諸外国に学びたい。

諸外国、特にEU諸国において、教育資格と職業能力の統一化が進んでいる。EUでは、各国の教育・訓練に関する資格について、どのようなレベルの知識、スキル、能力を持つのかを比較できる欧州資格枠組み（European Qualifications Framework：EQF）を設定している（表8-1）。EQFでは、義務教育レベル（レベル1）から博士号レベル（レベル8）までの能力レベルを教育資格にも対

第Ⅱ部　大学開放の内容

表8-1　欧州資格枠組み（EQF）

レベル	高等教育 欧州高等教育資格枠組みとの互換	知　識 ・理論的知識 ・事実の知識	スキル ・認知的スキル ・実技的スキル	能　力 ・責任能力 ・自律能力
8	博士レベル	仕事・学術の分野における最も高度な最先端のかつ分野間の境界も含めた知識	最先端の専門的スキルと技術研究や革新における重大な問題を解決し、既存の知識や専門的実践を拡張し再定義するのに必要な分析と評価を含むスキル	価値ある権威・革新・自律性、学究的・専門的研究を含む仕事・学術の最前線における新しいアイデアやプロセスの開発を持続できる能力
7	修士レベル	特定分野の仕事・学術の最前線の知識を含む独創的な思考や研究の基礎としての高度な専門知識	新しい知識と手順の開発、異分野からの知識を統合するための研究や革新に必要な専門的な問題を解決するスキル	予測不能で、新しい戦略的アプローチを必要とする仕事・学術の管理・改革、専門的知識と実践能力、チームの戦略的な達成度の検証に責任を負う能力
6	学士レベル	ある分野の仕事・学術の高度な知識理論と原理の批判的理解を含む	仕事または学習の専門分野における複雑で予測不能な問題の解決に必要な、熟達と革新を示す高度なスキル	予測不能な仕事・学習の意思決定で、責任を伴う複雑な技術的・専門的活動またはプロジェクト管理、個人・集団の専門的開発管理に責任を負う能力
レベル5以下（略）				

出所：独立行政法人労働政策研究・研修機構『諸外国における能力評価制度』資料シリーズ，No.102，2012年，22頁より筆者作成。

応させ，従来の職業能力評価基準を，高等教育の学位など教育水準も含む広範な意味での能力評価制度である。社会人が教育と職業生活をスムーズに往来し，教育と職業の制度的融合を試みる取組みとして，わが国の大学院開放にも示唆ある取組みとなるのではないだろうか。

現在，わが国でも EQF と同様のしくみの構築が，文部科学省の「高度人材養成のための社会人学び直し大学院プログラム（2014年度）」において試行されている。大学院修士課程に産業界と協働した特別な教育課程を開発するもの

表 8-2　高度人材を担う業務レベルイメージ

名　称	レベル	担当内容
高度人材	8	ある職業活動領域における新規かつ不明瞭な問題に対し，技術革新的な解決法や手法を発展させる。
	7	ある職業活動領域における予測不可能かつ頻繁に変化する問題を処理し，責任を持ってプロセスを制御する。
	6	ある職業活動領域において専門的で幅広い課題や問題に対し企画，処理，評価し責任を持ってプロセスを制御する。
	5	大規模組織の責任者として，広範かつ総合的な知識等基礎に，組織マネジメントを行う。
中核的専門人材	4	中小規模組織の責任者として，専門的な知識等を基礎に組織のマネジメント等を行う。
	3	・チームリーダーとして，実践的・専門的な知識等を基礎に，業務遂行を主導するとともに，業務のマネジメント等を行う。 ・チームリーダーとして，実践的・専門的知識等を基礎に，豊富な専門性の高い業務経験を生かして，高度の業務遂行や困難事項への対応を行う。
	2	グループやチームの中心メンバーとして，実践的・専門的な知識等を基礎に，創意工夫を凝らして自主的な業務を遂行する。
一般	1	専門的な知識等を有する担当者として，上司の指示・助言を踏まえて通常の定業的業務を確実に遂行する。

出所：文部科学省「平成26年度「高度人材養成のための社会人学び直し大学院プログラム」公募要領」4頁より筆者作成。

で，社会人の育成レベルを「高度人材を担う業務レベルイメージ」として8段階に区分し，そのうち，高度人材を大学院修士課程レベル，中核的専門人材を高等専門学校レベルとして例示した（表8-2）。この取組みも，これまでのように，大学側の論理による改革に終わるのか，民間・諸団体や地域社会等との連携によって大学院が社会の一員として知の拠点としての役割を果たしていくのか，その成果が問われよう。

知（地）の拠点化に向けたパラダイム・シフト

大学院と企業とのニーズギャップが指摘される一方で，大学院修了者は，自律的にキャリアをコントロールし，社内教育では，期待できない成果を，個人として発揮し，企業や社会に変革を起こしているとの報告がある[39]。つまり，大

学院教育は成功している側面もあるということだ。

　社会人の背景や学習需要は多様であり，オーダーメードな教育が必要で労力がかかる割に少人数にしか対応できない。一方，一般的な大学院教育は，一定の学力を備えた学生に専門分野を教授するシステムで，社会人教育に比べれば，容易で効率もよい。

　しかし，過去の経験や蓄積から業務を学ぶOJTの有用性が低下している現在，新たな知性の創発に力点をおく大学院教育への期待は大きく，従来の一律的な研究者養成システムから，企業や社会の変革を視野に入れた教育システムへの転換が必要だ。

　このパラダイム・シフトには，大学院の諸活動に対する社会の諸組織の参加が重要になる。つまり，生涯を通じて教育期と労働期を循環するという生涯学習やリカレント教育の理念によって統合された大学院教育の検討や，産学連携の推進と企業・社会への成果還元，また職業能力基準と教育資格との連携等を実践である。

　このパラダイム・シフトは単に職業人教育の問題に矮小化してはならない。言い換えれば，地域ガバナンスを支える多様な組織間において，大学院もその一員としての役割を果たすことができるか，社会の諸組織との間で，有効なコミュニケーション，コラボレーション，ネットワーク構築，パートナーシップを実現できるのかという問題でもある。

　社会の進歩を支えるリカレント教育について，諸外国では大学院が中核となっている。知識基盤社会において地域社会を支える大学院の意義が問われている。

注
(1)　中央教育審議会「我が国の高等教育の将来像（答申）」2005年，53-56頁。
(2)　中央教育審議会「新しい時代を切り拓く生涯学習の振興方策について（答申）」2008年，27-29頁。
(3)　中央教育審議会大学分科会「未来を牽引する大学院教育改革——社会と協働した「知のプロフェッショナル」の育成（審議まとめ）」2015年，7-8頁，16-18

第8章　大学院における高度専門人材の育成と大学開放

頁。
(4) 同上報告書，2015年，7-8頁。
(5) Organization for Economic Co-operation and Development "Country-specific Highlights：JAPAN," *Education at a Glance 2015-OECD Indicators*, 2015, p.6. (http://www.oecd.org/japan/Education-at-a-glance-2015-Japan-in-Japanese.pdf) ［2016.3.26］。
(6) 大学等における社会人の実践的・専門的な学び直しプログラムに関する検討会（第1回），2015年，配付資料3「社会人の学び直しに関する現状等について」。(http://www.mext.go.jp/b_menu/shingi/chousa/koutou/065/gijiroku/__icsFiles/afieldfile/2015/04/13/1356047_3_2.pdf)［2016.3.26］。
(7) 天野郁夫「専門職大学院の衝撃」『IDE――現代の高等教育』445，民主教育協会，2002年，9-11頁。戦前期から戦後にかけての大学院制度改革を簡潔に解説している。
(8) 山本眞一「大学院教育の発展と改革のための課題」『大学評価研究』13，財団法人大学基準協会，2014年，32-33頁。
(9) 戸澤幾子「社会人の学び直しの動向――社会人大学院を中心にして」『レファレンス』695（国立国会図書館），2008年，78-85頁。大学院設置基準の制定前後（1970年代）以降の大学院における社会人の受け入れに関する高等教育政策の変遷と各制度における社会人学生の学習実態を網羅的に分析している。
(10) 香川正弘「大学拡張の原点――スチュアートの大学拡張構想（Ⅰ）」『上智大学教育学論集』26，1991年，67頁。
(11) 上杉孝實「日本における大学開放の特質」『UEJジャーナル』15，2015年，14頁。
(12) 文部省編「リカレント教育――生涯学習のための戦略」『教育調査』88，1974年。
(13) 山本幸一「都市型大学における大学開放教育の展開」『生涯学習フォーラム』7，2004年，89-91頁。職業人向けエクステンション講座における授業方法の効果について，①ケースメソッド・グループ討議，②事例研究・フィールドワーク，③ロールプレイング，④ゼミナール・演習に区分し，受講者アンケート等から学習効果を分析している。
(14) 例えば，中央教育審議会大学分科会第6回大学院部会（2002年2月14日開催）における検討など。

(15)　文部科学省「学校基本調査（平成27年度）」2015年，表5「大学院の研究科数」，表12「専攻分野別大学院学生数」。研究科数は調査時点で学生が在籍している研究科の数である（http://www.e-stat.go.jp/SG1/estat/NewList.do?tid＝000001011528）［2016.3.26］。

(16)　文部科学省「専門職大学院制度の概要」リーフレット，5頁。

(17)　ここでは，専門職大学院のほか，既存の修士課程のうち夜間に開講するものや通信制を採用することで職業人養成に取り組む大学院を総称する用語として使用した。

(18)　山田礼子『プロフェッショナルスクール』玉川大学出版部，1998年，223-226頁。

(19)　大学分科会，前掲報告書，参考資料1-13「各国企業における博士号取得者の状況」。

(20)　早稲田大学「文部科学省平成21年度先導的大学改革推進委託事業『社会人の大学院教育の実態把握に関する調査研究』」2010年，79-80頁。

(21)　愛媛大学大学院農学研究科「森林環境管理特別コース［修士課程］・森林環境管理リカレントコース［特別コース］」パンフレット，2013年。同研究科ホームページ「BP×地方創生：大学院発」（http://morinokuni.agr.ehime-u.ac.jp/）［2016.3.28］。

(22)　専修大学大学院経済学研究科特別教育プログラム「平成27年度KSソーシャル・ビジネス・アカデミー受講案内」パンフレット，2015年。

(23)　総務省「平成23年度地域政策の動向調査の概要」2012年，30頁。

(24)　「近未来の資源・燃える氷（研究室だより第11部2）」『毎日新聞（地方版）』2016年1月21日。

(25)　佐野多紀子「山形大学における有機エレクトロニクス研究を巡る拠点化について」『研究・イノベーション学会年次学術大会講演要旨集』29，2014年，422-429頁

(26)　山梨大学ワイン科学研究センターホームページ（http://www.wine.yamanashi.ac.jp/）［2016.03.28］。

(27)　東洋大学経済学研究科公民連携専攻ホームページ（http://www.pppschool.jp/）［2016.03.28］。

(28)　「地域MBA，魅力生かせ」『朝日新聞』2007年3月27日朝刊。

(29)　「『政策力』大学院で磨け」『朝日新聞』2006年9月3日朝刊。

⑽　Meiji University Graduate School of Governance Studies「GUIDE BOOK 2014」2014年，20-21頁。
⑾　本田由紀「社会人教育の現状と課題」『高等教育研究』4，2001年，93-111頁。大学院の社会人学生の実態や課題についてまとめられている。
⑿　金子元久「社会人大学院の展望」『カレッジマネジメント』151, 2008年，7頁。
⒀　文部科学省ホームページ「平成27年度「職業実践力育成プログラム」（BP）の初回認定について」2015年12月15日（http://www.mext.go.jp/a_menu/koutou/bp/1365280.htm）［2016.03.26］。
⒁　阿部耕也「大学と地域連携の要因分析の試み：大学と地域との連携によるまちづくり調査から」『静岡大学生涯学習教育研究』10, 2008年，11-12頁。
⒂　リベルタス・コンサルティング「平成23年度文部科学省委託調査『平成23年度開かれた大学づくりに関する調査研究』」2012年。
⒃　戸澤幾子，前掲論文，2008年，88-89頁。
⒄　株式会社浜銀総合研究所「文部科学省平成25年度先導的大学改革推進委託事業『人文社会系の大学院（修士・博士課程）における教育内容及び修了者のキャリアパスの実態等に関する調査研究』」2014年，92頁。
⒅　独立行政法人労働政策研究・研修機構「諸外国における能力評価制度」『JILPT 資料シリーズ』102, 2012年，2 -22頁。能力評価制度，資格枠組み（QF），欧州資格枠組み（EQF）の詳細について解説している。
⒆　豊田義博「大学・大学院で学ぶ社会人が倍増する日」『IDE 現代の高等教育』577, 2016年，45頁。
⒇　山本幸一「大学と地域の連携マネジメントに関する一考察――地域ガバナンス概念における多主体間連携に注目して」『UEJ ジャーナル』4，2012年，10頁。

第9章
長寿社会対応の生涯学習

白澤卓二

1　農山村の予防医学と生涯学習がひらく「地域づくり」

消滅可能性都市の出現

　今日の我が国は，少子高齢化が世界でも類をみない速度で進んだ結果として，人口減少社会に突入している。2014（平成26）年5月に日本創成会議・人口減少問題検討部会（座長：増田寛也元総務省大臣）が公表した「増田レポート」は，全国1741自治体のうち，過半数の896自治体が消滅可能性都市であると警告し，全国に衝撃を与えた。[(1)]

　地域創生の方策として，2015（平成27）年9月に安倍晋三首相から発表された「ニッポン一億総活躍プラン」の新三本の矢が発表された。少子高齢化の歯止めとして出生率目標を1.8にするとしているが，この数字では消滅可能性都市とされた地域や自治体は，安心できないのが本音だろう。

　その解決策の一つとしてコンパクトシティが注目されているが，そこには農山村起点の発想が不足していると感じずにはいられない。これからの地域づくり方策には，住民一人ひとりが「私たちが主役である」という当事者意識と，いつまでも健康でいられる精神と体力を維持しながら，住民それぞれが役割と使命感を持って，地域を担い・支える行動力を生みだすことが必要である。

高齢者のナレッジの活用

　一億総活躍社会では，我が国の労働力・経済力を維持していくためにも，生涯現役社会として元気な高齢者の就業が望まれているが，一億総活躍社会を構

築するためには，健康長寿と高齢者が持つ，長年培ったノウハウ，経験などのナレッジの活用がキーワードとなるだろう。

　地域の活力は，高齢者の健康が鍵を握っている。地域活性化のリーダーシップは若者に担ってもらいたいが，その脇を固めるのは元気な高齢者である。健康長寿に深く関わるのは，先祖代々から受け継がれたライフスタイル（生き方・働き方・暮らし方の価値観），生活習慣と生活の知恵にあり，そこに地域づくりのヒントが隠されている。それは，健康長寿でなければ，知恵も絞ることができないし身体も動かせないという意味と，健康長寿が地域活性化，地域経済循環のプログラムになりうるという意味である。

　筆者は，予防医学や生涯学習の領域を通じて，長野県の北信地域で健康長寿のため，地元住民のための診療ならびに健康講座，観光客向けの健康教室を行うなど健康長寿による地域づくりに参画してきた。健康長寿とは，医学的見地からすれば，栄養バランスのよい食事，適度な運動，睡眠，張り合いのある余暇がとれる生活習慣を定着させて，生きがい・働きがい・暮らしがいのある健全な心，身体を取り戻すためには，都会型の効率性・利便性を重視する住み心地やストレスが蓄積される職場環境を見直すべきなのである。例えば農山村には，24時間営業のコンビニエンスストアがなくても，地産地消の健康機能性に裏づけられた伝統食がある。足の筋力，筋肉量が衰えずにすむ，坂を歩く生活がある。「健康長寿による地域づくり」は，日本の国土面積の73％を占める中山間地域にこそ，これからの日本の活力源になるヒントと答えがあるのである。

地域学のアプローチ

　超高齢社会の問題への視点は，都市の目線で地方をみてはならない。そのためには，まずは地方を理解することからはじめることが大切である。健康長寿による地域づくりは，地域の伝統・習慣に裏づけられた地域学をひも解くことが有効な手立てとなりうる。

　例えば，美術館博物館の施設設置数は，長野県が日本一である。全国で1101館あるうち，長野県には107館ある。人口が6倍強ある東京都が98館である。[2] 例えば，江戸墨田出身である葛飾北斎の「信州小布施　北斎館」をひも解けば，

第9章　長寿社会対応の生涯学習

江戸中期から幕末にかけて，小布施は綿花と菜種油生産で栄えており，当時の豪農・豪商たちが北斎や小林一茶を度々招待して，ユニークな庶民文化を開花させたことに由来している。また，「日本のあかりの博物館」では，現在では，我が国の植物油全体の6割を占める菜種油が，昔の照明である行燈(あんどん)の燃料として使われていたことがわかる。文人・産業の歴史と，自然の恵みと健康から総合的・横断的にアプローチすることは，地域学によって「風土に根ざした町づくりは，地域性の認識と再評価から始まるといってよい」ことを実践して信憑性を持たせることで，多くの人々に関心を持たせて，その地域を訪れることで町全体に好循環を与えることにつながるのである。

田園回帰のアプローチ

筆者は，医学的アプローチによって農山村の人々のライフスタイル，生活習慣，産品を見直すことによって，健康長寿の生き方を欲する，生きがいを見いだしたい。人間の欲する幸福の究極とは，健康で，地産地消の食事を美味しく食べ，お互いが認め合う仕事をして，みんなで語らい余暇を楽しむことの実現であり，心豊かな生活を送ることではないだろうか。

内閣府世論調査では「あなたは，農山漁村地域に定住してみたいという願望がありますか」の質問に対して，「願望がある」「どちらかというとある」の合計した回答は，2005（平成17）年の20.6ポイントから2014（平成26）年では31.6ポイントに上昇している。しかも，定住志向の中心は2005（平成17）年では50歳代が中心であったが，2014（平成26）年では20～40歳代の上昇傾向が著しく，20歳代では，47.4％と過半数に迫っているのである。(3)

全国の村で二番目に景観条例を制定した長野県の高山村は「たかやま自然派暮らしのすゝめ」の移住運動を積極的に促進している。高山村の特色は，18歳までの医療費無料化など子育てがしやすく，ブドウの苗木・棚木補助など，さまざまな就農補助制度が充実していることである。

また，人工フェロモンを利用して果樹園の害虫の交尾を防ぎ，発生を制御する減農薬栽培にも取り組んでいるし，2006（平成18）年から「ワインぶどう研究会」が結成されて，現在では20ヘクタールの栽培面積に広がっている。筆者

もその一員として栽培を手伝っている。ワインブドウは，女性，高齢者の背丈の高さで作業できることから，2011（平成23）年には，2000〜6000リットル未満のワイン醸造が可能となる「信州・高山ワイン特区」の認定を受けている。こうした移住の促進に取り組む農山村の地域が今後も増えてくれば，都市部から地方部への移住も現実的に増大するであろうし，それは日本人のライフスタイルにも多様性をもたらすだろう。「健康長寿の地域づくり」は地域創生の一翼になりえるのである。

生涯学習のアプローチ

生涯学習は，地域づくりの研究成果を街づくりのために実証化し，普及させることに有効であるとされる。特に大学開放には，大学の教職員や学生が，地域の社会人と協働し，フィールドワークや講座を中山間地域で開講することを期待したい。

長野県民は，真面目で勤勉な県民性だといわれる。学習意欲が旺盛であり，学ぶことそのものが生きがいとなり，健康づくりにつながり，地域の連帯感が強まる好循環をつくっている。例えば，長野県シニア大学では，シニアの皆さんが社会参加活動のきっかけをつかみ，卒業後，地域社会の一員としての自覚を持って地域とかかわることができる人材育成を目指して，県内の佐久，上水，諏訪，伊那，飯伊，木曽，松本，大北，長野，北信の10地区で，地域名を学部名として実践・教養・実技講座を年間15日間開講している。

また，長野県では4750人の食生活改善推進員が「健康教室」で活躍している。食生活改善推進員は1967（昭和42）年に保健所の栄養教室を修了した人々が手を挙げて組織化された。全国一の設置数を誇る公民館等で実施する健康教室の受講呼びかけや，具だくさん味噌汁など減塩による薄味習慣の定着のための料理教室は，まさに地域の現代的課題に応える生涯学習の推進といえる。

3つのアプローチからの健康長寿のプログラム化

これらの3つのアプローチを絡めながら，予防医学はじめ広範な地域学のアプローチによって，地域づくりのための地域の自然環境の活用や，伝統食品，

特産品を発掘することができる。これらの資源を応用して遺伝子，微生物，バイオ等の先端研究と融合させることによって，アンチエイジングドラッグ・健康機能性食品および環境保全システムの研究・実用化，新栽培方式の開発への発展の可能性にもつながる。さらには，地域住民によるコミュニティ・ビジネス化から企業・大学・自治体の産学官連携による新規事業化を6次産業化に結びつけて，栽培から加工・流通・販売拠点を開拓することが可能である。

　我が国の超高齢社会および人口減少社会の問題の解決には，健康長寿の農山村が切り札になる。市民が主役となり，さまざまな専門家や組織と協働しながら，まち・人・仕事を創る健康長寿の地域には，希望がある。将来的には健康長寿のノウハウをシステム・プログラム・商品化することで，日本に続いて超高齢社会を迎える諸外国へ輸出することによって，幾久しい日本の持続的成長につながるのではなかろうか。

2　健康長寿とは何か

健康長寿である姿とは

　筆者は，アンチエイジングの専門家の立場から「健康長寿」を推進している。健康長寿とは，平均寿命（2014年時点で我が国の全国平均は，男性80.50歳，女性86.83歳(4)）から健康寿命(5)を差し引いた要介護期間のギャップを縮めることとして世間一般に広まっている。ちなみに，日本一の平均寿命・健康寿命立県は長野である。

健康長寿のためのアンチエイジングとは

　健康長寿のためのアンチエイジングとは，アンチエイジングを抗加齢という考え方ではなく，加齢の生物学的プロセスを遅らせることだととらえ，生理学的老化による機能低下を防ぎ，高齢期の病気を予防することによって長寿を目指すことである。つまり，加齢に抗うのではなく，加齢をコントロールして加齢に適応することが重要である。

　例えば，アルツハイマー病の最大の発症原因は，齢をとることといえる。健

康寿命を延ばす生活改善は，アルツハイマー病の発症年齢を遅くして，生存中にアルツハイマーを発症しないようにすることである。その予防とは，摂取カロリーを制限すること，運動状況を改善することで加齢現象を制御できることが動物実験で立証されている。つまり，アルツハイマー病の最大の予防法は齢を取らないことだという，逆転の発想にたどり着いたのである。

健康で楽しく長生きするためには，自分の生活環境と食べ方・過ごし方のライフスタイルをチェックしてみることである。身体によいことは習慣づける，よくないことは改めるという姿勢を持つことが大切である。気づき～知る～やってみたい，という前向きな意欲のサイクルが生まれると，必ず目に見える成果をあげることができる。健康長寿を可能にするのは，遺伝的要素が25％で残り75％は生活環境とライフサイクルで決まるといわれている。

アンチエイジングのための食事・運動・生きがい

健康長寿を可能にするための加齢を遅らせるアンチエイジングに必要なチェックポイントは，食事・運動・生きがいである。正しい知識と賢く摂取する食事，適度な運動，前向きな生きがいを持つこと，この3要因を習慣づけることで，細胞の加齢をコントロールすることができる。

食事の特徴

食事では，まず以下の3つのことを慣行して習慣化することが大切である。

第一に，腹七分目を心がけること。元気な高齢者は低カロリーで栄養価の高い伝統食を摂ることで，メタボリックシンドロームや糖尿病が予防できる。

第二に，食事の最初に野菜・藻類を摂り，果物も毎日摂ること。成分に含まれるファイトケミカル（植物化学物質）が働いて，老化の原因となる活性酸素を無害化してくれる。野菜と藻類から食事の最初に摂ることで血糖値の上昇を緩やかにしてくれる。長野県は野菜消費量日本一である。

そして第三に，よく噛み（一口で30回），時間をかけて食べること。噛むことで前頭葉を刺激して，脳内の血流をよくすることで，活性化し，認知症防止につながる。長野県の食事時間は104分で全国3位である。

第9章　長寿社会対応の生涯学習

運動（＝仕事）の特徴

長野県は疫学的に，①高齢者の就業率が日本一高い，②高齢者の医療費は日本で4番目に低い，③年齢調整死亡率が男女とも日本一低い，④平均寿命・健康寿命が長い，という4つの大きな特徴を持っている。これらは，高齢者が生涯現役で働くことが「健康長寿」に寄与して，その結果，病気にかかりにくくなることで医療費の抑制に貢献していることを意味している。

都道府県別に65歳以上の有業率（65歳以上人口に占める65歳以上有業者の割合）をみると，長野県が30.7％ともっとも高く，次いで山梨県（28.3％），福井県（27.7％），鳥取県（27.4％），静岡県（27.3％）の順となっている[6]。これらの県は総じて一人当たり老人医療費が低い傾向にあり，健康で元気な高齢者が多いことがうかがえる。

長野県は高齢就業者の約3分の1が農業に従事している。これは，兼業農家では定年後に農業で働き続けることができること，専業農家は定年が無く，仕事を辞めない意欲を持っていることにある。また，長野県の大きな特徴として，豊かな自然環境が挙げられる。傾斜地が多い厳しい地理的な条件が身体を鍛えることができるのである。全国の農地の90％が標高300m以下であるのにもかかわらず，長野県のほとんどの農地が300mとなっている。高山村では，一番低い平坦地で350mあり，農家の多くが標高600m程度の場所で暮らしている。この高低差を歩行しながら棚田や畑仕事をすることが適度な運動をすることになる。いわば自然のエクササイズで足腰が鍛えられているのである。

生きがいの特徴

長野県は温泉が豊富で北海道の263か所に次ぐ230か所で全国2番目に温泉地が多い。例えば，高山村の温泉では，硫黄泉の泉質が毛細血管を広げ，血圧を下げる働き，肩こりや腰痛，糖尿病，動脈硬化の効能があるという。また，ストレスを軽減する効果も認められており，心と身体のバランスを整えることができている。高山村の温泉施設を，彼らと話しているうちに，温泉が多くの人たちと語らい，コミュニティの場となりライフスタイルや生きがいに影響を与え，前向きに生きる姿勢をつくりだしていることに気づかされる。このような

生きることに前向きな意識が脳や心に働きかけて老化を防ぐことは重要である。

　高山村に住む人々の家訓，生きがいには，いくつかの共通点がある。例えば，高山村で生まれ育った中村てる子さん（67歳）は，幼少の頃から麦踏み，田車を押すなど，家の手伝いをして，結婚してからはリンゴ，ブドウ，野菜を育ててきた。リンゴ栽培の作業は，春に邪魔な枝木を切って，花摘み・授粉作業，夏は暑さ対策のためのリンゴ回しをして，秋に収穫する。少しゆっくりできるのは，一年のうちひと月ぐらいだそうである。リンゴはまるごと一日に1～2個は皮ごと食べる。中村さんの家訓は，先祖代々受け継いできた働くことの尊さを大切にすることである。生きがいは，毎年訪れるリンゴ狩り，ブドウ狩りのお客さんに会えることを楽しみにしていることだそうだ。「おいしいリンゴやブドウを食べてもらいたい」「お客さんがいるうちは，果樹を育てないといけない」という意志力が高いことが健康寿命に好影響している。ちなみにリンゴに含まれるリンゴポリフェノールは，体内老化を防ぐ抗酸化作用とコレステロールや脂肪を減らす効果がある。リンゴの香りや渋みに影響を与える成分で，果肉よりも皮の方に多く含まれており，皮ごと食べることは健康効果がより高まる。

3　健康長寿のための予防医学によるシステムづくり

長野モデルによる健康長寿システム

　「健康長寿による地域づくり」とは，地域学，田園回帰，生涯学習を総合的にアプローチしながら「食事・運動（＝仕事）・生きがい」を創ることであることを説明してきた。これらのプログラムを創り，実行するためには，地域経営資源の「人，モノ，カネ，情報」を動かす推進エンジンともいえる健康長寿システムが必要である。いわゆる長野モデルが平均・健康寿命日本一の目に見える効果を挙げたことは，推進システムが機能したことによるのである。

　2013（平成24）年度の国民医療費は39兆2117億円となり，そのうち65歳以上の医療費（22兆860億円）の割合は，全体の56.3％にのぼる。疾病分類では，悪性新生物（ガン）3兆3267億円，糖尿病1兆2088億円，高血圧1兆8740億円，

第9章　長寿社会対応の生涯学習

脳血管1兆7772億円など，生活習慣病が3割を占めている。[7]

　長野県の三大生活習慣病による死亡率の低さをみると，ガンは全国で，男性は，長野県1位，女性は，長野県2位である。心疾患は全国で男性は，長野県2位，女性は，長野県3位，である。[8]ちなみに長野県には，県立のガンセンターがない。つまり必ずしもガンの先端治療体制が整っているから死亡率が低いことにつながるわけではないことがいえる。

　長野県は，地域経営資源の「カネ」を惜しまずに先端的な診療医学に注いだ訳ではなく，人（県民主役），モノ（公民館），情報（生涯学習）によって，地道な予防医学を続けてきたことで，平均・健康寿命の成果に結びついたのである。

長野モデル：予防医学・在宅診療・保健活動システム

　長野県行政は，「長生き」から「健康で長生き」へ，をスローガンにして，さらなる健康寿命の延伸を進めて，県民協働による予防活動の充実と健康づくりを推進している。長野県の健康長寿を考えるうえで，長野モデルが好循環を創っているのは，病気になってから治療するよりも病気そのものを減らすことを志向しながら，①全国一位規模の公民館等で実施する医師・管理栄養士による出前講座の健診・栄養相談・予防医学講習，②地元の診療所・医院のかかりつけ医と，全国3位規模の保健師による在宅診療，③後述する，住民のための住民による保健補導員・食生活改善推進員制度による保健活動，などが充実していることにある。長野県は，日本社会のあるべき姿を先取りしてきたのである。

　「予防医学講習」でいえば，専門家の諸先輩方の絶え間ない活動は見逃せない。浅間総合病院の吉澤國雄先生による減塩運動，佐久総合病院の若月俊一先生の出張診療，健診による献身的な農村医療，諏訪中央病院の今井澄先生，鎌田實先生の地道な出前講座などの積み重ねによって，長野県民の病気にかからないようにする生活習慣が醸成・定着して，今日の長野モデルの基礎がつくられた。

　保健師が住民から連絡を受けるシステムなど，地域の在宅医療とともに進んでいるのが，「病気の現実に気づかせて」「少し行動を変えよう」「自分で自分の健康を守る」の意識づけを根づかせたことが，長野県の健康長寿につながっ

たといえよう。

保健活動を支える保健補導員システムと生涯学習

　長野県を健康長寿県に押し上げたのは，住民自らが地域ネットワークを張りめぐらせたことが成功の要因である。その代表例は，住民参加による，住民同士で働きかけあう保健補導員制度による，食事・運動・生きがい活動である。

　保健補導員は1945（昭和20）年に当時，無医村であった高甫村（現須坂市）で主婦が保健師に「何か手伝えないか」と手助けしたことからはじめられた。2012（平成24）年まで，県下76市町村で活躍する保健補導員は１万1259人であり，医師，保健師，管理栄養士の指導のもと，住民に健康診断を促し，減塩運動，生活習慣病予防などを普及している。

　その中でも，保健補導員発祥の地である須坂市は，合併した1958（昭和33）年から１～28期までの保健補導員を輩出して「一家に一人保健補導員」を目指して活動が引き継がれている。28期の生涯補導員活動は275人であり，2012～2013（平成23～24）年度の主な活動は以下のとおりである

・健康づくり推進の学習をして，健康意識を高め，自ら実践し，家族・友人・隣近所に拡げる：「インターバル速歩」「筋トレ・脳トレスイミング」「竜の里須坂健康マラソン」「健康体操―信濃の国」「各地区ウォーキング教室」など

・地域の中で健康づくりに関する学習会や健康相談：「市民健康づくり講座」「OB・OG会食事交流会」「減塩みそ汁の会」「タバコの副流煙学習会」「高血圧健康相談」「総合健康相談」「学校連携―食で健やか親子でクッキング」「須坂健康祭り」など

・「子育て広場」「ふれあいサロン」の開催など地域の交流活動：「声かけ運動」「健診通知の直接手渡し」「家族でつくる健康カレンダー配布」「子育て世代の支援の食育講座」「福祉施設「須坂やすらぎの里」喫茶ボランティア」「一人暮らし高齢者昼食会」など[9]

　これらの住民参加型ボランティアの健康づくり活動を通じて，保健補導員の健康観の醸成と生きがいづくり，健康知識の吸収につながって，地域内でお隣

さんからお向いさんへと言葉を交わすことによって，良好な人間関係を築くことができるだろう。

「健康長寿による地域づくり」のためのビジョン

長野県が採用している，すべての県民に対して働きかける方法や環境を整備することはポピュレーションアプローチと呼ばれている。食生活や運動習慣などライフスタイルを見直すことで病気の危険度を低下させて発症を予防することが可能である。生活習慣は，親子，夫婦の家族や友人，地域・職場等の生活環境に大きく影響を受けるし，改善する場合には周囲と一緒に行動したり，協力を仰ぐことができる。地域・家庭・学校ぐるみで絶え間ない生活習慣の改善が求められることから，長野県方式のポピュレーションアプローチが重要であると考える。

筆者は，長野モデルによる健康長寿システムが功を奏している要因として全員参加，協働作業で行われること，さらに地区単位で小集団活動することが，成功に導いていることは見逃せないと考える。

予防医学・保健活動は，小集団の数千人〜1万人単位で考えて行動することが良策である。長野県北信地域でいえば，須坂市〜飯山市〜中野市〜高山市につながる街は，それぞれの地区でコミュニティがつくりやすい規模といえる。10年後，20年後を見据えた地域づくりを成功させるためには，住民一人ひとりが当事者意識を持つことが肝要である。さらに行動するためには，病気にかかりにくく，いつまでも健康でいられる精神，体力を維持しながら，地域経営理念ともいえる住民の生きがい，働きがい，暮らしがいを実現するための「ビジョン」を掲げることである。住民一人ひとりに徹底して明確な目的・目標を具体的に打ち出すことが重要といえる。

集団全員にビジョン・目的・目標が浸透し，住民それぞれが「役割」と「使命感」を持ち，地域を担い・支える「行動力」を生みだすには，住民主役による，住民参加型の生涯学習が有益である。できれば，そのコーディネート役は，自治体だけではなく，地域に開かれた大学がさまざまな学部・学科から参加することで地方創生に貢献することを期待するのである。

注

(1) 日本創生会議・人口減少問題検討部会「成長を進める21世紀のために『ストップ少子化・地方元気戦略』」2014年（http://www.policycouncil.jp/pdf/prop03/prop03.pdf）［2016.3.15］。

(2) 文部科学省『平成20年度社会教育調査報告書』2010年。

(3) 内閣府「農林漁村に関する世論調査結果」2014年，4頁（http://www.maff.go.jp/j/nousin/nouson/bi21/pdf/sanko1_140926.pdf）［2016.3.15］。

(4) 厚生労働省「平成24年度国民医療費の概況」2014年（http://www.mhlw.go.jp/toukei/saikin/hw/k-iryohi/12/dl/data.pdf）［2016.3.15］。

(5) 厚生労働省「平成26年簡易生命表の概況」2015年，2頁（http://www.mhlw.go.jp/toukei/saikin/hw/life/life14/dl/life14-15.pdf）［2016.3.15］。

(6) 「健康寿命」とは世界保健機関（WHO）が2000年に発表した概念であり，厚生労働省は「健康上の問題で日常生活が制限されることなく生活できる期間」と定義している。厚生労働省『平成26年版　厚生労働白書』日経印刷，2014年，44頁。

(7) 長野県は日本一高齢者の就業率が高い。総務省統計局「統計からみた我が国の高齢者（65歳以上）──『敬老の日』にちなんで」2013年（http://www.stat.go.jp/data/topics/topi723.htm）［2016.3.15］。

(8) 国立ガン研究センター「都道府県別75歳未満年齢調整死亡率」2014年（http://ganjoho.jp/reg_stat/statistics/stat/age-adjusted.html）［2016.3.15］。

(9) 「須坂市保健補導員会だより」第28期須坂市保健補導員会，2014年。

参考文献

白澤卓二『健康寿命を延ばす──老化を遅らせサクセスフルエイジングを』小学館，2006年。

白澤卓二『長寿遺伝子をオンにする生き方』青春出版社，2009年。

白澤卓二『100歳までボケない101の方法──脳とこころのアンチエイジング』文藝春秋，2010年。

白澤卓二『老いに克つ──百寿の生き方』ベストセラーズ，2011年。

第Ⅲ部

地域を基盤とした大学開放

第10章
地域生涯学習の推進を図る大学開放

藤田公仁子

1　地域の変容と再生の課題

　生涯学習の基本は住民一人ひとりの生活の営みと，その中での学習活動である。どのような労働・生産・生活をしているのか，そしてその中でどのように学習し，成長発達をとげているのか，ということを考える必要がある。そこではまた，地域住民として求められる課題認識と学習活動との関係も興味深い。さらに，住民同士の情報共有や課題認識の共有がどのようになされ，協働や協同による課題解決に向けた実践が追求されているのか，ということも重要である。
　大学開放に引きつけて考えた場合，住民の協働・協同に大学がどのように関わりをもつべきなのか，ということも避けられない問題であるように思う。
　本節では，地域社会の変容にともなって生じているさまざまな地域課題・生活課題を見据えながら，その解決のために大学はどのような役割を期待されているのか，ということを明らかにしたい。

グローバル化・少子高齢化の進行と地域
　現在，自治体によっては急激な人口減少が進行し，自治体としての存立も危惧されるようになってきている。歴史的に捉えるならば，高度経済成長期以降，農村部から都市部への人口移動が激しく進行し，それを基調とする大都市部への人口移動は今も続いている。もちろん，さまざまな地域の開発計画が策定され，企業誘致も積極的に図られてきた。

グローバル化の進行にともなって，経済（生産・流通）や金融，そして政治，文化など，さまざまな領域で，国際的かかわりの中で展開することが顕著となっている。資本の海外流出も顕著となり，完成品を輸出するのではなく「市場のあるところでの現地生産」が推進されてきた。地域からの資本の引き上げにともなって，産業基盤の脆弱化・崩壊が進行した。また，地域における第一次産業や第二次産業の衰退も，こうした傾向を加速する条件となっている。

アベノミクスの下，異次元の金融政策と円安への誘導により，大企業を中心として莫大な利潤をあげた企業も多い。しかし，国際的には中国経済の低迷や石油価格の安値安定傾向の中で，企業の危機感が生まれていることも確かである。また，すでに多くの企業が海外進出を成し遂げてきたことから，円安だけで企業の輸出が増加するのではない，という指摘もある。とはいえ，日本の今後の課題としては，いかに地域経済の発展を図るのか，ということが重要なものとして挙げられるのであり，その場合，企業が蓄積した360兆円もの内部留保をいかに活用するのか，ということが指摘できよう。

加速する少子高齢化の傾向は，個人の生活の営みのレベルでは，多様な形で深刻な問題を表面化させている。家族の介護や育児が，家族関係・家族の機能の変化にともなって，大きな負担となっている。これに対して，社会的な対応策としては，老人ホームや保育所等の施設が絶対的に不足しており，専門職員の配置も不十分である。地域ぐるみでの対応を積極的に図る実践も生まれているが，問題は深刻化していくものと考える。

これまで，都市人口の増大傾向が顕著であったが，2014年に出された日本創成会議による提言は，都市部においてさえ今後人口減少が進み，さらに自治体としての機能が不全になるような事態が広範に予想される，というものである。

人口移動の要因はいろいろ考えられるが，もっとも基本となるのは，労働力市場の展開である。働き口を求め，とりわけ若い世代は都市部へと移動していく。

多様な地域課題・生活課題

先に述べたグローバル化や少子高齢化とも関連するのだが，ここで地域が直面している地域課題・生活課題について若干触れてみたい。

生活を営むうえで，ガス・電気・水道・道路・学校・病院・福祉施設等々のインフラが整備されなければならない。現代人として生活するうえで，社会的平均的な生活を求める権利は，誰もが有している。学校やスーパーなどを例にすれば，学校等の統廃合は確実に過疎化を促進してきた。スーパーの閉店は，買い物弱者を生み出した。

今日では，1960年代後半から70年代にかけて造成された住宅団地が，世代間の交替が進まず，結果として空き家問題を抱えている。同時に，上下水道・ガスなどのインフラの耐用年数が過ぎ，再整備が必要とされてきているのだが，それには莫大な金額の予算が必要となる，といわれている。

高齢化にともなう諸問題として，介護問題をはじめさまざまな問題が生じている。介護疲れや介護離職も深刻さを増している。認知症患者が増加する中で，徘徊が増加し，保護されても結果的に自宅に戻れない例や交通事故等に巻き込まれる，といったことも増加している。

高齢期・終末期の問題として，終活をめぐる問題や無縁死，終末鎮静の是非など，以前は取り沙汰されることがなかった問題とどのように向き合うかが，高齢者・患者・医療スタッフ・地域住民などとして，一人ひとりに問われるようになってきている。

子育て世代への社会的手だても重要な問題となっている。保育所の設置状況や待機児童の数には地域差もあるのだが，「入所を希望しても無理なので子どもを産まない」，あるいは「出産を契機に仕事を辞めざるを得ない」と諦めている人は決して少なくない。また，子どもの貧困化も問題になっているが，その底流には非正規雇用の増加や格差の拡大等があることを確認しておきたい。

教育問題としては，いじめや不登校，家庭内暴力，幼児誘拐の問題なども重要な問題である。

こうした問題は，個人の努力だけで解決できるものではない。地域社会のさまざまな「手助け」が必要とされている。実際に，多くの地域で地域ぐるみの取組みを展開し，大きな成果をあげている例もある。しかし，全体としてはコミュニティの機能低下が進行し，地域の教育力を担う住民諸組織（町内会，PTA等）などの活動も低下する傾向にあり，地域の福祉問題への対応も十分

にできていない，ということである。

　環境問題は，個人のレベルで被害を受けることが多いのだが，個人のレベルの問題というよりは，地域・国・世界レベルの問題として捉えられることも多い。地球温暖化にともなう異常気象により，巨大台風の襲来，予想を超える豪雨による堤防の決壊や深層崩壊，竜巻，最高気温の上昇にともなう熱中症の増加等々の事態が頻発するようになってきている。温暖化に限らず，さまざまな問題が生じてきていることを忘れてはならない。

　環境問題とも関連するのだが，資源・エネルギー問題や持続可能な発展を図る問題も，今日では差し迫った問題になっている。アメリカなどにおけるシェール層の石油採掘は，現在国際的な石油価格の低迷によって，岐路に立たされている。コスト高であることから，採掘業者が相次いで倒産している，といわれている。さらに，採掘の際に地中のメタンガスや有毒物質を地上にまき散らしている，といわれている。温暖化を促進するとともに，採掘地域の住民に多大な健康被害を与えていることが問題になっている。また，金属資源や水産資源・森林資源なども，世界的な経済発展の中で，資源の浪費や資源の枯渇が問題になっている。今後は，世界的に水資源をめぐる争奪戦が激化するのではないか，と危惧されている。

　こうした点も含めて，持続可能な発展が，緊急に，避けて通ることのできない課題となっていると考える。水産資源を例にとれば，日本では乱獲などで水揚げが激減した魚種について，稚魚の放流や一定期間の全面禁漁，という対応をしてきた経験を持っている。また，森林資源の有効性を積極的に再評価し，地域の林業を発展させることと地域の冷暖房に必要なエネルギー開発を両立させている，下川町の例もある。さらに，ナノテクノロジーを駆使した新しい炭素繊維の開発も進められている。電力についても原発や石油・天然ガスにいつまでも依存するのではなく，太陽光の利用や各種の自然エネルギーを活用しようという試みも拡大してきているということができよう。

　防災・減災の課題も重要な問題である。東日本大震災の記憶が生生しく心に刻まれている中で，御岳で火山が噴火し，多くの人々が犠牲になった。火山や地震・津波などの災害への対応が急がれるところである(1)。

以上の他にも、地域を活性化させる課題、とりわけ地域の産業基盤を確立し就労の場を確保する課題が全国的に重視されている。地域の資源を活用することで観光を発展させようという試みが各地で追求されている。

こうした課題に取り組むうえで、行政、企業、地域の社会組織、NPO等の協働・協同による取り組みが必要とされており、また、全国各地で実践もなされてきている。住民の学習、住民同士の共同学習、学習した成果を生かしての実践が必要とされている、ということである。[(2)]

2　地域生涯学習の推進を図る

生涯学習について考察する場合、個人の成長発達を基軸に展開する必要性もあるのだが、この小論では紙幅の関係もあるので最低限触れることとし、地域生涯学習の推進という課題を中心に検討していく。

地域課題・生活課題の克服を目指す人材の育成

第1節で触れたような課題は、実情は地域間で大きく異なるのだが、課題解決を目指すうえで「人材の育成」を積極的に図る必要がある、という意味では共通している。

次に、地域生涯学習をどのように捉えるのか、ということに触れておきたい。個人にとって、日常生活を営む際に行う学習（文化創造活動も含めて）に関するテーマ・内容は多様である。自己の職業生活にかかわることや健康・子育て、老後の人生設計などさまざまな領域に及ぶ。また、そうした関心事に、テレビ・新聞などのマスコミやインターネットを活用して、自分なりに一定の回答を用意している。しかし、さまざまな課題は、個人による自己責任的な努力だけでは解決しない、ということが多い。例えば、家族の介護や非正規雇用からの脱却、といったことなどである。それらは、地域社会に、さらに全国的に共通した課題であり、解決の手段・方法も、地域や国レベルでの解決が図られる必要がある。

そこで、住民一人ひとりが、自己の労働・生産・生活と向き合い、そこに内

在する問題を解決するにはどうすべきか，ということを学ぶことが求められることになる。

次に，地域課題・生活課題は多くの住民に共通している，あるいは密接に関わってくることから，課題解決のための取組みは社会的な意義を持つことになる。私益であると同時に共益・公益である。そこで，課題解決を図るための人材の育成を図る，ということが地域共通の学習課題となってくる。このように，地域課題や生活課題にかかわった学習課題を掘り下げ，その課題解決を図る学習を組織化していくことを地域生涯学習として捉えたい，と考える。

その担い手の主要な部分は，教育行政や公民館等の社会教育施設である。課題によっては民間教育産業の果たす役割も考えられる。また，医療や健康・福祉・地域活性化の課題などでは，教育行政以外の行政部門での役割も大きい。さらに，地域における町内会をはじめとする多様な社会組織（PTA，婦人会，医師会，農協，社会福祉協議会など）の果たし得る役割も大きい。

ボランティア・NPO も，多くの場合，地域課題・生活課題と直結したテーマ・内容で活動していることから，協働・協同していくことが重要である。

このように述べると，「協働・協同」とは教育問題や地域づくりなどの共通のテーマで，関係する行政・企業・社会組織・NPO などが一堂に会して連絡協議会などを立ち上げることであると受け止めるかもしれない。しかし，重要なことは恒常的に活動する実行組織の組織化・実践の追求，ということである。そのためにも，人材育成が必要とされているということである。

このように，「地域課題・生活課題に取り組む人材の育成」のため，教育行政と首長行政との連携，企業，社会組織，NPO との連携による生涯学習ネットワークを構築していくことが課題となっている，と考える。[3]

地域における住民の学び

地域住民の「学びを育む」という課題について考えてみたい。

最近の傾向として，急速に SNS が普及し，スマホやケータイというツールの世界を利用したコミュニティを形成している人が増えている。そこでは，さまざまな情報交換がなされ，一定の学習的要素もあると考える。しかし，生身

の人間同士の交流・コミュニケーションをとることが困難さを増加させ，結果的に，問題を掘り下げる学習や社会性を育むことが困難になってきているのではないだろうか。

　また，伝統的な地域の住民組織が次第にその機能を低下させる傾向にあり，近隣の人間関係もあいさつ程度で終わっている。そこでは，自分が直面している悩みや問題を相談できる信頼関係は生まれない。真に課題意識を共有して共通の認識に立ち，課題解決に向けて共通の実践を行うためには，信頼関係が基礎となる。

　2015（平成27）年，寝屋川市で起きた中学1年生2人が殺害された事件をめぐっては，深夜から早朝まで徘徊する児童生徒に対して，地域の大人たちがなぜ声かけをしなかったのか，といった論調での報道もされていた。生活スタイルが24時間化する中で，地域での子どもの見守りが必要とされてきているのだが，それにはまず，コミュニティの再生を図る必要があると考える。

　高齢化や過疎化が進行している地域では，住民の流出にともなってコミュニティ機能や集落機能を保持できない地域も生じている。しかし，高齢化率が40％を超える地域であっても，住民の社会的協働・協同により，地域の資源を最大限活かして地域活性化を目指しているところは多い。住民主体の地域づくりで有名な「やねだん」や上勝町に限らず，さまざまな実践から学ぶべきである，と考える。

　こうした問題意識をもとに，地域生涯学習ということについて若干検討しておきたい。筆者なりに捉えるならば，第一に，地域住民の個人としての学習活動を捉える・学びを育む，ということが考えられる。第二に，住民の共同学習ということが考えられる。公民館などでのワークショップはもちろん，ボランティア活動等の実践にかかわって，グループ・ボランティア・NPOなどの組織的活動の実践とのかかわりで展開されている共同学習も含まれる。第三に，ネットワーク化した事業の取組みの中での学びが考えられる。地域課題・生活課題について情報・理解を共有し，さらに協同での課題解決に向けた取組み・実践ということが考えられる。

第Ⅲ部　地域を基盤とした大学開放

住民の学びと「学習成果の活用」

　今日，住民の学習活動は，多様な形態・方法をもって展開されている。また，その内容も，個人の成長発達段階や社会とのかかわり方によって個人差を含むのではあるが，概括すれば労働・生産・生活に基礎づけられたものであると捉えることができよう。キャリア教育や，健康・医療，福祉，教育，文化，環境問題，等々の学習内容は，多くの住民に共通しているのであり，先に挙げた地域課題・生活課題に関係してくる。

　近年，急速にIT技術が発展をとげ，教育・学習活動の領域でもICT（情報通信技術）の活用ということが，大きな関心事となってきている。

　学習の成果は，多様な場面で活用し得る。学習の内容にもよるが，自己の労働力としての価値を高める，あるいは自己の生活を健康的なものに再構築する，家庭生活を豊かにする，等々である。ここでは社会的な活用について触れておきたい。かつて筆者は，岩手大学に勤務していた際に，大学ミュージアムを拠点としたボランティア活動の育成にかかわっていた。

　ミュージアムでのボランティア活動は，基本的に展示物についての解説活動である。

　ボランティアの養成のため大学主体の研修会を実施したが，ボランティア同士の共同学習も大きな意義を持っていた。さらに，自分が行った展示解説（実践）を通じて，来館者が理解を深め謝意を示したとき，そこでの充実感は次の自己研修などの学習のバネとなっていく。

　展示解説の内容のベースには，大学教員がこれまでの研究活動で蓄積した研究成果がある。ボランティア養成講座と展示場での教員からの説明が，研究成果の伝達になっている。また，ボランティアの自発的意思を尊重したのだが，ボランティア側からさまざまな具体的提案が出てきた。ボランティア・スタッフは，岩手大学に地域の大学として強い愛着を持っていた。岩手大学構内に，郷土出身の宮沢賢治にちなんだ場所・建築物が保存されていたことから，それらを巡る賢治ツアーがボランティアの発意で企画・実施されることになった。また，同じく構内には多数の種類の桜が生育していることから，桜ツアーも企画・実施することになった。

学習成果の活用は，決してボランティア活動に参加するだけのことではない。企業で勤務する，あるいは自ら起業する，社会的組織での役員や委員として活動する，等々の多様なことが考えられる。最近，学び直し活動の参加者が増加しているが，高齢者だけでなく，不登校やひきこもりを経験した若い世代の社会参加も含め，多様な形態・内容・領域での学習成果の活用が図られるべきであると考える。

3　大学開放の展望

大学開放の今日的課題

これまで，多くの大学で公開講座という形での学習機会の提供を行うようになっている。大学による違いはあるものの，積極的に地域住民の学習の場が企画実施されている。講座のテーマ・内容は，自然科学・人文科学・社会科学のさまざまな領域にわたっている。

大学の機能として，社会（地域）貢献が掲げられるのだが，その具体的な事業内容は極めて多様である。ここでは，次の点について触れておきたい。

第一に，公開講座・講演会等の，学習機会の提供である。自然科学・人文科学・社会科学のさまざまな領域のテーマ・内容が考えられる。

第二に，正規の授業の公開である。名称は大学によって異なるが，富山大学ではオープン・クラスと呼んでいる。なお，正規の学生・大学院生として学習・研究できるようにと，社会人入学という制度を取り入れている大学も多い。

第三に，施設の開放である。図書館などの施設が，一般市民にも利用できるようになっている。

ところで，地域住民の学習要求は，個人によって多様であり，職業に関する知識・技能の修得や，歴史・文学・語学などに関する教養を深めたいとするもの，健康問題や子育て・教育などの実生活に直結したテーマ・内容のもの，地域活性化やまちづくり，防災・減災といった課題にかかわるものなど，関連する講座の受講を希望する人は多い。

また，一般の住民とは区別して，社会教育や生涯学習の専門職員としての研

修を希望する例や，自治体職員として政策立案能力の形成・向上を図る研修なども実施されている。筆者のかかわる事例として，富山大学が黒部市と共催で実施した，自治体職員対象の研修会がある。また，弘前大学と弘前市教育委員会が共催で実施している，公民館関係職員を対象とした研修会もある。

今後，大学の運営費が削減され，金の稼げる研究が重視される傾向が強まると予想される。生涯学習の捉え方にもよるが，地方国立大学が「地域と連携する」ということの内実をどのように豊かにしていくのか，ということは差し迫った課題になっていると考える。

大学開放の実践例と今後の展望

これまで述べてきたように，大学が持つ研究と教育の機能は，広く地域・社会に公開されるべきであり，また地域・社会からのニーズに応えるように機能する大学開放が追求されるべきである，と考える。[5]

大学開放という場合，研究と教育のさまざまな場面で追求し得ると考えているが，ここでは生涯学習に関連づけて触れてみたい。

富山大学では，講座の受講者同士の交流にも配慮し，学習相談として，講座の受講者などから，次のステップの学習プログラムを作成する上での，サポートをしている。

大学によっては，履修証明制度を活用して，一定の体系的な学習プログラムの下で受講した人に，終了と同時に認定証を発行している場合もある。国家資格などと違い，社会的に通用する，あるいは就職に直結する認定証ではなくとも，大学という高等教育機関において一定の体系的な学習プログラムを修得したということの意義は決して少なくはない。

以上のように，個人の学習や受講者同士の共同学習をサポートすることは，地域住民に対する地域生涯学習という文脈では，大学として重要な役割である，と考える。

先に触れたように，地域では多様な地域課題・生活課題が現れている。こうした地域課題・生活課題に取り組む人材の育成，という視点からのかかわりも必要とされてきている。これは，地域の教育および首長行政，社会教育施設，

第10章 地域生涯学習の推進を図る大学開放

町内会などの社会組織，企業，ボランティア・NPO等が社会的協同をすることで学習プログラムを用意し，さらに終了後，学習した成果を実践に活かしていこう，という取組みである。こうした取組みにも，大学はさまざまな場面で協同・協働できると考える。[(6)]地域課題・生活課題について掘り下げて研究している教員が大学に多数存在している。また，学習プログラムの企画・実施の段階では，講師として協力を得ることも可能である。

オープン・クラス（授業公開）については，富山大学では，前期・後期の授業を受講できるように設定している。平成27年度は755科目開講された。こうした事業は，大学の授業という，学問・研究成果に基づいて構成された学習機会として，関心を持つ住民も多い。

また，最近の傾向として，学び直しのニーズが増大してきている。団塊の世代に限らないこととしては，今日，不登校になったり，高校を中退する児童生徒が多い中で，大学も学び直しの拠点となることが期待されているということができよう。

キャリア教育との関連でも，今後大学に期待されることは多いのではないか，と考える。筆者は以前，オーストラリアにおける生涯学習やキャリア教育・大学開放などについて調査した経験を持っている。[(7)]そこでは，いわゆる「パートタイム」の学生の比重も大きく，働きながら大学で教育を受けているのである。また，高校卒業後，いったん就職した後に退職して大学を受験するという例も多い。日本と比較すると，「働きながら大学で学ぶ」，あるいは「就職した後，進学したくなったら大学を受験する」というように，大学進学と就職との壁は比較的低いのである。日本の現状では，授業料負担が大きいので，経済的余裕がなければ大学進学は断念せざるを得ない。また，「働きながら大学で教育を受けたい」という人への企業側の配慮はほとんどない。しかし，労働力は，生産活動のもっとも基本的な要素であり，本人にとっても企業・行政・社会にとっても，「働きながら大学で教育を受ける」という条件が今後整備されるべきであると考える。

第Ⅲ部　地域を基盤とした大学開放

注

(1) 「防災・減災」を基本テーマとした取組みとして，富山大学では2012年に「熟議」を開催してきた。この中で，大学が地域の中で重要な役割を果たすことが期待されていること，積極的に大学開放に取り組むことが期待されていること等が明らかになっている。詳細については，拙稿「富山大学」(『地域・大学協働実践法』悠光堂，2014年) を参照されたい。

(2) 拙稿「地域住民の参加・参画型学習活動と大学開放事業プログラムの可能性」(『富山大学地域連携推進機構生涯学習部門　年報』17，2016年) を参照されたい。

(3) 同上。

(4) 岩手大学の「大学ミュージアム」におけるボランティア活動については，すでに紹介しているので，参照されたい。拙稿「大学博物館の運営と大学開放」(出相泰裕編著『大学開放』大学教育出版，2014年，94-100頁)。

(5) 2015年，二人の日本人が「ノーベル賞」を受賞したことは記憶に新しいところである。受賞した梶田氏を迎えて多くのTV番組が放送されていたが，その中で梶田氏が，「つねづね小柴先生は，国民の税金を研究に使わせていただいていることを忘れてはならないと言われていた」といった内容のことを話されていた (NHK「とことん知りたい！ノーベル賞」2015年12月12日放送)。非常に印象的であった。「国立大学」が「独立行政法人」になったとはいっても基本的に同じである，と筆者は考える。

(6) 「社会的協同」については，筆者はこれまでも別の機会に触れてきたので，それを参照されたい。また，藤田昇治の「協同性を捉える視座――キャリア教育の展望と大学開放との関わりで」(『弘前大学生涯学習教育研究センター年報』18，2015年) なども示唆的である。

(7) オーストラリアの教育事情については，すでに簡単に紹介したことがあるので，参照されたい。拙稿「オーストラリアにおける大学開放の動向」(出相泰裕編著『大学開放』大学教育出版，2014年，208-212頁)。

第11章

小さな短大が地域に開くということ
―― 桜の聖母短期大学 ――

三瓶千香子

1 桜の聖母生涯学習センターの歩み

大学開放への今日的期待

　科学技術の爆発的拡大，経済や情報のグローバル化，大学のユニバーサル化，超高齢化など今日の社会の急激な変化にともなって，大学機能はこれまで以上の期待が寄せられている。専門化・細分化された知識を直線的に発展するだけではなく，多様な専門分野の知識を学際的に組み合わせ，新しい市場や新サービス，新しい知的水平を拓いていく力を学生に習得させると同時に，2012年に発表された「大学改革実行プラン」で掲げられた大学の「センター・オブ・コミュニティ（COC）」機能の強化が代表するように地域再生，地域活性に対する大学機能が求められている。つまり大学がより一層，地域の「知の拠点」として，地域の再生，復興，創造にいかに取り組むべきかを問われているのである。

　また「まち・ひと・しごと」の創生をキーワードにした地方創生は，農業，観光，科学イノベーションなどさまざまな観点から，その地方・地域の魅力を見出し，活性化させながら，自律的で持続可能な社会づくりを目指す政策であることは周知のとおりである。これらの政策に通底している点は，大学の知的資源および成果を地域に還元し，地域活性，地方活性に寄与することへの強烈な期待であろう。

　大学全入時代の今日，各高等教育機関が教育の独自性をより発揮することは，その生き残りの視点から必須のことであるが，地方にある短期大学は，小規模

性，地域密着性という魅力を活かすことができる。その地域の文化や価値観を大切にしながら，地域課題に対して耳を貸し，独自に持っている教育資源，知的資源を横断的，有機的に貢献へ生かす機動力の源泉は，短期大学がその地に根を張り，その小ささを十分に生かすからこそだと思われる。

聖マルグリットの生き方に学ぶ

　高等教育機関にとって建学の精神という原点的土台の存在は，大学創立者の想いや信念が，時代の変化に合わせながらも脈々と今日まで流れ，独自な教育や社会貢献を展開するうえで確固たる軸であり足場である。多様な取組みの方向性やあり方を考えるときに立ち返り，照らし合わせる鏡でもある。

　桜の聖母学院は，幼稚園，小学校，中学校，高等学校，短期大学を有する総合学院である。カナダの建国の母と称されているフランス人聖マルグリット・ブールジョワによって，1676年に設立されたカトリック女子修道会コングレガシオン・ド・ノートルダム（以下，CND）を母体としている。彼女は，人々の幸福と福祉に生きることを重視し，フランス移民と先住民の教育，中でも女性教育に力を注いだ人物である。CNDの5人のカナダ人修道女が福島市に到着した1932年以降，CNDは日本における本格的な教育活動を展開し，1955年に桜の聖母短期大学は開学された。聖マルグリットの思想に学び，カトリックの精神に根差した人間観・世界観に基づく知的・倫理的見識を養い，愛と奉仕の精神をもって社会貢献を志す人を育成することを建学の精神としている。現在は，キャリア教養学科・生活科学科の二学科（収容定員400名）で構成され，①心の教育，②国際教育，③共に生きる教育，を目標として掲げ，少人数教育にこだわり，よりよい社会を築く力を備えた女性を育成し続けている。

内部からの声によって

　桜の聖母生涯学習センター（以下，生涯学習センター）は，理事長設置の「生涯教育調査研究委員会」への答申（1991年）を経て，翌年の1992（平成4）年に設置された。研究委員会の構成員は学内者にとどまらず，生涯教育分野の研究者2名を外部委員として迎え，1991年3月までの半年という短期間に18回も

第11章 小さな短大が地域に開くということ

の会議を開いている。当時の議事録には「桜の聖母短期大学の生涯学習センターの構想は，世の中の潮流に押し流されてこれに乗り込むのではなく，目的意識を明確にし，学院経営の中に明確に位置づけ，専門的な職員を擁して，生涯学習センターの設立に到るべきである」と記されており，まさに建学の精神に立脚しながら，生涯学習センターの存在意義を見出す作業に労力を注いだことが看取できる。

本センター設置経緯における注目すべき点は，学院全体が掲げる教育目標である「人間教育の継続」に基づいている点である。1935（昭和10）年には，CNDシスターたちによって既に成人を対象とした教育活動を開始しており，1981（昭和56）年には福島県教育委員会と連携し「福島県成人大学講座」を共催している。1985（昭和60）年には第1回目の「桜の聖母短期大学教養講座」を開催し，生涯学習センターを設立する以前から，地域へ学ぶ機会を創出し続けてきた。このような取組みの積み重ねのうえで，カトリック教育の理念に照らし合わせながら，高等教育機関としての生涯学習センター設立の意義について学内にて何度もていねいに討議されてきたのである。

全国的な耳目を集めたGP

本学生涯学習センターが全国的に注目されたきっかけは，2003（平成15）年に文部科学省「特色ある大学教育プログラム」（以下，GP）に採択されたことであろう。「生涯学習センター設置と公開講座の継続実施——創立者の精神に立ち，地域における生涯学習拠点として歩む」という取組名称で申請された本プログラムの採択理由として，「継続的に行われてきた取組」が「関係者の多大な努力により大きな成果をあげており，生涯学習推進型の，優れた特色」を持ち，「短期大学がコミュニティ・カレッジとしての役割をはたす一つのよいモデル」とされている。「全ての人に開かれた学びと出会いの場」を提供し，人々の「人生をもっと豊かに生きたいという願いに応える」といった初発からのモットーに基づいた本学生涯学習事業の愚直なまでの継続的な取組みが評価されたといえよう。

その後の生涯学習センターは，事務室の受講生管理システムの導入などIT

機器の高度化を更新し続け，情報共有のネットワーク化を推進し受講生サービスを向上させている。また生涯学習を専門とする研究員を設置し，これまでの取組みの分析および今後のビジョンの策定，社会の変化や他大学の分析に基づいた講座開発，開放講座と短大の授業との関連づけなど，全般の運営力の向上を図っているのである。

2　生涯学習センターの拠点的機能

情報発信機能――知らせる場所として

地方の短期大学は，学生，卒業生および教職員の大半が地元在住者である例が多く，地域住民にとって，より身近な知の拠点となりやすい。では，桜の聖母生涯学習センターはいかなる機能を果たしているのか。この章では，GP採択前の2002年から2015（平成14～27）年までの過去13年のデータに基づきながら，その拠点機能の独自性を述べてみたい。

生涯学習とは，「それぞれの人間がもっている可能性の最大限の発現であり，生きがいのある人生の獲得」[7]といった自己実現（self-realization）を求めるための学習活動である。生涯学習センターは，第一に地域における学びの情報発信と学びの場の提供の拠点であることを使命の一つとしている。その機能を果たすためには，まず新たな知識を求める人々や学び続けたい人々に，その拠点の存在を知らしめていくいわば拠点の発信機能を発揮する必要がある。当センターでは，年間28万枚のチラシとホームページやSNSなどの広報媒体によって発信し，明確な知の獲得意識を持っていない人々の潜在的ニーズの掘り起こしにも努めている。チラシの発信効果は，その枚数のみに依るものではない。年に三度に分け作成されるチラシは，その時の社会の変化，流行を鑑みた新鮮な講座が掲載されているからか非常に好評を得ている。またSNSのFacebookからは，講座案内のほかにセンター長からのコメントや講師からの講座に関するメッセージの動画を配信し，イメージや内容を分かりやすく伝えることで親近感や安心感を獲得し，受講生から一般の方々への発信の拡張が進みつつある。

第11章 小さな短大が地域に開くということ

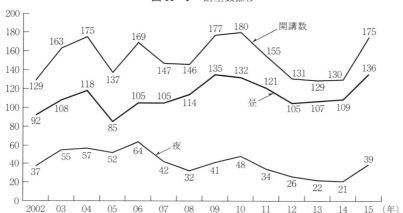

図11-1 講座数推移

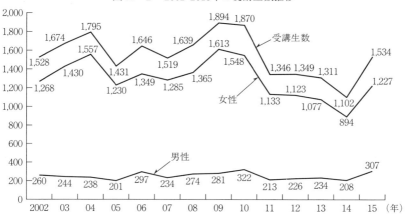

図11-2 2002-2015年の受講生数推移

発信の源泉となるデータ分析

図11-1，図11-2は開放講座数および受講生数の推移である。[8] 開放講座は「こころ」，「かかわり」，「ボランティア」，「教養」，「くらし」，「健康」，「資格取得準備」，「外国語」の8分野にわたり，毎年150前後の多様なプログラムを用意している。特に宗教や聖書など生き方を考える「こころ」分野は，カトリ

ック精神に立脚して設立された短大ならではの特色ある講座であり，CNDのシスターたちが本学開学前から地域に開いてきた分野でもある。講座数はさほど変化していないにも関わらず，昨今では受講生が急増している。これは，将来への不安や生きづらさを感じる人々が増えている現代性を反映しているようにも思われる。これと同じように，講座数対比で受講生数が大きく伸びているものに「教養」分野，「くらし」分野がある。受講動機はさまざまであるが，歴史，思想，文学には多角的な考え方に触れて自分を磨いていきたいというニーズ，料理や裁縫などは，すぐに生かせるスキルを学び，日常生活をより豊かにしたいなどの学習ニーズが根底的にあるのだと思われる。

　各分野の講座数や受講生数の分析を毎年ていねいに行うことは，アンケートの直接的な受講生の声とは異なる，潜在的な地域の人々の声を看取することでもある。生涯学習センターにいかなる情報を求めているのかを知ることで，発信する内容も手段も多角的に検討できるのである。

生涯学習センターの運営体制

　では，いかにして年間150もの開放講座を企画開発しているのだろうか。スタッフ体制としては，専任教員2名，非常勤職員2名の計4名で，月曜から土曜までセンター運営を行っている。必ず確保されているのは，毎週1時間ほどの会議である。各自が得たテレビ・新書・雑誌からキャッチできる流行や社会的ニーズ，受講生アンケートからの要望，学内外から紹介される人材も講師候補者情報などが俎上に載せられる。スタッフ一人ひとりが主体的にアンテナを立て，わずかな情報をも共有する姿勢と有機的につなげる時間の確保は，講座開発に不可欠なものとして認識されている。

　生涯学習センターの企画数に対する開講率は，常に80％前後である。社会的ニーズや受講生から得る学習ニーズを分析したうえで，講座は開発される。しかし，その講座がニーズと合致していない場合，受講生人数が開講人数に達することなくキャンセル講座となる。つまり，開講率を向上させるためには，世界や社会の潮流，流行，地域課題，各年齢層が抱える課題など多角的に調査し，学習者が求めているものとの距離を縮める必要があるのだ。常に80％前後の開

講率を維持しているということは，生涯学習センタースタッフ同士が情報を持ち寄り，多角的分析を行うことを，いかに重視しているのかを物語っているといえる。

ホーム機能——帰る場所として

「よりどころ」というのは「拠れるところ」であり，それは精神的な安心感を与える場とも解釈できる。平たくいえば，「困ったときはあそこに行けば何とかなる」と思ってもらえる場である。いわゆる帰る場所であり頼れる場所であり，ホームと表現してもいいかもしれない。そこには知的刺激があり，何より同じ学びを分かち合える仲間やコミュニティが存在している。

この機能の重要性が改めて確信されたのは，東日本大震災の直後である。震災から1か月後の2011（平成23）年4月，生涯学習センターは新年度の講座を予定通り開始したが，そこには今までにない光景があった。それは，受講生同士が互いの安否確認，避難の苦悩，抱え続けている不安などをロビーで話し，なかなか帰ろうとしない姿である。この時，生涯学習センターは，学習する場以上に仲間に出会うため戻ることができる場として機能していたといえよう。福島に残された複雑な問題はいまだに山積しているが，前出のグラフでも分かるように，震災以降の4年間は講座数や受講生数どちらも減少しているが，2015（平成27）年には増加している。このことからも，地域住民の精神的安定と知的欲求が戻りつつあること，知的ホームの存在が必要とされていることが明らかであることも付け加えておきたい。

"小さく深く"の原理

これまで桜の聖母生涯学習センターの2つの機能を述べてきたが，もっとも特長的といえるのは，「小さく深くの原理」を維持している点ではないかと思われる。それは換言すれば，顔の見える運営といってもよい。その肝は会話である。スタッフ4名というごく小さな組織では，常に会話が絶えることはない。それは単なるおしゃべりではない。気楽なとりとめのない話でも対話に昇華させ，センター運営のあり方や講座開発のヒントを見つけていくのである。

受講生との会話にも，小さく深く，顔の見える運営が活かされている。受講生の多くは窓口に立ち寄り，多種多様な話をしてくる。それは，講座受講や学習法といった学習相談から，地域で活躍している人材の情報，自身の健康状態，旅行，ペットなど身の上話にまで至る。これは，スタッフが常日頃からていねいに対応することによって信頼関係が構築されている証左である。ちょっとした会話は，地域の人々が何を求めているか，何に渇きを感じているか，生涯学習センターにどうあってほしいのかといったニーズヒントの宝庫である。この姿勢は，カトリック精神に立脚した地方の小さな学び舎だからこそ大切にされ続けているのかもしれない。

3　傾聴ボランティア養成講座の存在意義

コーディネート機能――接続する場所として

アニマツール（animateur：学習者への活性賦与者）になることは，すべての教育機関の使命である。知識基盤社会である今日では，内面的な充実感を感じながら価値ある生涯を創造できるように，学習者へ多様な学習プログラムは当然必要である。これに呼応するかのように，人々の自己実現を支援する場は，大学をはじめ NPO やカルチャーセンター，各種教室など地域にたくさん存在するようになった。これから重要になるのは，学習支援の場が互いに連携し，その独自性や「らしさ」をつなげ，地域の学習支援をより拡充することであろう。そのためには，連携のハブ的存在が不可欠であり，コーディネート機能すなわち「のり役」を果たす必要がある。生涯学習センターは地域へ学習支援方法のヒントを投げかける機能を果たしながら，同時にコーディネート機能を発揮しつつある。その代表的取り組みが傾聴ボランティア養成講座である。

2012（平成24）年から本格始動した「傾聴ボランティア養成講座」は，他の開放講座とは趣旨が異なり，人に知識を与え育む教育機関ならではの使命をもって，傾聴スキルを修得したボランティアという人材を体系的なプログラムによって育成し，地域課題の解決へ少しでもつないでいくという意図が強い講座である。

第 11 章　小さな短大が地域に開くということ

　震災後の福島は，容易には解決できず「絡みづらい問題(9)」が残されているが，その中で後手に回っているのが，震災関連死(10)の問題である。仮設住宅といった新たなコミュニティにおける適応疲弊や孤立化など長引く避難生活によるストレスは，気分障害，体力低下や心疾患を招き，致命的なことにもなりかねない。生涯学習センターが意図することは，臨床心理士の専門領域である精神療法ではなく，相手に耳と心を開き，共感的に受容し情動中心型コーピング活動(11)へ少しでも寄与することである。それによって，傾聴される側が前向きに物事を捉えたり，不安や心身の不具合の解消へつなげられるようになる。それは傾聴される側に限らず，傾聴する側にも自己対峙するような変容機会を与え，人間関係や地域の潜在的な課題の理解と解消へつなげていけるようになる。それが，本講座の目指しているところである。

二本立ての体系的プログラム

　本講座の特徴は，基礎講座（全 5 回×3 時間）とアフターケア講座（全 3 回×2 時間）による体系的カリキュラムにある。「傾聴講座で自分自身が成長し，人の支えになることができたら自分自身も強くなれるのではないかと思って」，「相手に寄り添うための自分のあり方がわからなかったので」，「傾聴以前の"話し相手"の不足・不在に危機感を感じているため」など，多様な動機を持った受講生に対し，地域の人々の心をケアすることに軸足を置き，人にとって想いを吐き出すことがなぜ大切か，受容されることがなぜ必要か，福島という地に立ってボランティアをする意味は何かなどを学びつつ，ロールプレイを通して獲得するスキルに意味づけしている。アフターケア講座は，基礎講座修了者が地域の傾聴ボランティア活動によって得られた体験，情報，感情，気づきを分かち合う機会として位置づけられている。2012 年度から 2014（平成 24〜26）年度までの 3 年間の本講座受講生数は 374 名，認定証取得希望者(12)は 162 名に至り，いかに福島県において人に寄り添うことが必要とされているかがわかる。

共にあり，ひたすらに聴く

　「コプレゼンス（co-presence）」という言葉がある。「co-」は「共に，一緒に，

相互に」を表す接頭辞である。「presence」は「存在・在ること」という意味を持ち，よって「コプレゼンス」とは「共に在る・一緒にいる」ということになる。人にとって一番の支えになるのは，じっと見守ってくれる人やずっと自分を案じてくれる人が自分の横には存在するのだという安心感であろう。震災復興の遅れや原発再開の議論などのニュースは，葛藤，不安感を煽る。それでも耐えているうちに，自らを殻に閉じ込めてしまう人も出ているのが現実である。これを防ぐ一つの対策が，地域住民のありのままの感情の吐露を「ひたすら聴く」人材の養成なのである。多くの受講生が，寄り添って話すことの難しさ，弱い立場の人を理解することの大切さ，受け止めて反復する「間」の大事さを深く実感している。他者の心の深さ，言葉の重みを受けとめることは難しいが，一方でそれは意味ある救いともなることを受講生が気づいたなら，福島「福幸」にとって大きな財産になろう。

ネットワーク化支援と講座の拡張

「独立」と「自立」は根本的に異なるという。前者は，インディペンデンス（independence：非依存）であり，いわゆる誰にも頼らないで自分の脚で立つことを意味し，後者は，いざという時にいつでも相互支援のネットワークを使える用意ができているということであり，それはインターディペンデンス（interdependence：相互依存）のしくみがいつでも使えるということだという。[13]この指摘は，これから地方を創生し活性化していくうえでも，地域の生涯学習を支えていくうえでも通じるものではないか。学びがいや生きがいを見つけるため集まった受講生同士が仲間になり，最終的にはその講座がなくても，あるいはその講座に頼らなくても学習を続けられるようなネットワーク構築支援こそが，本学生涯学習センターの一つの果たすべき機能である。

2014（平成26）年に傾聴ボランティア養成講座から「傾聴ボランティアさくら」という組織が自発的に誕生した。2014年に会員83名で立ち上げられ，機関誌も定期的に発行している。高齢福祉施設，仮設住宅，グループホームなど8か所以上へ定期的に訪問してボランティア活動をしつつ，月2回は会員が集い，ボランティア実践を通して得た気づき，戸惑いなどを共有できる拠点を自ら創

第 11 章 小さな短大が地域に開くということ

出し，相互支援のネットワークを築いているのである。
　また追記すべきことは，本講座は，2014年に福祉や心のケアといった生活復興の観点から，福島県会津若松市からもこの講座展開を要請されるまでに至り[(14)]，2015（平成27）年から会津まで拡張している。生涯学習センターは，講座企画，運営支援や助言，講師との連絡など全体的なコーディネーターの役割を担っているが，まさしくこれは生涯学習センターが人と人，人と課題，諸機関と人などをつなぐ接続拠点機能を発揮しているといえよう。

学びを共に創る，拡げる
　32年の開放講座事業史を持つ生涯学習センターは，「学びの共創」を目指す段階になっている。具体的には受講生や学生との競争と他機関と共創である。前者は，活動テーマを設定し，それをコアにして受講生や学生に講座開発や講師担当までかかわってもらうことである。個々の学びを活かし，他者の学習ニーズのために講座開発に参画するということは，多面的な学びの循環を創出することになる。後者は，地域における先駆的な成人教育実践機関として，多くの教育機関や自治体などとネットワークを強化し，それぞれの目的や課題にそった学習プログラムを共創していくことである。
　より強固で多様性を包含した生涯学習社会を構築するためには，学習成果をいかに活用していくかという視点は，個人レベルでも各種機関レベルにおいても不可欠である。各自が今までに培ってきた学びや経験を他者へ活かすための共創的ネットワークは，これからさらに重視されるべき存在となろう。
　大学開放とは，講師派遣や開放講座にとどまることではない。生涯学習センターの有する集積された成功事例・失敗事例もノウハウも知的財産であり，資源である。現在，ジュニア層とシニア層，特に80歳から90歳の受講生が増加傾向にある。答えのない課題に対して主体的にかかわる力や複眼的思考力が求められるグローバル時代では，新たな学び方が必要となる。ジュニア層に人気のある英語講座や作文講座などは，その必要性が拡がりつつある兆しかもしれない。また，シニア層に目を向けると，学び直しや再チャレンジが浸透しつつある。「かねてから夢だった海外旅行に挑戦したい。もっともやさしい語学講座

はどれか」という80歳の方が先日当センターの窓口に姿をみせたのは，近い将来の我が国の学習社会の様相であろう。

　求められる知識が目まぐるしく変化するとともに高齢化が進む今日において，どのような学習ニーズがあるのか。いかなる学習支援の方法があるのか。生涯学習センターは，創立者聖マルグリットの思想に学び，東日本大震災という経験に学び，福島という地に学び，人々と"共にある"学習拠点であり続けていくことが求められる。

注
(1)　学校法人コングレガシオン・ド・ノートルダムは，他にもマルガリタ幼稚園（東京都調布市），明治学園小学校・中学校・高等学校（福岡県北九州市）を運営している。
(2)　CONGRÉGATION DE NOTRE-DAME（「私たちの貴婦人＜聖母マリア＞の修道会」）。カナダのモントリオールを本拠としている。
(3)　「桜の聖母短期大学生涯学習体系への移行について」1991年3月25日。
(4)　香川正弘・高祖敏明「桜の聖母短期大学生涯学習センター設置構想」桜の聖母短期大学生涯教育調査研究委員会，1991年，18頁。
(5)　財団法人大学基準協会特色ある大学教育支援プログラム実施委員会「審査結果について」大基特プ委13号，2003年9月18日付。
(6)　桜の聖母短期大学「平成15年度『特色ある大学教育支援プログラム』申請書（様式）」2003年，3頁。
(7)　香川正弘・宮坂広作『生涯学習の創造』ミネルヴァ書房，1994年，14頁。
(8)　公開講座に関する書籍が多い瀬沼は，「年間の講座数150，受講者数1500人という実績を出している短大は，わが国には存在しない」と当センターを評価している（瀬沼克彰「二十五周年を迎えた桜の聖母短期大学の公開講座」『第二ステージの大学の公開講座』学文社，2009年，192頁）。
(9)　社会学者である開沼博は「福島問題への絡みにくさ」といった壁の正体を①福島問題の政治化，②福島問題のステレオタイプおよびスティグマ化，③福島問題の科学化としてまとめている（開沼博『はじめての福島学』イースト・プレス，2015年，6-12頁）。
(10)　2015年12月28日現在の福島県発表によれば，福島県の震災関連死の死者数は

⑾　emotion-focused coping といわれるもので，状況に対しその人の捉え方を変化させること。
⑿　認定証は希望者のみ（認定料は3150円）。全5回の講座のうち4回出席で認定。3年間の平均認定者率は68.8％に上る。
⒀　鷲田清一『しんがりの思想——反リーダーシップ論』角川新書，2015年，32-33頁。
⒁　2014年11月に桜の聖母短期大学，会津若松市福祉協議会，あいづ小さな風の会（電話による傾聴ボランティア団体）との連携事業に関する協定が締結された。

参考文献
小野元之・香川正弘編著『広がる学び開かれる大学』ミネルヴァ書房，1998年。
上野正治「新しい使徒活動の領域としての生涯学習——桜の聖母短期大学における取り組み」『人間学研究所所報』9，桜の聖母短期大学人間学研究所，2001年，1-10頁。
上野正治「人びとと共にあり共に生きる——桜の聖母生涯学習センターで学ぶ人びと」『人間学研究所所報』10，桜の聖母短期大学人間学研究所，2003年，39-47頁。
香川正弘「大学開放講座の役割とこれからの生涯学習事業」『人間学研究所所報』11，桜の聖母短期大学人間学研究所，2004年，65-69頁。
『桜の聖母短期大学創立50周年記念誌　語り継ぐ心の遺産1955～2004』桜の聖母短期大学同窓会，2004年。
上野正治「大学と社会をむすぶ公開講座　シンポジウム——地方型短大の視点から」『人間学研究所所報』12，桜の聖母短期大学人間学研究所，2005年，18-26頁。
三瓶千香子「3.11東日本大震災と生涯学習——心をつなぐ生涯学習センター」『人間学研究所所報』17，桜の聖母短期大学人間学研究所，2012年，1-8頁。
三瓶千香子「傾聴ボランティアを福島『福幸』につなぐ」『UEJジャーナル』18，2012年。
三瓶千香子「『地元の声を聞いて大学は何ができるか』への回答——ふくしま再生シンポジウムの参加報告として」『人間学研究所所報』18，桜の聖母短期大学人間学研究所，2014年，33-47頁。

出相泰裕『大学開放論　センター・オブ・コミュニティ（COC）としての大学』大学教育出版，2014年。

三瓶千香子「地域の未来を創る『福島復興講座』と『傾聴ボランティア養成講座』——桜の聖母生涯学習センター3年間（2012年度〜2014年度）の取り組み」『人間学研究所所報』20，桜の聖母短期大学人間学研究所，2015年，1-19頁。

三瓶千香子「地方創生のコアとしての『傾聴ボランティア養成講座』——福島の課題ニーズに応える取り組みの事例として」『UEJジャーナル』8，2015年。

第12章

メディアを利用した大学教育の開放
―――放送大学―――

岩永雅也

1 放送大学の開学と時代背景

開学までの道のり

　放送大学の開学は，文部省の放送大学準備調査会による大学設立に関する報告書の提出（1970年）という計画の事実上の出発から実に13年目の1983（昭和58）年のことであった。放送を用いた公開大学の嚆矢であるイギリスのOpen University（以下，UKOU）の場合，その立案にあたった労働党から開学直前に政権が保守党へと交代したにもかかわらず，6年間（1963～69年）で開学にこぎつけたのと比べ，発案から開学までに2倍以上の準備期間を要したことになる。しかもUKOUが当初から国内の全地域の学生を受け入れていたのに対し，日本の放送大学の場合は開学後15年間にわたり，首都圏を中心とした一地域に開かれているのみであったことを考え合わせれば，彼我の差の持つ意味はさらに大きいといわざるをえない。放送大学が開講までにUKOUに倍する準備期間を要した背景には，いくつかの重要な要因を指摘しうる。それは第一に，立案時の両国の高等教育需給をめぐる社会的状況の差異，第二に，そうした社会状況から帰結する，利害諸集団，諸組織の意志統一の困難さの差異，そして第三に，放送大学立案時の大学をめぐる政治状況の差異である。

　まず，第一の高等教育需給をめぐる社会的状況の差異についてみてみよう。UKOUが，いまだ野にあった労働党党首ウィルソン（H. Wilson）によって公約として発案されたのは，彼の党が政権を握る直前の1963年のグラスゴー演説においてであった。翌1964年に政権の座につくと，労働党政府は直ちにその実

現に向けての審議を始めたが，そのころイギリスにおける高等教育機関在学率は，ポリテクニク等の非ユニヴァーシティ・タイプ（職業教育タイプ）の高等教育機関を含めても，10.7％（18〜22歳コーホート）に過ぎなかった。[1]

一方，日本の放送大学が発案されたのは1970年前後のことであったが，その当時の日本における高等教育機関在学率の指標は，専門学校（専修学校）等を除く正規の四年制大学だけでもすでに16.2％，短大を含めれば25％前後に達していたのである。[2] つまり，UKOU立案当時のイギリスの高等教育需要は全体に低水準で，新たなタイプ（つまり公開遠隔教育タイプ）の高等教育需要を開拓する余地を多分に持っていたと思われるのに対し，放送大学立案時の日本では，そうした余地が十分になかったと考えることができるのである。

そのような社会的背景の差異は，要因の第二に挙げた利害諸集団の統合に影響を与えずにはおかなかった。つまりイギリスでは，低位の大学進学率を背景に，伝統的な大学教育のより広汎な普及ということを統一目標として諸勢力を糾合することが比較的容易であったのに対し，日本の場合には，すでにマス段階に入った高等教育システムの内部にさらに新しい機関を創設することへの社会的意味付けが困難であり，既存の伝統的大学や通信制大学，民間の文化・教育機関，あるいは放送による市民向け高等教育講座を提供している放送局等々，放送大学と顧客をめぐって競合する可能性のある既存の多様な高等教育諸機関との間の調整も難しいという事情があったのである。事実，放送大学の設置にかかわる法律である「放送大学学園法」が国会で審議されている間，そうした競合団体からかけられた圧力は非常に大きいものがあり，そういった軋轢が大学の成立を遅らせた重大な要因の一つとなっていたことは否定できない。[3]

それらのうちもっとも多くの時間が割かれたものに，日本放送協会（以下，NHK）との関係の調整があった。国庫補助にも広告収入にも頼らず，唯一の有料放送局として独自の歴史を持つNHKが，競合する領域での新たな（視聴だけであれば）無料の「国営放送局」ができることに異議を唱えたのは，ある意味では当然の成行きといってよいだろう。加えてNHKが当初（1969年から70年にかけて），政府による放送大学の構想と並行して「NHK放送市民大学」を独自に企画し，新たな周波数帯の割当てを希望していたことも，事態を一層

第12章　メディアを利用した大学教育の開放

複雑にしていた。⁽⁴⁾

　イギリスの場合，UKOU も，University of the Air つまり「放送の大学」と名づけられていた立案の初期の段階では，未使用周波数帯であった第4チャンネルをフルに利用し，放送を主とした大学として企画されていた。しかし，主に財政上の理由から，既存の国営BBC第2チャンネルの，一般番組のない早朝（休日のみ午前中）に，25分単位の放送教材を組み込むことになった。⁽⁵⁾ それによって，放送による大学教育を含意していた当初の名称は破棄され，放送の比率を大幅に低下させた公開（open）大学として出発したのであるが，むしろそうした妥協がBBCとの間の障害を取り払い，UKOUの発足を容易にする一因となったことは否めない事実である。

　一方，日本の放送大学の場合は，15万人強の学生を擁していた私立大学通信教育協会との調整にも多くの時間と労苦が費やされた。⁽⁶⁾ 調整にあたっては種々の妥協や提案が行なわれたが，それらのうちもっとも重要と思われるのは，放送大学に専門的資格とりわけ教員資格につながるコースを提供できない，という制約を課したことであろう。それにより放送大学の教養指向型の（つまり研究指向型でも労働市場指向型でもない）教育機関としての性格がはっきりと決められたといっても，決して過言ではない。このことが，後で見るような放送大学生の属性，動機，意識等を基本的に規定する遠因となってきたと考えられるのである。

　第三の政治的背景の差異については，両国の大学立案時の政治状況をみておく必要があろう。イギリスの場合，1950年代から60年代にかけては，保守党と労働党の二大政党が拮抗し，その両党がいずれも自らの選挙母体にアピールするような企画を競って出し合った時期であった。その時期に野党労働党の党首であった前出ウィルソンのグラスゴー演説で，放送による公開大学の発案がなされたのである。労働党の選挙母体は労働者層とインテリゲンチャーであったが，そうした層に好意的に受容される企画として，労働党政権下でのUKOUの具体化が比較的円滑に進んだのである。さらに好都合であったのは，実は保守党政権の下でもほぼ同じ時期に，大学というより大学予備門的な College of the Air の構想が検討されており，⁽⁷⁾ それがその後UKOUの開講直前に再び保

169

守党が政権に返り咲いた時点で，UKOUを受容する下地になったことである。

　それに対して，日本の放送大学の起案時期であった1960年代後半は，自民党の長期安定政権がようやく軌道に乗り始めた時期であった。そうした政治情勢のもとでは，選挙民である大衆にアピールするような人気政策を案出するよりも，種々の社会システムに対するコントロールを強化する方が重要な課題とされた。教育の分野では，当時全国のキャンパスを舞台としてわき起こった大学紛争と，それに対する「大学の運営に関する臨時措置法」の制定が象徴的なできごとであった。自民党政権は，紛争の広がりに危機感を抱き，紛争のない新しいタイプの大学の創設を模索していたのである。

　そうした中で1969（昭和44）年7月，自民党は「モデル大学懇談会」（のちに「新構想大学懇談会」と改称）を発足させ，早くもその1か月後には大綱がまとめられた。そのなかには，東京教育大学の筑波大学への改組をはじめ放送大学の構想も盛り込まれており，それが起点となって，放送大学構想も実現へ向け急展開をみたのである。そうした動きの根底に「キャンパスがなければストも封鎖も起こるまい」という素朴な発想があったことは間違いのないところである。「モデル大学懇談会」の，つまり自民党の当初の発想は，大学統制の一環として，新規高卒者を中心とした従来の高等教育需要者層を紛争のない大学へと導くというものであり，そこでは生涯教育あるいは生涯学習の概念はまだそれほど重要視されていなかったといってよい。

生涯学習機関としての性格

　生涯教育もしくは生涯学習の概念が，はっきりと放送大学設立にあたっての大きな柱になったのは，1974（昭和49）年の文部省による「放送大学（仮称）の基本構想」の公表から1981（昭和56）年の放送大学学園法制定にかけての時期であった。「放送大学（仮称）の基本構想」においては，次のような基本的な考え方が示された（一部略記，下線は筆者）。

　　ア．勤労学生や社会人に対する高等教育の機会賦与への要請に応え……高等教育進学希望者に対しても新しい就学の形態を提供するものであること。
　　イ．正規の大学として構想されるものであること。

ウ．幅の広い学問体系を身につけさせる大学を目標……とすること。
エ．テレビ，ラジオ，テキストと，地方ごとに設ける学習のためのセンターにおけるガイダンス，演習，実験等が一体となった教育を行うものであること。
オ．既存の大学（特に大学通信教育）と密接に連携し……補い合って機能すること。

　ここでは，以後現在まで続く放送大学の生涯学習機関・遠隔高等教育機関としての性格が明確に定められているが，概念としての生涯教育あるいは生涯学習は，まだ明確に示されてはいない。しかし，1981年になると，放送大学学園法審議の際の参議院文教委員会での法案に対する附帯決議に，初めて明確な「生涯学習機会の拡充」という概念が登場した。これは，一つには生涯教育という考え方の大きな世界的潮流に乗ったという背景による。事実，ちょうど同じ時期に，中教審も生涯教育に関する答申を提出している。しかし，より重要なのは，長い準備期間に行なわれた実質的な検討を通じて，日本のような教育需要の構造を持つ社会では主要なターゲットとして成人層を据えざるをえないということが次第に明確になってきたことであろう。つまり日本の放送大学は，その発足以前の諸状況から，既存の伝統的な大学同様の新規高卒者へのアカデミックな高等教育コースの提供と，成人学習者への一般教養的なコースの提供という，ある意味では相矛盾する機能を併有する教育機関となることを運命づけられていた，といっても決して過言ではない。そうした創立以前の意味付けが，放送大学の性格の曖昧さに，そして後でみるように，そこに集まる学生の意識の多様性にもつながっている，といえるのである。

設立の目的

　上述のように，現実の問題として成人学習者をターゲットの中心に据えなければならず，しかも既存の成人教育機関にも配慮せざるをえず，さらに新構想大学としての機能をも期待された日本の放送大学では，開学に当たっての教育目標も，自ずとそうした背景を反映したものとならざるをえなかった。創設の時点での放送大学の設立の目的は，次のようにまとめられている。

図12-1 放送大学学部入学者数・在学者数の推移

出所：放送大学学園『放送大学30年史』2015年，138頁。

① 生涯教育機関として，広く社会人や家庭婦人に大学教育の機会を提供する。

② 新しい高等教育システムとして，今後の高等学校卒業者に対し，柔軟かつ流動的な大学進学の機会を保障する。

③ 広く大学関係者の協力を結集する教育機関として，既存の大学との連携協力を深め，最新の研究成果と教育技術を活用した新時代の大学教育を行なうとともに，他大学との交流を深め，単位互換の推進，放送教材活用の普及等により，わが国大学教育の改善に資する。

そのうえで，それらの目的のために放送等を効果的に利用することが謳われている。企画段階の設立目的に比べて生涯教育機関としての位置付けが強調され，大学教育の専門教育としての側面が明示されていない点で特徴的である。放送大学以外の各国の公開遠隔大学の中には，これほど明瞭に成人教育・生涯教育への傾斜を謳った趣旨を掲げる大学の例はほとんどない。[12]

以上のような検討をもとにわが国の放送大学のミッションをまとめると，「生涯教育・高等教養教育・既存高等教育システムの改善・遠隔多媒体教育」ということになり，先にみてきたような立案時の利害の錯綜した状況をよく反

映した構成になっていることがわかる。こうした，十分に調整されつくしたとはいえない多元的な社会的位置づけこそが，放送大学の現在の教育システムとカリキュラムを決定し，放送大学生の集団特性と意識を根底で規定し，さらに教授方法のあり方までも左右する最大の要因になっていると考えられる。

　こうした理念のもとに教育活動を開始した放送大学の学部在学生数（選科生，科目生を含む）の推移を示したものが図12-1である。全国化が進んだ2001（平成13）年度までは直線的に増加し，その後現在まで，ほぼ8万人前後でやや停滞的に推移していることがわかる。

2　メディア利用による大学開放

遠隔教育の種類

　現在，世界には数万の遠隔教育手段を持つ高等教育機関が存在する。一般の大学であっても，その多くが通学制ではない通信教育セクションやエクステンション部門を持っているからである。しかし，そのうち遠隔高等教育に特化して設立され運営されている大学は，現在おそらく30〜40校前後であろうと思われる。これらはほとんど，1972年のUKOU開学以降に創設された，多少ともUKOUをモデルとした大学群である。ランブル（G. Rumble）らは，1980年代初期の時点で，これらの大学群を，その利用するメディア等で整理・分類している。それによれば，どの公開大学も，①印刷教材を中心とした自習用教材，②面接授業，電話指導などの同時双方向性を持つ指導，③テレビ，ラジオによる講義，④ビデオ，オーディオ・テープなどの随時映像・音声メディア，の4つの要素のいずれかを，形状はどうあれ備えているとされる。そしてそのそれぞれの要素への重心の置き方によって，各大学は，①印刷教材中心の教育機関，②通信手段を用いた対面指導中心の教育機関，③放送中心の教育機関，④ビデオ・テープ，オーディオ・テープなどの利用が中心の教育機関に分類されている。しかし，ランブルらが想定していなかったようなインターネットを中心とした ICT の教育への利用が急速に進展した現在，④の各デバイスはオフライン（off-line）系による教育機関と捉え直され，そのうえで，⑤インターネット

利用を中心に据えたオンライン（on-line）コースによる教育機関という新たなカテゴリーを立てることができるようになった。しかも現在，その⑤のタイプがより重要な遠隔高等教育の一部分としてクローズアップされるに至っている。創設以来③のタイプの代表的な教育機関とみなされ，名称にもその特性が端的に示されていると考えられてきた放送大学も，そうした⑤の要素の採用に積極的な姿勢をみせ始めていることには注目してよいだろう。

放送中心の教育機関

現在，日本の放送大学では，面接授業を除くほとんどすべての講義を，毎日早朝（午前6時）から深夜（午前0時）までの18時間にわたり，大学の運営母体である放送大学学園が保有する専用の放送局を通じて提供している。そのことは，世界各地の公開大学の大半が，講義の一部のみに放送を利用したり，あるいは全く放送を利用していなかったりすることとの比較において，放送大学の第一の大きな特徴となっている。各国の公開大学の基本モデルとなったUKOUでは，開学当初，国営放送であるBBC放送を通じてのテレビによる教育は全体の5％に抑えられていた（ラジオを加えても10％であった）。それ以外の教材は，印刷教材は65％，面接授業とチュータリングが15％，実験，試験等が10％であった。その後，2006年12月になって，UKOUは放送授業を一切放棄し，授業のかなりの部分をオンライン講義とDVDやCD-ROM等のオフライン媒体に移行している。教育手段としての放送の放棄というUKOUにおける決定の影響は直ちに世界の各公開大学に及んだが，日本の放送大学はその後も基本的に③のシステムを採り続けている。その点で，世界の公開大学の中でもユニークな存在であるといえる。もっとも，その放送大学にあっても，放送授業以外に，面接授業と印刷教材による指導，そしてごく最近では双方向性のあるオンライン授業の数も増えているため，正確には，③を基本としそれに①，②，④，⑤の要素を補助的に付加したメディアミックスの，あるいはブレンディッド・ラーニングによる教育機関として機能しているということができるだろう。

成人教育機関としての放送大学

　日本の放送大学の第二の特徴は，特定の専門的職業資格（教員資格を含む）との結びつきが弱く，一般教養中心のカリキュラムを提供する成人教育機関としての性格を色濃く持っているということである。放送大学は，前節でもみたように，「社会人や家庭婦人に大学教育の機会を提供する」というミッション（教育的使命）を設立の趣旨・目的の第一に掲げ，成人教育機関としての性格を強く打ち出している。実際，世界各地の遠隔高等教育関係者の日本の放送大学に対する主たる関心の多くは，放送授業やオンライン講義等の形態上の特徴に向けられるのではなく，すでに高水準の高等教育進学率を達成し，また専門的職業資格につながる通信制大学教育も定着している日本で，こうした一般教養中心の成人教育機関がどのように受け入れられているか，という社会的側面により多く向けられているのである。[18]

　しかし一方で，同じ設立の趣旨・目的の第二番目に，今後の高等学校卒業者に対する大学進学機会の保障ということも謳われており，単なる生涯学習機会，成人教育機関というにとどまらない，より多様な教育機関としての側面も期待されている。また，限定的ではあるが，部分的には臨床心理士資格や学芸員資格，看護師資格，司書教諭資格などの専門的職業資格と関連する科目も提供されている。そのような教育目的とそれらのコースを履修する学生の多様性が，放送大学の第三の特徴であるといえる。このことは，例えばUKOUの設立を勅許した1969年のRoyal Charterが，「放送等の手段による大学教育あるいは専門的職業教育にふさわしい水準の教育の発展と普及」を設立の中心に据えていたことと比べても対照的である。[19] こうした放送大学のミッションの多様性こそが，実際に入学してきた学生層とカリキュラムの多様性，そして求められる遠隔教育メディアの多様性を，根底で導出していると考えられるのである。

3　大学院教育の開放

大学院の開設

　放送大学において通信手段を用いた大学院レベルの教育を行うことについては，例えば，1970（昭和45）年7月の放送大学準備調査会報告でも「週日の午後の一部の時間帯および日曜は大学院レベルの番組の放送を行なう。」とされていたように，開学以前のかなり早い時期から将来達成すべき課題として挙げられていた。しかし，文部省や初期の放送大学関係者にとって，当面はまず教養学部の開設，円滑な学生受入れや教材作成，次いで全国化の推進等の課題に全力で取り組むことが何より急務であり，大学院設置については将来の課題として検討を要する事柄である，というのが共通した態度であった。生涯学習機関としての放送大学に研究者や高度専門職業人を養成するプログラムはそぐわないという「世論」も少なくなかったのである。

　しかし，1997（平成9）年12月の大学審議会答申「通信制の大学院について」において通信制大学院の制度化が提言されたことにより，状況は大きく変化した。その提言を受け，文部省では翌年3月，大学院設置基準および大学通信教育設置基準等の改正を行って通信制大学院の制度を創設し，同年4月から設置認可の申請を受け付けることとした。このような流れの中で，放送大学は，「社会人が休職，離職することなく，優れた教材によって高度な学習を行える大学院を開設するのは，開かれた大学としての放送大学の責務」として大学院開設を目指すこととなった。1999（平成11）年6月の生涯学習審議会答申「学習の成果を幅広く生かす――生涯学習の成果を生かすための方策について」においても，「放送大学の拡充」として，「高度な職業人養成や社会人の再教育を主たる目的とする等，社会的要請に対応した魅力ある大学院を目指すことが望まれる。」と指摘されるなど，社会の状況も放送大学大学院開設構想を後押しするようになっていたのである。そして，早くも翌年の2000（平成12）年12月，放送大学大学院の設置は文部大臣によって認可され，2001（平成13）年4月開設，翌年度1学期より学生受入れ，入学定員は修士全科生500名（収容定員1000

名), 修士科目生1万名という具体的計画が決定した。

入学者選考の実施

ところで,「いつでも, どこでも, 誰でも学べる大学」を標榜している放送大学は, 開学以来, 学部レベルでの入学者選考（試験による選抜）を行わないことを特色の一つとしてきた。しかし, 修士の学位取得を目指す大学院修士全科生については, 学生の質を確保するため, 海外の遠隔教育大学等の例に倣い, 初めての入学者選考を実施することとした。また, 入学者選考にあたっては, 自己学習力と向学心を持つ者を対象に, 経歴・業績に加え, 社会的経験等を考慮した多面的な評価により選考することとした。選考は, 2段階で行うこととし, 第1次選考は, 研究計画書, 志望理由書等による書類審査, 第2次選考は, 第1次選考合格者に対して, 小論文試験, 面接試問を課すこととした。

試験には計4057名の出願があり, 募集人員に対する倍率は8.1倍という非常に高いものとなった。特に, 臨床心理プログラムについては, 40名の募集人員に対して応募者2256名と56.3倍にもなった。2001年11月, 第2次選考の結果として最終合格者577名を決定した。最終倍率は7.0倍であった。

大学院修士課程の学習システムおよび教務スケジュールは, 学部とほぼ同様であり, 15週（章）の放送授業・印刷教材の自宅学習, そして学期途中での通信指導の合格により学期末の単位認定試験の受験資格を付与し, その単位認定試験に合格した者に所定の単位を認定することとされた。2002（平成14）年度第1学期の履修状況は, 単位認定試験の受験率が89.9％, 受験者に対する合格率が85.5％と, 学部に比べて相当高い数値となった。なお, 修士全科生については, 研究指導の履修, 修士論文等の提出が義務づけられた。

第1期の修士は2004（平成16）年3月に誕生した。翌年3月には年刊の学生論文集 *Open Forum* が創刊され, 優れた修士論文がその中に選ばれて抄録されることとなった。

大学院博士後期課程の設置

さらに, 2013（平成25）年10月, 放送大学は, 1研究科, 1専攻, 5プログ

第Ⅲ部　地域を基盤とした大学開放

図12-2　放送大学大学院修士在学者数の推移

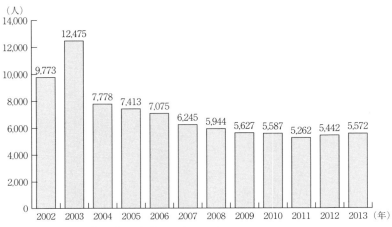

出所：放送大学学園『放送大学30年史』2015年，148頁。

ラム（「生活健康科学」，「人間科学」，「社会経営科学」，「人文学」，「自然科学」）からなる大学院博士後期課程を設置した。全プログラムで入学定員は10名，収容定員は30名である。博士後期課程の設置は，生涯学習機関としてはもちろん，教養教育を標榜する通信制大学としても国内初のケースであって，それだけに社会的期待も大きかった。第1期生に関しては，全10名の募集に対し350名の応募があり，二次にわたる試験の結果，12名が合格して入学を果たした。最終倍率は，実に29.2倍に達した。

図12-2は，放送大学大学院修士課程開設以降の大学院学生数（選科生，科目生含む）の推移を示したものである。当初は，専修教員免許の取得に関する特例措置が講じられたため，修士選科生，修士科目生が1万名あまり入学したものの，その終了後は修士全科生定員の500名に6000名前後の修士選科生，修士科目生が在籍するという形で推移している。学部同様，大学院においても量的にはやや停滞的であるといえる。

4　知の拠点としての放送大学

　開学から30年余りを経た現在，放送大学は日本で唯一の公開遠隔大学として，また最大規模の生涯学習機関として，ユニークな教育活動を続けている。とりわけ，成人あるいは社会人を対象とした高等レベルの教育に関しては，質量ともに他の追随を許さない体系的な活動を行っている。そのうえで，単に成人学習者に種々の教材を提供し続けているというだけにとどまらず，体系的な「知」のコンテンツを教養として蓄積し，さまざまな形で社会に発信する，いわば「知の拠点」としての機能もきわめて重要視している。そのことは，ホームページ等で公表される「放送大学のポリシー」にも，次のように示されているところである[20]。

＜放送大学の理念と目標＞
　放送大学は，教養教育を生涯教育として行うことを目的とする公開遠隔教育型大学である。本学は，現代社会のニーズに応える教育の新たな体系の構築を通じて，生涯学習社会のさらなる発展に貢献する。教育の情報化にも積極的に取り組み，テレビ・ラジオ・インターネット等のメディアを活用していつでもどこでも学ぶことのできる高等教育機会を提供することに努める。メディアを活用した本学の授業科目は，さまざまな高等教育機関においてもカリキュラムの充実を目的として利用することができる。

　また，学部課程の教育に関しては，次のような理念が示されている[21]。
＜学部課程の教育目標＞
　教養学部学士課程では，大学学部教育に対する多様なニーズをもつ社会人が，人間・社会・自然の各分野に関わる知的好奇心および生涯学び続ける意欲と主体性をより高めるための卓越した高等教育を提供し，豊かな教養を身に付けた社会人になることを支援する。さらに，人生のさまざまな場面で遭遇する多様な課題の解決に資する複眼的な視点と専門的知識・技能を獲得するための基礎的能力を涵養し，職能あるいは資格の取得を支援する。

　こうした理念や目標を見れば，放送大学が単に成人や社会人個人の学習ニー

ズに応じて教育を提供するというだけでなく,生涯教育・生涯学習という活動を通じて,彼らの暮らす家庭,地域共同体,職場,そして社会全体の「知」のあり方に積極的にかかわっていくという強い意志を持つことが理解できるのである。もちろん,さまざまな制約や経済的,社会的環境により,現在のところその理念・目的が十全に達成できているとは必ずしも言えない。とりわけ量的な側面でのパフォーマンスが高くないことは事実である。しかし,日本で唯一の教養教育を掲げた公開遠隔大学として,そうした理念の実現に向けて少しずつではあれ,前進していることもまた否定できない。

注

(1) CERI, *Towards Mass Higher Education*, OECD 1974, p.24.
(2) *Ibid*.
(3) 放送大学学園『放送大学30年史』2015年,52-53頁。
(4) 放送大学学園『基礎資料集』1988年,23-24頁。
(5) ペリー,W./西本三十二訳『オープン・ユニヴァーシティー』創元社,1977年,35-37頁。
(6) 放送大学学園『基礎資料集』1988年,30-32頁を参照。
(7) ペリー,前掲書,27頁。
(8) 放送大学学園『基礎資料集』1988年,51頁。
(9) 放送大学構想の直接の出発点となったのは,自民党主流派にあって大学立法推進の中心にいた橋本登美三郎の「放送大学に関する私見」(1969年10月)であった。放送大学の構想が,まず大学統制派の私見から始まったことは,それ以後の放送大学構想の具体化過程を見る上で忘れてはならない重要な要素である(山崎政人『自民党と教育政策』岩波書店,1986年,90頁)。
(10) 放送大学学園『基礎資料集』1990年,20頁。
(11) 放送大学学園『放送大学学園要覧』1988年,4頁。
(12) 放送大学・放送教育開発センター『AAOU研究集会報告書』1987年。
(13) 世界の公開大学についての詳細は第5章で見ていく。
(14) Rumble, G., and Harry Keith (eds)., *The Distance Teaching Universities*, Groom Helm, 1982, p.214.
(15) *Ibid*,また,富崎哲「世界の放送大学に見る放送と教育」『放送研究と調査』

1986年3月,28-30頁。
(16)　ペリー，前掲書，58頁。
(17)　Richards, Huw, "Goodbye to kipper ties and sideburns", *The Times Higher Education*, 15 December 2006.
(18)　CERI, *Adult in Higher Education*, OECD 1987, p.66.
(19)　UKOU, *An Introduction to the Open University*, 1981, pp.3-4.
(20)　放送大学「放送大学のポリシー」(http://www.ouj.ac.jp/)［2016/04/05］。
(21)　同上。

第13章

双方向的教育実践から地域学を進める大学開放
——志學館大学——

岩橋恵子

　今日の大学には，研究や教育と並んで，第三の役割ともいうべき大学開放による「地域貢献」が求められるといわれる。そしてこの流れを受け，志學館大学においては，1999（平成11）年11月に大学創立20周年記念事業の一環として，生涯学習センターを設置した。

　こうした大学開放のための専門的機関を大学において設置したのは，鹿児島県においては志學館大学が最初であった。地方の小規模大学の兼任教職員のみによる運営とはいえ，そうした先導的試みが行われたのは，単に上記のような流れを受けたということにとどまらず，次のようないくつかの条件があったからであると考えられる。第一に当時の学長が，大学開放の土壌を歴史的に形成してきた琉球大学での経験から，その意義を熟知していたこと，第二に地域での社会教育・生涯学習の業務に携わった経験を持った職員や，それらの領域を専門とする研究者が複数人いたこと，第三に，おそらくこれがもっとも大きな要因であると考えられるが，鹿児島女子大学として1979（昭和54）年に姶良郡隼人町（現霧島市隼人町）に開学したときから，「地域に開かれた大学」「地域に根ざす大学」という創立理念を掲げてきたことがある。大学創設の翌年には，隼人町教育委員会と共同で「隼人町成人大学」を実施し，120名の市民の参加を得ており，大学が地域の人々に受け入れられる大きな一歩となった。以来，毎年，地域市民に向けた公開講座を実施してきたのである。その意味で，生涯学習センターの設置は，決して一過性の方針でなされたのではなく，大学のあり方を地域との関連で問いつつ追求しようとする創設以来の志學館大学の基本理念の上に築かれたものであったといってよいであろう。

　本章では，そうした蓄積の上にたちつつ生涯学習センターが，大学開放を通

して大学と地域の関係をどのように追求し,何を構築しようとしてきたのかを,センター開設以来継続的に取り組んでいる「隼人学(地域学)」を通して紹介したい。

1　「隼人学」講座の立ち上げ

従来の公開講座の停滞と課題の追求

　生涯学習センターが発足してまもなく初年度の事業計画の検討に入った。だがどのように進めていくのかについては手探りの状態であった。というのは,当時毎年開いていた公開講座(5回講座)が,かつては100名以上だった受講者が年々減少し,センター設置の前年に行った公開講座では,30名足らずという状況になっていたからである。したがって,新しい事業計画づくりは,まず公開講座の受講者減少の要因を探ることから始まった。

　その際に仮説的に考えていたのは,公開講座のテーマと地域の学習ニーズとのミスマッチということのみならず,地元教育委員会の企画とのバッティング(3)があるのではないかということであった。とりわけ隼人町教育委員会は,「生涯学習のまち」として政策的に早くから住民の生涯学習に力を入れてきた地域であるので,類似的な学習企画があり志學館大学公開講座の受講者が減少しているのではないかと推測したのである。そこでまず行ったのは,地元教育委員会の生涯学習プログラムや講座の状況の聞き取り調査であった。だが,そこで明らかになったのは,推測とは異なる意外な結果であった。

隼人町教育委員会との課題の共有から連携へ

　当時隼人町教育委員会は,「公民館講座」,「生涯学習大学」などを実施していた。公民館講座プログラムは,舞踊,料理,絵画などといった趣味教養的なものが中心であり,生涯学習大学講座は産業社会に関するものを主とした多岐にわたる内容であった。したがって大学公開講座とのバッティングが考えられるのは,この生涯学習大学講座であった。だが,文系の特徴を生かした各年度のテーマに基づく大学公開講座の内容と重なるものではなく,仮説的に考えて

いた「教育委員会の企画とのバッティング」ということは全くないといってよかった。しかも，聞き取り調査の中でわかったのは，教育委員会もまた生涯学習大学の内容がマンネリ化し，受講者が減少しているという共通の課題を抱えていたということであった。そして，その大きな要因の一つが生涯学習を多く積み重ねてきた住民のニーズの高度化に応えられていないことがあると考え，この生涯学習大学を文字通り「大学」に値する内実にするための計画を模索している段階にあることがわかった。他方，志學館大学生涯学習センターは，地域の学習ニーズがどこにあるのか，その把握のための接点を求めていた。したがって，地域と大学との関係づくりが両機関にとって不可欠であるという課題認識が共有されていったことは必然的なことであった。

　こうして，地域とのより密接なつながりを求めていた志學館大学生涯学習センターと，大学と呼ぶにふさわしい内実を求めていた隼人町教育委員会の連携講座企画案がもちあがることになった。そしてその講座名は「ニューライフカレッジ志學」とすることが話し合われた。

ニューライフカレッジ志學「隼人学」地域連携講座の誕生

　「ニューライフカレッジ」という用語に込めた思いは，教育委員会と大学とでは違った要素や意図があったように思う。教育委員会としては，従来の「生涯学習大学」に，大学との連携により「カレッジ」の用語を使うことでリニューアルするといった意味合いがあったと思う。そして「ニューライフ」には，かつて生活改善のために社会教育活動として展開された新生活運動も，そのイメージの中にあったように思われる。他方，大学としては，大学と地域とのかかわりをどう考え，どう創っていくかということを専ら考えていたように思う。つまり「ニューライフ」という用語には，大学の教育・研究を地域社会に開放する単なる公開講座ということにとどまらない，地域の人々の生活や暮らしに根ざした新しい学びの場にしようという意図を込めた。また「カレッジ」には，大学のこれからのあり方をこの活動を通して示したいというもう一つの意図があった。換言すれば，大学が地域社会やそこに暮らす人々とどう向き合い，どうかかわっていけるのか，そもそも大学の教育・研究が地域づくりに役立ち

うるのか，役立つとすれば，大学や大学人はどうあればよいのかなどを問うことによって，新たな大学づくりの展望を切り拓いていきたいという，いわば生涯学習センターの設立の動機と直結する問題意識の反映であった。

　こうしたそれぞれの意図から講座名は比較的早く決まったが，テーマについては必ずしもスムーズには進まなかった。大学の講義を市民に開放するなどの方法で，大学の教養程度の内容さえ確保されれば，テーマは特に必要ではないのではないかという意見もあった。これは，「ニューライフカレッジ志學」を決定する前に，すでに教育委員会では生涯学習大学のプログラムの一部が決まっていたので，それをそのまま前期プログラムとして教育委員会が行い，後期プログラムと切り離そうというものであった。だが，最終的には，前期プログラムの最終テーマ「エネルギーと環境を考える」の内容を踏まえ，後期プログラムは「環境に学ぶまちづくり」をテーマに，志學館大学生涯学習センターが担当することになった。これは，受講者数においてはそれほどの増加をみたわけではなかったが，内容的に次のテーマへの展望が拓かれたという意味において大きな成功をおさめたといえる。受講者の多くが，環境問題を学ぶことを通して，地域そのものへの関心を高めることになったからである。初年度のニューライフカレッジ志學が終わる頃には，次のテーマは，1年10回の講座を通して地域のことを多様な角度から学ぶものにしようと決まった。そしてニューライフカレッジ志學での「エコミュージアム」や「自然環境を生かしたまちづくり」などの講義内容や，2001年初頭に隼人町主催で行われた古代南九州に広く生活していた「隼人族」に関する講演，さらには教育委員会による隼人族の歴史を展示する史跡館の開館などにも示唆を得て，次のような主旨でテーマを「隼人学──南九州の地域遺産に学ぶ」とすることになった。

　「南九州にはかつて『隼人』と呼ばれる平和で豊かな文化をもった人々が暮らしていたといわれます。私たちの地域には『隼人』やかつてこの地で生活をしていた人々が残してくれた多様な自然・社会・文化遺産があります。本講座で，それらを南九州という広い視野と多角的な視点から見つめ直してみましょう。きっとそれまでの生活からは見えなかった地域の価値ある遺産の発見があることでしょう。そして学んだことを確認しながら，これらの地域遺産をどう

第13章　双方向的教育実践から地域学を進める大学開放

未来に繋いでいくのかについても大いに語り合ってみましょう。」[(4)]

2　「隼人学」の展開と大学開放

市民参加の企画づくりの追求

　初年度の「隼人学」は，受講申し込み者が131名と，これまでにない反響を得た講座となった。講義が終わった後も，講師に対し講義内容に関する質問も必ず出るなど，受講者の意欲的な姿勢がみられた。そうしたことから，翌年度の企画は，受講者と共に検討することを計画し，受講者に企画を一緒に練ることを呼びかけた。講座が，大学や教育委員会のみならず住民との協働によって実現すれば，住民主体の学びの実質化となる画期的なことであると思われた。そして，受講者から6名の参加の申し出があり話し合いが実現した。だが，そこで出された意見は，ほとんどがそれぞれの受講者にとっての講座の意味と企画者である大学と教育委員会への感謝の言葉ばかりであった。いわば「来年度も是非開講してください」といった依頼の場となり，企画を共に考える場となるには時期尚早の感を拭えず，違う形での受講者参加の可能性を追求せざるをえなかった。

　そこで，講座の最終回に計画していたシンポジウムに受講者に参加してもらうことを考え，一人ひとりの受講者に電話で依頼をした。これも大変困難を極めたが，幸い3名の受講者が引き受けてくれることになった。そして，このシンポジウムが翌年の企画づくりの橋渡しとなったのである。このシンポジウムは「隼人学から学ぶもの」というテーマであったが，そこでは次のような意見が飛び出した。「隼人学でその歴史的意義を学んだ貴重な地域の建築遺産が，地域開発の過程で取り壊された。しかも，その意義を学んだにもかかわらず，その取り壊しに十分な関心も払えずにいたのではないだろうか」と。つまり，地域遺産は学んでいても，それと自分たちとの関係が遊離していたことへの反省であった。「地域の価値ある遺産の発見」は，それだけでは自分とのかかわりの認識に自動的につながるものではないのだ。こうした提案から，当初「隼人学」は1年で完結する予定であったが，翌年も続行し地域遺産と私たちのか

187

第Ⅲ部　地域を基盤とした大学開放

資料13-1　「隼人学」テーマ一覧

2000年	環境に学ぶまちづくり
2001	南九州の地域遺産に学ぶ
2002	南九州の地域遺産と私たち
2003	南九州の地域遺産を未来につなぐ
2004	南九州の地域遺産を未来にいかす
2005	隼人学で世界がみえる
2006	自然・健康・文化を考える
2007	地域遺産としての景観を考える
2008	地域遺産としての産業
2009	地域遺産とまちづくり――10年の検証
2010	地域の学びから，多様なつながりへ
2011	地域の教育力の再考
2012	持続可能な生活と地域を考える――3．11後の私たち
2013	世代継承と交流を考える――いま地域で伝えたいこと，遺したいもの
2014	異文化交流で私と地域を再発見
2015	五感で学ぶ地域の魅力
2016	となりのあの人に学ぶ　地域・魅力・発信

かわりを問うことに重点をおいて「隼人学――地域遺産と私たち」とした。こうして受講者参加のシンポジウムの討論の中で企画テーマが決まっていったという意味において，受講者参加の企画づくりの追求の第一歩ともなった。

　以来隼人学は，1年間の講座の最終回には住民参加のシンポジウムやワークショップを実施してきた。そして受講者とのやりとりの中でわき出るように次々と講座テーマが生まれ，今日まで16年にわたって継続されてきた（資料13-1）。さらに今では，受講者自身の企画による課外講座として，隼人学で学んだ地域現場の研修も実施される場面も生まれるようになっている。

市民とつくる学びの醍醐味

　ニューライフカレッジ志學の初年度の受講者は50名程度であったが，翌年2001（平成13）年度の「隼人学」からは100名を超え，多いときには150名近く

第13章　双方向的教育実践から地域学を進める大学開放

にまで達する人気の講座に育っていった。年によっても異なるが，約3割程度の受講者がリピーターである。年齢層も，当初は60歳以上の受講生が多く偏りもみられたが，50代，40代にまで徐々に年齢層の幅も広がり，地域づくりの第一線で働いている現役世代の受講者もみられるようになった。また，実際には受講していなくても，地域の中に「隼人学」が知られるようになっていった。

① 　地域観の変化と地域アイデンティティの確認・形成

　受講者の反応や評価は，「大学で講義を受けることのできた喜び」，「生活の場である地域について新しい発見があった」から「講義テーマの枠に留まらない具体的な提案」に至るまで，実に多様である。だが全体的に共通していえるのは，「地域に対しての見方が変わった」という声であろう。例えば，「隼人と竹」の講義では，「竹に見られる日本の南と北の文化の接点に隼人があるという話で，隼人には文化の白波が沸き立っているということに気付かされた」といった声や，「鹿児島の橋いろいろ」では，「何気なく通っていた橋に対して見方が変わったような気がする」など，隼人学を通して地域観が変わったという感想は枚挙にいとまがない。さらに，そうしたことから，この地域に生きることの意味を問い，そこに喜びや意義が確認できるようになったという声も少なからずみられた。例えば天降川バードウォッチングや石橋の講義をきっかけに，子どもと一緒に見に行って楽しむようになったといった声や，「地域の豊かさ，地域性の発見から元気が出る」，「生きている地域のすばらしさを知り，生きる指針になった」という意見も少なかった。

　さらにこうした感想・意見は，さらに地域のあり方への問いへと進み，近年では隼人学への要望・提言もみられるようになってきている。「隼人学を学びながら，この隼人の街や近辺の街並みがどんどん変わっていくのを見るにつけ，このままでよいのかと思います。（中略）古いものがどんどん取り壊されていくことを皆で考えて行かなくてはならないと思います」といった意見はその代表的なものであろう。こうした意識形成は，地域遺産・資源を生かした文化活動や地域づくりにつながっていったといえよう。

② 　地域を協同で学び合うスタイルの形成

　他方，「隼人学」では，住民こそが知り得る情報も多くある。例えば「日本

189

最初の民間憲法草案——国分隼人地方の竹下彌平」では「草案者・竹下はこの国分隼人地域に住んでいたが，どこなのかはっきりわからず，何十年も研究している」と講師が話すと，受講者から「近所に昔，非常に裕福な同じ苗字の家があった。調査してみよう」という発言が飛び出した。講師とともに地域調査研究をしていきたいという声もしばしば耳にする。こうしたときは，学問・研究は，研究者の独占でできるものでなく，住民とともに創り上げていくものだという醍醐味が感じられる。まだ目に見える成果はあがっていないが，こうした研究方法における協同ともいえる土壌を積み重ねてきていることの意味は大きい。それは，一方で学んだことをさらに少人数で専門性・実践性を高めながら学びあう志學館大学独自の「隼人学セミナー」の実施にも発展した。[6]

　他方，こうした協同での学びには，対立・緊張も少なくない。他機関との連携は，お互いに持っている資源の共有によって補足・協力し合うことができる点で極めて大きな意義がある。しかしそこには，立場の違いにより共有上の困難もしばしば生じる。とはいえ，それは次のステップに進むための重要な契機にもなった。一例を挙げれば，「隼人学」の「隼人」が隼人町を指すと考えられ，市町村合併し霧島市となった以上，「霧島学」などといったそれにふさわしい名称に変更すべきであるとの異議が主に霧島市教育委員会から出された。それを契機として，隼人学で地域やそれを学ぶ方法や意味について何度も話し合い，「隼人学」を次のように定義した。

　「南九州にはかつて『隼人』と呼ばれる平和で豊かな文化をもった人々が暮らしていたといわれます。私たちの地域には『隼人』やかつてこの地で生活していた人々が残してくれた，多様な自然・社会・産業・文化遺産があります。『隼人学』はそれらの地域遺産を南九州という広い視野と多角的な視点から発掘しつつ学び，地域でより豊かに生きるため，また地域をより豊かに発展させるために生かし，未来に繋いでいこうとする地域『学』です。したがってそれは，住民と研究者と行政が共に生活と暮らしの場である地域で協同し，地域を学び合うことによって，たえず発展させられていくべき市民の学問をめざすものです。」[7]

　そしてこの定義そのものもまた，「住民と研究者と行政が……地域で協同し

地域で学び合う」学習スタイルで創り出したものでもあった。
　③　『隼人学』の出版による地域発信
　こうした受講者の学習意欲，探求心に押されるようにして，ニューライフカレッジ志學「隼人学」の内容をまとめた『隼人学——地域遺産を未来につなぐ』，隼人学セミナーをまとめた『隼人学ブックレット・農的生活のすすめ』を刊行した。こうした学びが日本の小さな町で始まっていることを，全国に向けて，そして何よりも地域の人々に向けて発信しようと考えたのであった。毎年，隼人学の要旨集録を作成しているが，これはあくまでも受講者のためのものであり，外に向けての発信とはなりえていなかった。この出版は1年間生涯学習センターが呼びかけ，志學館学園，隼人町（現 霧島市）教育委員会の協力が得られたことにより実現できたものであった。5年で2000部を完売するなど，講座に参加していない住民にも広く読まれ，地域への関心を高めることになった。「隼人学は地域遺産を学び合うものだが，＜隼人学＞こそが地域遺産である」との嬉しい声も聞かれるようになった。
　④　地方自治体との連携の意義と連携ネットワークの拡がり
　隼人学でのこうした活動の多くにおいて，地方自治体との連携が功を奏したといっても過言ではない。とりわけ，自治体は地域情報の要の位置を占めており，地域情報の豊かさという点で自治体との連携は極めて大きな意義があった。自治体は，行政情報はもちろんのこと，住民情報入手という点においても，対外発信という点でも情報の要の役割を担っており，地域住民と大学をつなぐコーディネーター的存在である。大学は，町や住民の情報や知識そして思いなどから学び取って，今日の学問的課題意識を鮮明にし，教育・研究の深化を図ることができるといえよう。そして，そのことが土台となって「隼人学」を共通軸に，ネットワークがさらに拡がっている。2005年から鹿児島工業高等専門学校との連携も始まり，自然科学系の領域が隼人学の幅を広げてくれることになった。また，隼人学で「木曽川治水工事と鹿児島」を扱ったことを契機に，連携は県外まで拡がり，岐阜聖徳学園大学との交流にも広がった。

広がる市民の学びと地域遺産を生かした地域づくり

① 「まちづくり実践塾」の立ち上げ

　隼人町教育委員会が中心となって応募した文部科学省生涯学習まちづくりモデル支援事業が2003年および2004（平成15，16）年度の2年連続で採択された。これによって，志學館大学，鹿児島工業高等専門学校，観光協会，商工会，地域のNPO，学生ボランティアなどが協働で公開講座やセミナー，青少年体験キャンプ，地域遺産を生かしたイベント・学習会の開催，インターシップ受け入れ，ボランティア活動の開発など，地域づくりのための諸実践を推進していった。その根底には「地域遺産を活かしたまちづくりを目指すための提言・助言など幅広い支援を得るために，志學館大学や鹿児島高専の持つ資源を活用する新たな連携を図り，行政と市民団体・観光協会・商工会などが相互に協力・支援・依頼できるネットワークを構築し，地域特性を活かした歴史・文化の香る豊かなまちを追求」[10]するという理念があった。その主旨からわかるように，その基本コンセプトは「隼人学」であった。

② 広がる市民の学びと地域活動

　こうした動きと並行して，隼人町をはじめ霧島市では実にさまざまな住民の文化的活動が展開されている。全国からの応募による作品から優れた作品を地域に展示して街の風景の質を高める生活文化展，450年以上続く初午祭での手作り馬踊りコンテスト，地元の子どもたちから高齢者まで一緒に行う地域の歴史や魅力をテーマにした市民ミュージカル，100年以上の歴史を持つ山里の駅舎や，海運業で財をなした豪商の海辺の邸宅を核としたエコミュージアムづくり，住民による地域研究会，地域景観を生かした草の根野外コンサート等々，多彩に広がってきている。これらの活動の担い手には隼人学の受講者が少なくないとはいえ，隼人学講座とは組織的な関係はない。しかし，地域にアイデンティティを持って地域遺産を生かして何かやろうという，隼人学のメッセージと呼応した動きといえよう。また，そうした活動に参加していなくても，活動への温かい目が生まれ，生涯学習と地域づくりの豊かな土壌が拡がり始めていることも特筆される。

第13章　双方向的教育実践から地域学を進める大学開放

大学開放の認知と大学の活性化

　他方，そうした地域の動きに比して大学の変化は依然緩やかな感もあるが，確実に地域開放の方向に進んできている。まず第一に，生涯学習センター事業への教職員の協力の浸透である。生涯学習センター設立のときには，地域住民の学習は教育委員会がやるもの，公開授業は大学として邪道などの意見が出されることがあった。だが，今では大学全体が組織として地域とともに歩むことの重要性のコンセンサスが定着し始め，8割以上の教員が隼人学をはじめ，何らかの形で生涯学習センター事業にかかわっているばかりでなく，学部や学科独自の地域に開かれた企画も活発になってきている。

　第二は，「隼人学」の大学での正規授業化である。従来の公開講座は，大学の授業を地域にも開放する，ということであった。だが，「隼人学」はそれとは全く逆である。つまり，地域での学びが大学の授業としてカリキュラムに組み入れられることになったという，いわば逆大学開放講座である。地域で求められている講座の実践はまた，大学における教育の対象として位置づけうる内実を持つことを示唆しており，さらには大学のあり方の一つの方向を示唆しているといえよう。

　第三に，大学のこうした動きは，必然的に学生の学びにも大きな影響を及ぼさないではおれない。地域の文化祭などのイベントへの学生の恒常的な参加や，多くの地域ボランティアサークルの誕生など，地域と積極的にかかわりながら学ぼうとする学生が増えてきている。そうした動きが基盤となって，2013（平成25）年には学生が積極的に地域にかかわることを大学が組織的に支援する地域協働センターが発足し，一層学生の地域ボランティア参加が定着してきている[11]。こうした学生の動きは，「ボランティア企画演習」「まちづくり演習」といった授業の開設など，大学の学びの好循環を生み出し，教育・研究の活性化を促している。

3 「隼人学」からみえる大学開放と課題

地域貢献から双方向の学びあいへ

「隼人学」は，地域とのつながりを求めていた大学と，大学とのつながりを求めていた地元教育委員会との出会いから始まった。そしてその展開は，同じ地域で暮らし働く当事者という共通の基盤の上で，徹底して地域にあるもの（それを有形・無形を問わない「地域遺産」と呼んできた）にこだわり，それらを住民とともに発見・価値づける学びとして，協同で創ってきた。

生涯学習センター事業として「隼人学」を立ち上げたときは，センターの設立趣旨そのものがそうであったように，「地域貢献」といった発想が強かったことは否めない。その意味では大学における既存の知を開放する「公開講座」の域を超えていなかったといえる。しかし，実際の事業の展開のプロセスは，大学の知を公開するという一方通行でなく，市民や自治体とともに地域のことを学び研究しあう関係づくりがなされるプロセスであった。大学からの一方通行の貢献ではなく，地域との双方向の学びを通して知のあり方を見直し，地域を切り口とした各専門領域の深化と学際性の追究の中で大学の知的資源が豊かになり，地域もまた豊かになる循環づくりにこそ，大学開放の意味があるといえよう。

知の協働に向けた大学開放

「大学開放」は，自ずから「知の協働」への意味合いを持ってくる。大学は知の発見・創造の機関ではあるが，知の独占機関ではない。「隼人学」はこの16年間で160回の講座を実施したが，どれ一つとして同じテーマはない。そしてそれぞれのテーマの講師や話題提供者は，大学研究者だけではなく，地元神社の宮司，漁師，農家，酒屋，建築士，郷土史家，アーティスト，詩人など実に多彩である。そしてそうした住民講師に共通しているのは，単なる経験知の域を超えて，その分野で地道に地域にねざした実践的専門性を培い，地域学の内実を一般化していく契機の豊かさである。「地域は学びの宝庫」であるとい

うのは隼人学のキータームであるが，その宝庫たる対象の生活を通しての知は，大学における科学的研究との相互交渉の中で新たな知として組み直されていく。そうした知の創造への可能性を広げるのが，大学開放だといえよう。隼人学は，その一つの試みである。

地方における小規模な文系大学の「大学開放」の意義と課題

　学習ニーズの多様さはよく指摘されることだが，だからといって多様なプログラム企画を組めばよいということではないし，地方の小規模大学においてそれは不可能でもある。大切なのは，地域の多様な学習ニーズの中に共通する内実をくみ取ることではないだろうか。その意味で，隼人学や生涯学習センターでの事業を通してみえるのは，教養的なものへのニーズが強く求められているということである。もっともそれは旧来のイメージの専門の基礎としての教養ということではなく，佐藤一子がいうような「現代の社会を理解し，地域の課題や生活の課題を解決する教養，人間性を探究する生き甲斐としての教養」[12]ということができるだろう。

　隼人学は「学」としては，未だ弱々しいが，そうした教養の形成や人間性の探究といった方向性の萌芽は育っている。地域遺産の発見や課題解決を志向して大学が地域にかかわるとき，大学開放の意味は，一方的に知的資源を地域に提供するということにあるのではなく，解決を図るために地域に広がる知的資源・情報の担い手である多様な地域主体と，共有し協働することを含み込むという意味に転化する。プログラムを多く組むということではなく，内容・方法ともにもっと多様な学びの可能性を広げ，地域課題に向き合い，地域とともに組織的に学びを創り上げていくことが強く求められている。「地方創生」がいわれる今日，とりわけ地方の大学がこうした課題を受け止めながら果たす役割は大きいといえよう。これからも地域との関係を切り結びながら，そうした「隼人学」に育てていきたい。

＊本章は『志學館大学生涯学習センター設立10周年記念誌』（2009年）に掲載した論考を基に整序加筆したものである。

第Ⅲ部　地域を基盤とした大学開放

注

(1)　名称については「大学開放センター」という案もあったが，「開放」というと大学主体の意味合いが強くなるので，地域の人々にとって親しみやすいものにということで「生涯学習センター」に落ち着いた。つまり地域からの視点を持った事業展開を意図しての名称であった。

(2)　志學館大学は，文系2学部4学科からなる，学生約1200名，教員数約50名の私立大学である。

(3)　当時，公開講座のテーマは，受講者や地域のニーズや必要性というよりも，担当教員の専門内容を地域向けに設定することが一般的だった。

(4)　「2002年度ニューライフカレッジ志學」リーフレットより。

(5)　引用は，いずれも隼人学の受講アンケートより。

(6)　隼人学セミナーは，20名定員で，「農的生活のすすめ」「地域が創る産業・産業が創る地域」をテーマに，ゼミナール形式で実施した。

(7)　「隼人学の発展的定義」志學館大学生涯学習センター編『農的生活のすすめ』南方新社，2007年。

(8)　志學館大学生涯学習センター・隼人町教育委員会編『隼人学──地域遺産を未来につなぐ』南方新社，2004年。前掲『農的生活のすすめ』。

(9)　志賀玲子「志學館大学と岐阜聖徳学園大学の連携」霧島市薩摩義士顕彰会『薩摩義士に学ぶ』2，2009年。

(10)　文部科学省生涯学習政策局政策課地域づくり支援室「平成16年度生涯学習まちづくりモデル支援事業事例集」183頁。

(11)　地域協働センターは，2013年に設立された。学生の3人に1人が地域でのボランティア活動に何らかの形で関わっている。

(12)　佐藤一子『生涯学習と社会参加』東京大学出版会，1998年。

第14章
産学・地域連携と人材育成
―― 広島大学 ――

岡本哲治

1 広島大学の社会・産学連携のあゆみ

広島大学の歴史

　広島大学は，広島高等師範学校（明治35年創立）や広島文理科大学（昭和4年創立）等を母体として，1949（昭和24）年に新制国立大学として設立され，今日では11学部，11研究科および11の附属学校園，病院，附置研究所として原爆放射線医科学研究所など，多くの学内共同教育研究施設，また広島県内に3キャンパス，12実験・実習施設，東京，大阪，福岡に県外サテライトオフィス，海外9都市に海外オフィスを有し，学部学生数1万1000名，大学院生数4500名，留学生数1200名，教員数1700名，職員数1650名を擁する中四国の拠点総合研究大学となっている。

　大学の基本理念として，「自由で平和な一つの大学」という，初代学長の森戸辰男による建学の精神を継承し，平和を希求する精神，新たなる知の創造，豊かな人間性を培う教育，地域社会・国際社会との共存，絶えざる自己変革，の理念5原則を掲げており，これら理念に立脚し，未来を担う有能な人材を養成するとともに，学術を継承・発展させ，もって地域社会および国際社会の発展に貢献することを目的としている。2009（平成21）年には，今後10年から15年後の広島大学像と目指すべき方向を提示した「広島大学の長期ビジョン」を策定し，「理念5原則を堅持し，教育，研究及びそれらを通じた社会貢献という大学の普遍的使命を果たす」，「個性豊かな大学として，教育，研究，医療及び社会貢献の各領域における地域拠点としての役割を明確なものとする」，「特

徴的な分野において全国的・国際的な展開を図る」の3点を目標として定め，これら長期ビジョンの実現へ向けて，社会に貢献する優れた人材の育成と未来社会に資する科学研究を推進するとともに，日本を代表し世界をリードするナショナルセンターとしての機能と，中国・四国地方のリージョナルセンターとしての機能を併せ持つ，世界的教育研究拠点としての大学機能の確立を図っている。国際交流協定締結数は，大学間は36か国135機関145協定，部局間は，49か国238機関247協定，さらに企業や自治体との協定締結数は，大学間52協定，部局間25協定を数え，活発な連携が進められている。[1]

広島大学は，前述したように理念5原則の一つとして「地域社会・国際社会との共存」を掲げるとともに，「広島大学の長期ビジョン」において，教育，研究を通した社会貢献を本学の使命とし，教育，研究，医療と並んで社会貢献における地域拠点としての役割を明確なものとすることを目標として定めている。また，「第二期中期目標・中期計画」において，「社会の多様なニーズに的確に対応し，大学のシーズを活用した産学官連携事業及び地域貢献事業を展開するとともに，教育研究成果の普及を図る」(中期目標「社会との連携や社会貢献に関する目標」より抜粋)ことが明記されている。すなわち，地域への貢献をまさに大学の根幹を成すものとして位置付けている。この理念を具現化するために，以下のような活動を行ってきた。[2]

地域の特色を生かした社会連携活動の推進

社会の多様なニーズに的確かつ迅速に応えるために1995（平成7）年に地域共同研究センターを設置し，2004（平成16）年には産学連携センター，地域連携センター，医療社会連携センターへと改組し，本学と社会や地域との幅広い連携を組織的に推進する社会連携推進機構を設置した。さらに，2010（平成22）年には，これらセンターを統合し，産学・地域連携センターに改組した。企業や自治体との協定締結数は，大学間52協定，部局間25協定を数え，活発な連携が進められている。

① 広島大学オリジナルの地域連携事業「広島大学地域貢献研究」[3]

2002（平成14）年度から，地域社会が直面する課題を地域住民や地域団体か

第14章　産学・地域連携と人材育成

図14-1　地域連携推進事業

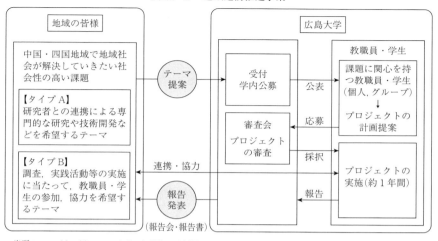

出所：www.hiroshima-u.ac.jp/renkeikikou/chiiki/

ら提案してもらい，広島大学の持つ専門的な知識・技術や人材を活用して課題解決研究を広島大学の自己資金による研究支援金で行い，その成果を地域に還元する「広島大学地域貢献研究」を開始した。本事業は，広島大学オリジナルの地域連携事業であり，広島大学の地域貢献の中核を担ってきた事業である。

「第二期中期目標・中期計画」において，「本学独自の『地域貢献研究』事業を拡充する」（中期計画「社会との連携や社会貢献に関する目標を達成するための措置」より抜粋）ことが明記されている。2011（平成23）年度からは，それまで研究者中心で地域の課題を解決するプロジェクト研究であったものを，「広島大学地域連携推進事業」として，「研究」を目的とするプロジェクト［タイプA］と，本学の教職員・学生が参加，協力して実施するさまざまな活動［タイプB］に発展的に再編し，地域からのさまざまな期待や要望に対応できる体制とした。これまでに地域から本事業に提案された課題は300件を超え，105件の研究プロジェクトが実施されている（図14-1）。

②　広島大学産学官連携推進研究協力会（広島大学フェニックス協力会）の設立[(4)]
　本協力会は2010（平成22）年3月に設置され，主に地域の「産学官の人的及

び情報交流」、「技術に関する講演会及び研修会」、「技術相談並びに共同研究及び受託研究の支援」、「産学官連携に関する情報発信」を実施しており、現在121の企業や団体が参画している。産業界への研究シーズ紹介、技術相談、知的財産の移転を目的とした「新技術説明会」、「リエゾンフェア」を開催すると共に、研究成果情報発信ポータルサイト「ひまわり」を開設している。

地域自治体や地元企業との連携実績

広島県とは、従来からの組織的な連携協力関係に加えて、最近では「ひろしま医工連携・先進医療イノベーション拠点」の共同実施など連携関係は一層深まっている。広島市とは医療の分野で連携協定を締結し、緊急被ばく医療活動の一層の充実と成果の普及・促進を目的に連携・協力している。本学の本部が位置する、東広島市とは包括連携協定を締結しており多くの連携・協力の実績を有している。高齢者保健福祉・障がい者支援などで各種審議会等に委員として専門的知見を提供しているほか、インターンシップ事業、公開講座など多くの事業で連携を図っている。

地元企業のマツダ、サタケ、JFEスチール、広島銀行、コベルコ建機、等とは、包括的な連携協定を締結し、これまでの各部局単位での連携事業を全学的な取組みとして発展させてきた。マツダとは、広島大学の有する技術シーズと企業のニーズのマッチングなど精力的な活動を行っており、学内でもっとも多くの共同研究を実施している。また、広島銀行の有する幅広い人的ネットワークにより、多くの中小企業等とのマッチングの成果を上げている。また、地元経済界を代表する中国経済連合会と広島大学は、中国地域の産学官連携組織「コラボレーション会議」の事務局を構え、定期的に協議を行うなど、中国地域の産学官連携活動のビジョン策定など連携を進めている。

各種団体等との連携実績

政府開発援助（ODA）が平和構築に果たす役割について国際協力銀行との連携協定により研究を進めているほか、（独）国際協力機構（JICA）とは、国際協力、国際交流に係る人材の育成を中心に協力関係にある。また、報道関係企

第14章 産学・地域連携と人材育成

業としては，中国新聞社と人材育成の推進に関することや地域振興の施策の推進に関することについての情報交換などの連携実績を有している。

2 広島大学の産学社会連携を通した人材育成の歴史

各プログラムによる人材育成[5][6][7]

これまでに①産学・地域連携センター　新産業創出・教育部門が提供している起業家育成プログラムでは，ベンチャーマインドを有する創造的人材育成及び経営のわかる人材の育成，②「若手研究者養成システム改革」「イノベーション創出若手研究人材養成」事業（平成21～25年度）では，企業への3か月以上の長期インターンシップを通した，イノベーション創出可能な若手研究人材の育成，③イノベーションシステム整備事業　大学等産学官連携自立促進プログラム【機能強化支援型】「国際的な産学官連携活動の推進」事業（平成20～24年度），④「地域イノベーション戦略支援プログラム」（平成23～27年度）における次世代産業を担う人材育成の4つの人材育成プログラムでは，次世代産業を担う企業の若手技術者を対象として，産学官連携により「イノベものづくり士」，「細胞培養士」，「メディカルエルゴノミティシャン」，「メディカルインフォマティシャン」の分野で人材育成を行った。さらに，⑤文部科学省平成25年度「革新的イノベーション創出プログラム（COI STREAM）」において，「精神的価値が成長する感性イノベーション拠点」により，広島大学はその中核拠点として，この分野トップの参加研究機関や企業とともに，10年後の社会のあるべき姿を見据えた研究開発・イノベーション人材育成に取り組むとともに，感性をテーマに多くの大学や企業を巻き込んだ分野融合型のイノベーション創出に取り組むとともに，デザイン思考を基盤としたイノベーション対話手法を用いてイノベーションを創出する人材育成を行った。

文部科学省平成25年度「大学発シーズ・ニーズ創出強化支援事業（イノベーション対話促進プログラム）」，「感性×ひろしま　環境に調和した感性社会の実現プロジェクト」での対話型イノベーションワークショップを通して，継続的なイノベーション人材の育成に取り組んでいる。また，「ひろしまアントレプ

レナーシッププログラム」(文部科学省のグローバルアントレプレナー育成促進事業平成26〜28年)では，本学の理念である，平和を希求し人類の福祉向上に貢献する志を持ちつつ，起業社会を生きぬくベンチャーマインド，つまり，決断力，挑戦力，学際力，コミュニケーション力，リスクマネージメント力，強靭力，課題発見・解決力を有したイノベーション人材の育成に取り組んでいる。

　本プログラムでは，理工農医療系・人文社会系や社会人など，幅広い分野の人材を対象とし，本学がこれまで培ってきた国内外機関との連携を基盤に，産学官金ネットワークを形成し，起業マインド・スキルを涵養する「起業化能力育成科目」や「起業化トレーニング科目」，さらに対話型ワークショップやインターンシップなどの「起業化実践型研修科目」を，文理融合環境の中で提供することで，新たなイノベーション人材を育成し，ベンチャー企業，新製品，新技術，企業の課題解決などを創出し，さらに，その人材が産学官金ネットワークを深化・拡張させ，新たなイノベーション創出を支援するという，自立的なイノベーション・エコシステムの構築を目指している。これらの取組みは，目標とする人材の育成に関して一定の成果をあげてきている。

「地(知)の拠点整備事業」による地域による人材育成の取組み [8]

　広島大学は2013 (平成25) 年度文部科学省の「地(知)の拠点整備事業」を実施中であるが，本事業において広島大学では，「ひろしまイニシアティブ」つまり「地域や国，年齢，性，人種等の違いや障がいの有無を超えて，いつでも，どこでも個々人が幸福な人生を享受できる社会の実現」へとつながる教育・研究プログラムを通して，「ひろしまを知り，理解し，発信する人材」を地域とともに育成している。具体的には，本地域の重点課題である，「ひろしま平和発信」，「中山間地域・島しょ部対策」，「障がい者支援」の解決に向けた活動を地域とともに進めている。

　これら課題解決に向けた教育・研究・社会貢献プログラムを作成・運用するために，新たに大学内に「ひろしまイニシアティブ推進協議会」が設置された。同協議会は地域自治体，地域NPO，地域企業，教職員，学生等で構成される新しい形の産官学・地域連携組織で，従来，大学での教育や研究は学内に閉じ

られていたが，本協議会は，地域自治体，地域企業，地域団体を構成メンバーとすることで，地域ニーズの抽出・検討から，フィールドワークを基本とする教育カリキュラムや地域志向型の共同研究の実施，地域社会への還元に至るまでを地域と大学が一体となって進める体制となっており，地域社会と正面から向き合う地域志向型の教育・研究プログラムを実施している。

　これらの活動の過程では，学生が直接地域の人たちと対話を行いながら意識の共有を図っている。このような活動を通じて，地域の教育力を大学での教育・研究活動に取り込み，学生が自ら学び，理解し，地域の課題を主体的に解決する力を涵養するとともに，学生の若い力による地域課題解決に向けた活動や研究成果を地域へと還元している。本事業では，既に実績のあるさまざまな活動のノウハウを全学に広げることで，総合大学としての広島大学の力をこれまで以上に地域課題の解決へとつなげるとともに，全学生が地域の視点を新たに得ることにもつながる。本事業において，地域の抱える平和発信などの課題を現場というフィールドで学修した学生は，「広島を知り，広島を学び，広島を語る」ことができる人材として，地域から世界というフィールドに羽ばたいていく。広島の平和共存社会を育む「知」の拠点「ひろしまイニシアティブ拠点」がひろしまの歴史とともに，国内の地域再生・活性化の先進的な取組みとして50年後もひろしまを輝かせる事業として継続していく。

3　広島大学におけるイノベーション人材養成プログラム

企業インターンシップを活用した人材育成[9][10][11]

　広島大学は，2009（平成21）年度に「若手研究人材養成センター」を設置し，男女や研究分野を問わず，独自の専門に裏打ちされた幅広い知識と興味を持ち，新分野に挑戦する活力ある人材を，中国・四国地方の企業や研究機関，学会と密接に連携しながら養成するプログラム「地方協奏による挑戦する若手人材の養成計画」を文部科学省の支援で開始した。このプログラムでは，連携企業等からの視点で，カリキュラムの内容を検討・評価し，改善を行っていくシステムを取り入れ，従来の狭い研究室レベルにおける博士人材養成とは異なる人材

養成システムを構築した。さらに3か月以上の企業でのインターンシップを取り入れ、産官学が協奏して人材育成に取り組むことで、人材育成に対する大学や企業の意識改革を進め、国内外を問わず多様な場で活躍できる若手研究人材の養成システムを構築した。

　本プログラムの受講対象者は、博士後期課程の大学院生、ポストドクターであり、学内および全国から公募・選抜試験を行い、大学院生を10名程度、ポストドクターを4名程度毎年選考した。選抜者は「若手研究人材養成センター」に所属し、同センターが開発した「実践プログラム」を受講する。実践プログラムは、2コース・6プログラムで構成し、修得単位や取組み実績は、アチーブメントカードシステムにより一元管理され、それに基づき指導・助言を受ける。実践プログラム内容は実務コアコースおよび企業派遣プログラムを含む、イノベーション研究コースからなる。

　同センターを設置した2009（平成21）年当初は、広島県内をはじめ中国地方の多くの企業では3か月の長期インターンシップを受け入れている実績を持つ企業はほとんどなかったため、困難を極め、受入企業はわずか3社であった。多くの企業を地道に回り、本プログラムの説明をして理解を求め、徐々に受入企業も増えるとともに、優秀な大学院生や博士研究員を選抜した結果、受入企業の学生評価が他の企業にも伝わり、2014（平成26）年には44社となった。これら企業の中には、それまで博士人材を採用していなかったが、インターンシップ学生の優秀さを認識した結果、博士人材の採用に踏み切った企業もあった。このように、インターンシップは大学における人材育成を変えるだけでなく、企業にも大きな変化を生むことがわかり、認識を新たにした。

　広島大学では、企業や地方自治体などへのインターンシップを人材育成に活用する重要性を認識し、2014（平成26）年度に「グローバル・キャリアデザインセンター」を設置した。本センターでは、それまで学内の各学部、研究科が文部科学省のプログラムや産学社会連携部門で行っていたインターンシップ事業を一元化して管理・運営するため、「キャリアセンター」と「若手研究人材育成センター」を統合して設置された。

　2014（平成26）年度から推進中の、「未来を拓く地方協奏プラットフォーム」

(文部科学省事業:科学技術人材育成のコンソーシアムの構築事業——次世代研究者育成プログラム)は,広島大学,山口大学,徳島大学の3大学が共同実施機関となり,中国四国地域の他の国立大学等と協力して,「理系に強い人社系,人社系に強い理系」の博士人材を育成することにより,特に地方再生に力となる人材の輩出を目指して行う事業で,テニュアトラック導入による若手研究者の自立・流動促進プログラムおよびイノベーション創出人材の実践的養成・活用プログラムの2つの機能を支える広域プラットフォームを構築し,博士後期課程学生,ポストドクター,テニュアトラック研究者に対して,各キャリア段階に応じた支援をシームレスに行っている。本センターは本プログラムのインターンシップ事業を推進するうえでも重要な機能を果たしている。

インターンシップは大学と企業を変える

広島大学は,これまで52企業と包括協定を結び産学連携を推進し,共同研究や新産業を創出してきた。当初は,本学教員と企業研究者との個別連携による個別課題解決や教員の保有技術や大学の設備活用を進める点と点の関係であったが,双方のネットワークが高度化するにともない,包括連携に移行し,目的指向・保有技術の融合を短中期的視野で推進し,さらに複合連携によりビジョン共有・戦略主導,技術の革新・融合を中長期視野で推進することで,従来型共同研究から,技術の融合・長期視点でのテーマを創出し,さらに,先端技術の融合,新産業創出・人材育成へと発展させ,最終的に複数企業や大学の連携による基礎技術のコンソーシアム型連携を目指す,面と面の関係の構築へと進んできた。これらの全てのステージで大学の産学・地域連携センターが組織としてサポートすることが重要である。

広島県の地元某企業とは,2005(平成17)年に工学研究科と包括協定を結び,大学教員と研究者との共同研究を進め,大学はそのサポートを行ってきた。2009(平成21)年度に,広島県,広島大学および中国経済連合会の共同提案による「ひろしま医工連携・先進医療イノベーション拠点」の設置(独立行政法人科学技術振興機構「地域産学官共同研究拠点整備事業」平成21年度採択)にともない,本拠点を核として人間医工学による次世代移動体の創成を連携して推進

する「地域イノベーション戦略支援プログラム事業」(文部科学省事業，2011年採択) を進めた機会に，2011 (平成23) 年には同企業と包括協定を結び，①新素材，次世代エネルギー，IT，人間医工学などの先進技術分野，②移動体の開発，生産分野，③商品企画，経営・ビジネスなどの社会科学分野，④人材交流・人材育成の推進を含む相互支援，を推進することとし，点と点から面と面の連携へと発展した。また，共同研究分野は工学系にとどまらず，理工系・医歯薬系や社会科学・経済系学部・研究科にも拡がり，さらにこれら部局からの学部生や大学院生・博士研究員のインターンシップもはじまった。2014 (平成26) 年度には10学部・研究科の78名のインターンシップ学生を，さらに2015 (平成27) 年度は102名のインターンシップ学生を派遣した。

　包括協定締結以後，企業側からは会長，産学連携担当役員，各本部長が，広島大学からは社会産学連携担当理事をはじめ産学連携部門教職員，各学部長・研究科長，附属研究所長などからなる「連携協議会」を設置し年2回定期的に開催することとした。協議会では，企業側の産学官連携活動の体制整備状況や広島大学の産学官体制を紹介し，シーズ・ニーズから共同研究に至るまでのプロセスを明確化させるとともに，活動の進捗，管理や評価，人材交流の促進など，具体的な施策立案を審議している。協議会で共同研究の掘り起こしや進行中の共同研究の評価やフォローアップを強化するための人材の必要性が議論され，同社から広島大学にコーディネーターが派遣されることになるなどが具現化した。

　連携事業や協議会の議論の中で，インターンシップは大学だけでなく，企業にとってもこれからの人材育成の要である，という共通理念に基づき，「交流」から一歩進めて「育成」という視点で連携事業の中に組み込んで行くこととなり，産学連携を単なる「交流」ではなく，「育成」を目的としたしくみに変え，中長期ビジョンを描き，そのうえで短期策を考えることとなった。つまり，「点」で考えるのでなく，「線」，あるいは「面」で捉えて施策を立案することが決まった。

第14章　産学・地域連携と人材育成

大学・企業間での人事交流・育成システムの構築

　人事交流の中長期ビジョンとして，日本・地域のものづくりの国際競争力の向上に貢献する，「骨太のエンジニア」を育てることとし，「共育」の視点で，大学および企業双方の人財の成長を図り，人財の採用→育成→輩出のサイクルにより，永続的な育成のしくみをつくることを目指した。まず，従来型の共同研究にインターンシップを組み込み，開発現場での問題解決を通してエンジニアとしての基本を育成することとした。さらに，連携の進化に応じて人事交流のしくみを進化させるため，特定の研究テーマに関して大学と企業が共同研究を行う「共同研究講座」を設置した。同講座の設置により，大学と企業の技術と人材育成のノウハウを融合し，技術と人材を共同で育成する（共育）の「場」をつくり，人材の採用から育成そして，輩出のサイクルを回すしくみが出来上がった。さらに，複合した研究テーマに関して，複数大学，複数企業，自治体などからなるアンダーワンルーフでの共同研究講座を設置し，産産・産学・学学で人材の採用→育成→輩出の人材育成サイクルを回すことを目指している。このように，今後は産学連携の進化に応じて人材育成・人事交流のしくみも進化させることが重要である。

今後重要になること

　以上述べたように，当初大学における産学連携は，教員と企業研究者との個別連携による個別課題解決や教員の保有技術や大学の設備活用を進める短期的な点と点の関係で進められてきたが，双方のネットワークが高度化するにともない，包括連携に移行し，さらに複合連携によりビジョン共有・戦略主導，技術の革新・融合を中長期視野で推進することで，従来型共同研究から，技術の融合・長期視点でのテーマの創出へと進み，さらに，先端技術の融合，新産業創出そしてそれらを担う人材育成につながる，面と面の関係の構築へと進んできた。そして，最終的には複数企業や大学の連携による基礎技術のコンソーシアム型連携の中での人材育成が重要となる。つまり，従来型の共同研究にインターンシップを組み込んだ人材育成から，大学内に企業との共同研究講座を設置し，その中で人材育成・輩出を持続的に行い，さらに複合型の共同研究講座

第Ⅲ部　地域を基盤とした大学開放

図14-2　線と線から面と面へ，さらに複合連携へ

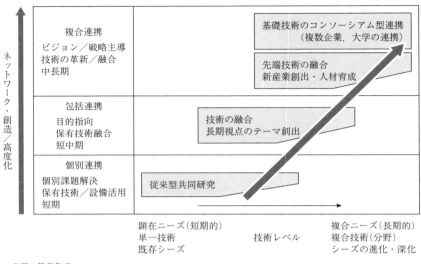

出所：筆者作成。

を通して地域，日本そして海外への持続的人材育成・輩出システムに進化させていくことが，今後の大学における人材育成にとっても重要になるであろう（図14-2）。

注

(1) http://hiroshima-u.jp/about/about/history
(2) http://hiroshima-u.jp/socialcooperation
(3) http://hiroshima-u.ac.jp/ccc/intro/tie/index.html#A
(4) http://hiroshima-u.jp/socialcooperation/cr/phoenix
(5) http://hiroshima-u.jp/socialcooperation/cr/hibeam
(6) http://hirodai-edge.jp
(7) http://coikansei.hiroshima-u.ac.jp
(8) http://hirodaicoc.hiroshima-u.ac.jp
(9) http://home.hiroshima-u.ac.jp/hiraku/
(10) http://www.hiroshima-u.ac.jp/kyaria/

⑾　http://www.hiroshima-u.ac.jp/kyaria/gakukyaria/intern/
⑿　http://www.hiroshima-u.ac.jp/sangaku/p_3znz7a.html
＊すべて閲覧は2016年7月7日。

第15章

地域における大学連携のシステムづくり
―― 大学コンソーシアム京都 ――

出相泰裕

1　大学コンソーシアムの歴史と動向

　2015（平成27）年度末現在，全国大学コンソーシアム協議会に正会員として加盟している団体は46にのぼり，政策的にも，文部科学省による2008（平成20）年度からの「戦略的大学連携支援事業」や2012（平成24）年度からの「大学間連携共同教育推進事業」にみられるように，大学間連携が推進されている。本章では大学間連携の一形態であるコンソーシアム設立の背景と大学コンソーシアムの今日的状況，および生涯学習事業の動向について，大学コンソーシアムの先駆的な設立団体とされる「公益財団法人大学コンソーシアム京都（以下，コンソーシアム京都）」の事例を中心にみていくこととする。なお事例についての記述はコンソーシアム京都に関する文献や資料および事務局長と副事務局長へのインタビュー調査による疑問点の確認を踏まえて行った。

コンソーシアム京都設立の背景

　コンソーシアム京都は1994（平成6）年3月に「京都・大学センター」として設立されたが，これには大学のみならず，京都府，京都市という2つの自治体も参加していたことからもわかるように，[1]設立の背景として，大学側および自治体側双方の事情があった。

　大学側の事情としては，京都は「大学のまち」といわれつつも，入学者に占める地元出身者比率が上昇し，ローカル化しつつあるなど，京都の高等教育が地盤沈下の危機に瀕していたことに加え，1992（平成4）年をピークに大学へ

の伝統的顧客であった18歳人口が減少に転じ，生き残りに向けて，全国あるいは世界の多様な年齢の人々が京都に魅力を感じ，集まってくるようにしなくてはならないと考えられていたことがある。

一方，京都市においては，京都の活性化が大きな課題となっており，1990（平成2）年4月には「活性化推進都市政策課」が創設された。さらに1980年代後半から，同志社大学や立命館大学などが京都市外に一部移転をはじめ，「大学のまち」としての特色が失われることが危惧されていた。そういった背景から，大学のまちという特性を活かした活性化策が模索されることとなり，都市における日本最初の長期的な大学政策ビジョンとされている「大学のまち・京都21プラン」の策定が1992（平成4）年に市長により指示されることとなった。

大学コンソーシアムの中には，「国立大学教養教育コンソーシアム北海道」や「f-Campus」などのように，大学教育の質の向上や教養教育の充実を目的としたものもみられるが，21世紀に入り，18歳人口の減少はさらに進み，また2005（平成17）年の地域再生法の制定にみられるように，地域再生がいっそう大きな課題となっていったことから，コンソーシアムは設立されていったと考えられる。そのため，コンソーシアムは概して，学生獲得に向けての競争力の向上と地域再生への貢献という目的を持つものとなった。ただ京都のケースでもみられたように，地域再生への貢献は自らの競争力の向上につながると考える向きもあり，「大学コンソーシアムとちぎ」も「設立の趣旨」で「自然豊かな栃木県に新たな魅力と活気をもたらすことは，翻って，大学の魅力や活性化にもつながっていくものと期待されます。」と述べているように，両者は結びつけて考えられてきた。

大学コンソーシアムの動向

続いて，大学コンソーシアムの動向を，全国大学コンソーシアム協議会情報をもとにみていくこととする。表15-1にあるとおり，2015（平成27）年度末現在，全国大学コンソーシアム協議会に正会員として加盟している団体は46あり，そのうち2000年までの20世紀に設立されたものは8，2000年から2005年ま

第15章　地域における大学連携のシステムづくり

表15-1　全国大学コンソーシアム協議会加盟正会員一覧

	事務局所在地	団体名
1	北海道	一般社団法人旭川ウェルビーイング・コンソーシアム
2		キャンパス・コンソーシアム函館
3		国立大学教養教育コンソーシアム北海道
4	青森県	学園都市ひろさき高等教育機関コンソーシアム
5	岩手県	いわて高等教育コンソーシアム
6	秋田県	大学コンソーシアムあきた
7	宮城県	学都仙台コンソーシアム
8	山形県	大学コンソーシアムやまがた
9	福島県	アカデミア・コンソーシアムふくしま
10	栃木県	大学コンソーシアムとちぎ
11	埼玉県	彩の国大学コンソーシアム
12	東京都	f-Campus
13		首都圏西部大学単位互換協定会
14		公益社団法人学術・文化・産業ネットワーク多摩
15		大学コンソーシアム八王子
16	神奈川県	横浜市内大学間学術・教育交流協議会
17		公益社団法人相模原・町田大学地域コンソーシアム
18	山梨県	特定非営利活動法人大学コンソーシアムやまなし
19	静岡県	公益社団法人ふじのくに地域・大学コンソーシアム
20	新潟県	高等教育コンソーシアムにいがた
21	石川県	一般社団法人大学コンソーシアム石川
22	福井県	福井県学習コミュニティ推進協議会（Fレックス）
23	長野県	高等教育コンソーシアム信州
24	岐阜県	ネットワーク大学コンソーシアム岐阜
25	愛知県	大学コンソーシアムせと
26		愛知学長懇話会
27	滋賀県	一般社団法人環びわ湖大学・地域コンソーシアム
28	京都府	公益財団法人大学コンソーシアム京都
29	奈良県	奈良県大学連合
30	大阪府	特定非営利活動法人大学コンソーシアム大阪
31		特定非営利活動法人南大阪地域大学コンソーシアム
32	和歌山県	高等教育機関コンソーシアム和歌山
33	兵庫県	西宮市大学交流協議会
34		大学コンソーシアムひょうご神戸
35	岡山県	大学コンソーシアム岡山
36	広島県	一般社団法人教育ネットワーク中国
37	山口県	大学コンソーシアムやまぐち
38	福岡県	大学コンソーシアム関門
39		高等教育コンソーシアム久留米
40	佐賀県	大学コンソーシアム佐賀
41	長崎県	大学コンソーシアム長崎
42	大分県	特定非営利活動法人大学コンソーシアムおおいた
43	熊本県	一般社団法人大学コンソーシアム熊本
44	宮崎県	高等教育コンソーシアム宮崎
45	鹿児島県	大学地域コンソーシアム鹿児島
46	沖縄県	一般社団法人大学コンソーシアム沖縄

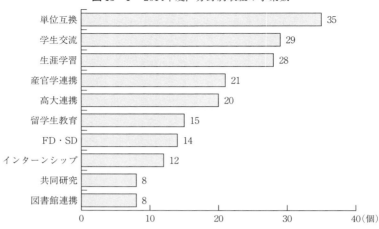

図15-1　2014年度，分野別取組み事業数

出所：全国大学コンソーシアム協議会「全国大学コンソーシアム協議会情報」2016年，より筆者作成。

でが15，2006年から2010年までが18，2011年以降が5となっており，1990年代以降設立がはじまり，多数が21世紀に入ってからできたものとなっている。

　大学コンソーシアムへの行政のかかわり方であるが，3つのパターンがみられた。第1のパターンは自治体が正会員として組織に入っているもので，29のコンソーシアムがこれにあてはまる。第2は，自治体は加盟していないが，何らかの形で参画はしているコンソーシアムで11，最後に行政のかかわりがないところで6となっている。行政の参画形態としては，加盟費や補助金などを通じた財政的な支援が28，「包括連携協定締結」「役員就任」がそれぞれ9，自治体からの「職員出向」が4などとなっている。

　続いて，コンソーシアムが行っている事業であるが，図15-1にあるとおり，「単位互換の取り組み」がもっとも多く，35団体あり，続いて「学生交流事業の取り組み」が29，「生涯学習事業の取り組み」が28，「産官学地域連携事業の取り組み」が21，「高大連携事業の取り組み」が20などとなっている。

　「生涯学習事業の取り組み」についていえば，後に述べるコンソーシアム京都や「大学コンソーシアム八王子」などのように，大きな規模で生涯学習機会

を提供しているコンソーシアムがあったり,「南大阪地域大学コンソーシアム」のように,「キャリア教育コーディネータ」など, 地域サービスの担い手となる人材の育成にあたったりしているコンソーシアムも一部にみられている。その他にも一部に「地域学」にかかわる講座を共同で提供したり, 単位互換科目を市民にも公開したりしているところもある。

しかし, 生涯学習事業を実施しているコンソーシアムは28にとどまり, また実施している場合でも, 年に数回公開講座を行うだけのところ, あるいは内容的に各大学の通常の教養教育的な公開講座と差異が明確でないところが多くみられている。

全国大学コンソーシアム協議会情報には, 加盟コンソーシアムの「現在の重点課題」に関する情報も記載されており, 35のコンソーシアムの回答が公開されている。2015年度の最重点課題は,「財政の安定」で, 35の回答団体のうち, 27団体が挙げている。46団体のうち, 28団体が加盟費等負担や補助金等の負担を通じて, 行政から財政的支援を受けているが,「財政の安定」は8割近くの団体が課題として挙げている。第二に多かった課題は「加盟団体との協力体制の構築」で半数強の18の団体が挙げたが, 加盟団体の中にも取組みに温度差があり, 協働することの難しさが実感されている。その他には,「人員の充実」と「地域における認知度」がそれぞれ16で続いている。

このような課題がコンソーシアムから挙げられているが, 現実には行政からの支援を打ち切られ, 拠点の確保もままならず, 地域社会に貢献する余力などないというコンソーシアムも多いとか, 逆に委託側の要望が盛りだくさんで, 大学側も負担が大きくなっており, 委託を受けてもらえる大学が少なくなっているとか, 年々発展しているコンソーシアムと停滞しているコンソーシアムとの二極化が進んできているといった指摘もみられている。

2　大学コンソーシアム京都の現状

コンソーシアム京都の概要

　コンソーシアム京都のホームページによると，加盟会員となっている大学は2015（平成27）年度末現在，国立大学3校，公立大学3校，私立大学30校，私立短大・短期大学部13校および放送大学京都学習センターとなっており，大学以外では，地方公共団体2と4つの経済団体が加盟している。財団が目指すものとしては，2点挙げられており，第一は京都地域の大学間連携と相互協力を図り，加盟大学・短期大学の教育・学術研究水準向上とその成果の地域社会，産業界への還元をすること，第二は地域社会，行政および産業界との連携を促進し，地域の発展と活性化に努め，京都地域を中心とした高等教育の発展と社会をリードする人材を育成することである。

第1ステージの動向

　コンソーシアム京都はまず「京都・大学センター」として，1993（平成5）年に設立されたが，当時，京都市の「大学のまち・京都21プラン」が策定されていた中，大学学長有志が中心となった，大学間交流の場を立ち上げようという動きがあった。京都市もそれに賛同する形で大学センター設立へと進んでいき，1994（平成6）年3月に4つの公立大学，33の私立大学・短大，2つの自治体の参加を得て，「京都・大学センター」の設立総会が開かれた。

　そして，大学センターは地域社会，産業界，自治体などを巻き込んで，①大学間の単位互換制度の検討，②リカレント教育推進事業の企画，③大学共同施設建設の企画，④大学研究者データベースのネットワーク構築の4つのプロジェクトを展開していった。

　1998（平成10）年3月には，大学センターを継承して，コンソーシアム京都が設立された。その設立趣意には，「……大学，地域社会及び産業界との協力による大学教育改善のための調査研究，情報発信交流，社会人教育に関する企画調整事業等を行い，……」とコンソーシアムの目的が記されている。さらに

2000(平成12)年には大学共同施設であるキャンパスプラザ京都が京都駅前に開館し、コンソーシアム京都はここに活動拠点を得た。その後、コンソーシアム京都がキャンパスプラザ京都の指定管理者となり、今日に至っているが、この拠点の確保がコンソーシアム京都の継続的な発展を可能にした要因の一つとされている。(11)

コンソーシアム京都では、1994(平成6)年の大学センター設立から2003(平成15)年度までを第1ステージと位置づけているが、第1ステージの主な到達点としては、単位互換や生涯学習事業である「シティカレッジ」など、大学間教育交流が始まったこと、インターンシップやリメディアル教育といった先進的な教育プログラムを実施したこと、京都学研究、および組織的な学生交流および広報活動が実施されたことが挙げられた。(12)

第2・第3ステージの動向

2004(平成16)年度からは第2ステージが始まったが、当時、高等教育においては、①減少し続ける18歳人口とそれとかかわる大学間競争の激化、②評価とそれにともなう競争的資金の積極的導入、③高度人材育成のための大学院改革などの動きがみられていた。(13)こういった中、コンソーシアム京都は第2から第3ステージにかけて、文部科学省の「特色ある大学教育支援プログラム」や「戦略的大学連携支援プログラム」の採択を通じた資金獲得を進め、事業を拡大していった。しかし、事業の総括としては、財団の事業が総花的に広がっており、全体として、費用対効果、個別事業の評価に基づくスクラップ&ビルドを行う必要性も指摘され、個別大学で実施している(できる)事業ではなく、連携の強みが発揮できる事業、「京都の大学」「京都」の魅力を創出し発信する事業を重視することが求められた。(14)

また第2ステージの終わりに、加盟大学対象に調査が行われ、財団事業として特に重視されているものとして、単位互換、FD・SD、インターンシップが挙げられた。(15)一方で生涯学習事業を挙げた大学はゼロであったが、第3ステージでは、加盟大学が重要とする事業の取組みを強化することが留意点として掲げられた。(16)

第4ステージの動向

　2012（平成24）年には中央教育審議会が答申を出し，学生が生涯学び続け，主体的に考えられるような力を習得できるよう，大学教育の質的転換を求めた。また同年，大学改革実行プランが策定され，改革の柱として，「激しく変化する社会における大学の機能の再構築」が掲げられ，その具体的内容として，①大学教育の質的転換・大学入試改革に加えて，②グローバル化に対応した人材育成，③地域再生の核となる大学づくり（COC）構想の推進，④研究力強化が挙げられた。

　京都府内の動向については，府内出身者の転出が進み，また短大の定員割れも拡大し，大学・短大はいかに地元の高校生にとって魅力ある存在になれるかがいっそう大きな課題となっていた。[17]

　こういったことから，第4ステージにおけるコンソーシアムの果たす役割として，①「大学間連携事業の推進」，②「加盟校の教育の質向上の追求支援」，③「大学都市京都の発展と活性化への貢献」，④学生参加型事業の展開，キャリア教育，グローバル化への対応といった「現在直面している教育課題への対応」が掲げられた。[18]

3　大学コンソーシアム京都における生涯学習事業

これまでの生涯学習事業

　1993（平成5）年の「大学のまち・京都21プラン」では，生涯学習の推進および社会人の大学・大学院への入学促進が掲げられ，同年設立された京都・大学センターは4つのプロジェクトの一つとして，リカレント教育事業を位置づけた。

　そして1995（平成7）年度からは各大学が実施する社会人対象の教育事業の情報収集と発信を開始し，1996（平成8）年には，「社会人のための大学案内テレホン相談室」の設置，1997（平成9）年には，社会人のための大学入学フェアや社会人のための大学・短大ガイドの発刊が行われた。[19]

　1997年度には，京都市からの委託事業として，「シティカレッジ」が開始さ

れた。これは大学・短大の正規科目を市民に開放し，市民は科目等履修生もしくは聴講生として受講し，受講料は京都市からの委託金により，科目等履修生よりも安く設定されるものであった。

　また「京都起業家学校」や「京都MOT講座」，さらには中高年の離職者を中小企業の経営の担い手として育成する「職業訓練事業」のように，委託事業という形で地域経済を支える人材の育成を目的とする事業も実施された。さらには，NPO活動の促進に向けて，「NPOスクール」もNPOにおける既活動者も対象に含めて行われた。しかし，こういったパイロット事業的取組みはこの分野の普及に一定の役割を果たしたものとして財団としての提供はその後取りやめられた。[20]その他に，京都学に関する共同研究の成果として，「プラザカレッジ」も開始され，初年度の2001（平成13）年度には「京都学歩いて発見──庭園と建築がつくる風景」が開催された。

　その後，「シティカレッジ」は2007（平成19）年度，「京（みやこ）カレッジ」に改組され，さらには個別大学のみならず，行政や民間教育事業者においても生涯学習講座が提供されている状況においては，一大学あるいは他機関ではできない内容にしていくべきとして，2009（平成21）年度，「プラザカレッジ」も「京カレッジ」に統合された。[21]また「京カレッジ」の授業をeラーニングで受講できるようにとの方針がたてられ，12年度は6科目，13年度は8科目がVOD（ビデオ・オン・デマンド）科目として提供された。[22]

現在の生涯学習事業と課題

　2016（平成28）年度前期の「京カレッジ」は大学の正規科目で単位修得が可能な「大学講座」，健康・芸術・文化などが幅広く学べる「市民教養講座」，京都をより深く学べる京カレッジ独自の講座であり，特に人気を博している「京都力養成コース」の3カテゴリーから構成されている。さらにその中の大学講座は，「京（みやこ）を学ぶ」，「歴史を学ぶ」など，広範な9つの科目に分類されており，29の大学・短大などにおいて，268の「大学講座」，38の「市民教養講座」，8の「京都力養成コース」，合計314講座が提供予定となっている。また16年度はパイロット事業として，「大学講座」や各大学の公開講座へのき

っかけづくりを目的とした，1回ごとの「京カレッジ大学リレー講座」が計8回，キャンパスプラザ京都で開催されることになっている。

　このようにコンソーシアム京都では，今日においても量的に多くの講座が提供されており，もっとも大きな規模で生涯学習の振興に取り組んでいる大学コンソーシアムの一つといえる。

　設立当初から，重要な柱の一つであった生涯学習事業であるが，その課題についてみてみると，第一に，加盟校へのアンケート調査の自由記述欄において，「単位互換科目は社会人に開放する科目として相応しいかどうか疑問」，「個別の大学の事業と競合している」，「財団が持ち出しをしてまで実施しなくてもいいのではないか」といった声がみられているように，生涯学習事業そのものに疑問の声が投げかけられ，事業としての重要度も低くなっていることがある。

　第二に，自治体や加盟大学からの出向職員の数も限られており，また人事異動も頻繁で，新規的な事業を開発していくことが容易ではないことも挙げられる。

　そういったことも一因となってか，第三に事業の規模が縮小している。これまでも「京都起業家学校」など人材養成系の事業が終了していたが，2009（平成21）年度と2014（平成26）年度の「京カレッジ」の状況をみても，2009（平成21）年度は37の大学・短大が講座を提供していたが，2014（平成26）年度には34校，提供科目数も448から373と減少している。受講者数も238から159人と減少しており，2013（平成25）年度では，出願者がゼロであった科目が55％あり，特に単位互換科目ともなっている科目ではその割合は6割を超えた。

　また第四に，2008（平成20）年度の「戦略的大学連携事業」を引き継ぐ形で実施しているeラーニングが補助金の終了後，財政的に事業の継続が難しくなっていることがある。そのため，2017（平成29）年度中に廃止も含めて今後の方向性を出す予定となっている。

4　生涯学習振興に向けての大学コンソーシアムの課題

　確かに，大学コンソーシアムによる生涯学習事業により，住民が広範な分野の講座を受講できると共に，正規授業の開放などにより，大学教育の一端を享受できている地域もある。

　しかし，生涯学習事業を重要な柱の一つとしてきたコンソーシアム京都の事例では，加盟校調査で生涯学習事業の重点度が相対的に低くなってきており，かつてはさまざまに実施されていた社会人教育事業や社会人入学促進事業もなくなっている。また主要事業である「京カレッジ」もそのあり様に疑問の声も投げかけられている。

　他の大学コンソーシアムにおいても，「地域学」講座などが行われているが，概して，生涯学習事業の規模は小さいところが多く，規模が大きくても，各大学が行っている教養教育系の公開講座との差異が明確でない講座が少なからずみられており，体系性や専門性の向上といった点で問題がみられている。つまり，生涯学習の振興に向けて，大学間連携を活かしきれていない状況にあるといえる。

　そういった状況の背景としては，さまざまな課題があるなか，志願者獲得に向けての正規教育の質の向上などに高い優先順位が与えられたり，財政および人員体制面で制約があったり，それらの結果，大学間で考え方に温度差が生じていたりすることなどが考えられる。

　コンソーシアム京都の事例では，一大学ではなく，大学の連携体として何ができるのか，何をするべきなのかを問おうとしているが，生涯学習事業においても，そういった視点が重要であろう。

　例えば，地域の教養の向上は各大学の取組みに任せて，大学間連携では，地域経済を支える職業人の力量形成や地域公共人材の養成といった地域の活性化により直接的に役立つ事業で，各大学の資源を持ち寄り，より体系性・専門性の高いプログラムを提供していくとか，今日，希望・必要に応じて年齢にかかわらず，人生のいつの時期においても，高等教育段階で学修できる「ユニバー

サル・アクセス（もしくはパーティシペーション）」型の高等教育・社会を構築していく必要性が唱えられているが[27]，成人が大学等へ入学することが普通のことになるように，その環境整備や文化・雰囲気作りに大学が連携・共同して取り組んでいくことなどが考えられる。

注

(1) 岩山太次郎「京都・大学センター」財団法人大学コンソーシアム京都設立10周年記念誌編集委員会編『設立10周年記念誌』財団法人大学コンソーシアム京都設立10周年記念誌編集委員会，2004年，9頁。

(2) 同上，2-5頁。京都市大学21プラン策定委員会「大学のまち・京都21プラン」京都市大学21プラン策定委員会，1993年，7頁（http://www.consortium.or.jp/wp-content/uploads/plan.pdf）[2016.4.22]。

(3) 白須正「京都市の大学政策——京都・大学センターの設立まで」財団法人大学コンソーシアム京都設立10周年記念誌編集委員会編，前掲書，28-29頁。

(4) 大学コンソーシアムとちぎ「『大学コンソーシアムとちぎ』設立の趣旨」（http://www.consortium-tochigi.jp/about_us_gaiyo.html）[2016.4.22]。

(5) 全国大学コンソーシアム協議会に関するデータは以下を参照。全国大学コンソーシアム協議会「全国大学コンソーシアム協議会情報」『第12回全国大学コンソーシアム研究交流フォーラム報告集』全国大学コンソーシアム協議会，2016年，180-273頁。

(6) 難波美都里「地域活性や地域サービスの担い手となる人材の育成」同上，173-176頁。

(7) 石丸成人「大学・地域連携実践論——『強い大学コンソーシアム』の創り方」『第10回全国大学コンソーシアム研究交流フォーラム報告集』全国大学コンソーシアム協議会，2013年，226-229頁。

(8) 公益財団法人大学コンソーシアム京都「加盟会員」（http://www.consortium.or.jp/info/menbership）[2016.4.22]。

(9) 公益財団法人大学コンソーシアム京都「財団がめざすもの」（http://www.consortium.or.jp/info/mission）[2016.4.22]。

(10) 岩山，前掲書，7頁。

(11) 西浦明「教育の質の向上と教育プログラムの開発を目指して——大学コンソー

第15章　地域における大学連携のシステムづくり

シアム京都が目指すもの」『大学時報』327，2009年，45頁。
(12)　同上。
(13)　大学政策委員会「大学コンソーシアム京都　第2ステージに向けて──世界に誇る学術文化都市・京都の形成」2004年，10頁（http://www.consortium.or.jp/wp-content/uploads/stage2_plan.pdf）［2016.4.22］。
(14)　大学政策委員会「大学コンソーシアム京都　第2ステージの活動──4年間の事業のまとめ」2008年，9頁（http://www.consortium.or.jp/wp-content/uploads/stage2_summary.pdf）［2016.4.22］。
(15)　大学政策委員会，2008年，前掲書，34-35頁。
(16)　大学政策委員会「大学コンソーシアム京都　第3ステージにむけて──『大学のまち京都』ならではの新しい地域連携モデルを活かした高等教育の質の向上（答申）」2009年，3頁（http://www.consortium.or.jp/wp-content/uploads/page/17/stage3_plan.pdf）［2016.4.22］。
(17)　公益財団法人大学コンソーシアム京都「第3ステージの到達点と第4ステージに向けた検討課題について」公益財団法人大学コンソーシアム京都，2013年，7-10頁（http://www.consortium.or.jp/wp-content/uploads/page/17/stage3_summary.pdf）［2016.4.22］。
(18)　大学政策委員会「公益財団法人大学コンソーシアム京都　第4ステージプラン──京都地域における学生の『学びと成長』の支援をめざして」公益財団法人大学コンソーシアム京都，2014年，7頁。
(19)　大学コンソーシアム京都事務局事業史編纂プロジェクト「事業の足跡」財団法人大学コンソーシアム京都設立10周年記念誌編集委員会編，前掲書，75頁。
(20)　同上。
(21)　大学政策委員会，2009年，前掲書，26頁。
(22)　大学政策委員会，2013年，前掲書，12頁。
(23)　大学政策委員会，2008年，前掲書，36-53頁。
(24)　公益財団法人大学コンソーシアム京都「事業報告書」各年度（http://www.consortium.or.jp/info/plan）［2016.4.26］。
(25)　大学政策委員会，2014年，前掲書，16-17頁。
(26)　公益財団法人大学コンソーシアム京都「事業計画書」2016年，3頁（http://www.consortium.or.jp/wp-content/uploads/2016_jigyoukeikakusho.pdf）［2016.4.30］。

⑵7　出相泰裕「大学開放の理念」出相泰裕編『大学開放論——センター・オブ・コミュニティ（COC）としての大学』大学教育出版，2014年，20-22頁。

参考文献

財団法人大学コンソーシアム京都設立10周年記念誌編集委員会編『設立10周年記念誌』財団法人大学コンソーシアム京都設立10周年記念誌編集委員会，2004年。

出相泰裕編『大学開放論——センター・オブ・コミュニティ（COC）としての大学』大学教育出版，2014年。

終　章

これからの大学開放の進め方

1：山田浩之　2：香川正弘

1　地方大学の生き残りをかけて

大学をめぐる環境の変化

　21世紀に入って，大学をめぐる環境は大きく変化した。2000（平成12）年頃から合格難易度判定でFランクとされる大学が現れるようになった。Fランクとは，ボーダーフリー，つまり誰でも入学できることを意味している。

　1990年代前半には，浪人生の数が最大になったといわれ，受験産業，あるいは大学にとってもバブル景気の様相であった。18歳人口の拡大は大学への進学希望者数を増大させ，多くの大学で入試倍率を押し上げた。また，それにともなって実施された臨時定員増は大学を入学者であふれさせることになった。その結果，受験料収入，入学金と授業料による収入は大学に多大な富をもたらした。

　進学率の上昇も後押しすることで，この大学にとってのバラ色の時代はいつまでも続くと思われた。だがそれはバブルに過ぎなかった。1990年代の後半に18歳人口が急減すると，地方を中心として定員を満たせない大学が続出することになった。こうして出現したのがFランク大学であった。

　Fランクとは河合塾による大学の合格難易度判定の格付けであり，調査対象の受験者すべてが合格しているため通常の難易度がつけられない大学を意味している。2000（平成12）年には，このFランクの大学が全国の私立大学の4割を占めていたという（『週刊朝日』105（26），朝日新聞社，2000年6月23日）。

　この状況はその後も続いており，2009（平成21）年には私立大の46.5％が，また短期大学の69.1％が定員割れをしているとされる（『朝日新聞』2009年7月

31日)。さらに，2018年問題ともいわれる危機が目前に迫っている。2010年代に入って下げ止まっていた18歳人口が，2018（平成30）年を境に再び急激に低下することになる。これまでなんとか持ちこたえていた大学も，2018年以降は次々と潰れることになるとささやかれている(1)。

大学にとっての2つの危機

こうした環境の変化は，大学に数多くの深刻な危機をつきつけることになる。そのうちもっとも大きな危機が，①大学経営の危機，②大学生の危機の2つである。

① 大学経営の危機

18歳人口の低下がもたらした学生数の減少は，当然のことながら，大学に経済的な問題をもたらすことになる。入学金や授業料によってもたらされる収入が減少するだけではない。私立大学では定員を割ることにより文部科学省からの助成金が減額，あるいはカットされることになる。

こうした状況は悪循環をもたらす。つまり，定員を満たせず経営上の危機にあるという風評は，さらに学生募集を困難にする。受験生，また入学者の減少を補うために，AO入試などの推薦入試の枠を拡大し，一般入試以前に多くの入学者を確保する必要がある。こうした手段が難しければ，留学生などを大量に受け入れることで，学生数の確保を図ろうとすることもある。

② 大学生の危機

こうした経営上の問題は，学生を大きく変化させることにもなった。1990年代の終わりに「分数ができない大学生」が話題となり，大学生の学力低下が社会問題の一つにもなった。この問題は「ゆとり教育」から「学力重視」へと教育イデオロギーを変化させる契機の一つになるほど影響力の大きなものであった。

とはいえ，この書による告発には異論もあるかもしれない。実際に大学の大衆化，つまり，大学就学率の増大を考慮すれば，相対的に大学生の学力が低下するのは当然である。しかし，18歳人口の低下がもたらしたのは，さらに深刻な問題であった。特に地方大学の多くが直面したのは大学のあり方を左右しか

ねないほどの深刻な学生の学力低下問題である。

　先にも指摘したように，定員を満たしていない大学，あるいは定員ぎりぎりの大学ではAO入試や推薦入試が多用され，学力を問わずに学生を受け入れている。また，一般入試で入学していたとしても，学力が保証されているわけではない。試験は形式的なものにすぎず，得点にかかわらず受験生を合格させているかもしれない。こうした状況を背景に，近年ではリメディアル教育，つまり，大学生として不足した学力を身につけさせるための補習教育が行われることもある。また，大学入学後に必要とされるごく基礎的なスキルについての指導が1年生のゼミなどで行われている。授業の受講の仕方，ノートのとり方にはじまり，文章の書き方，レポートの（形式的な面での）書き方などが教えられている。ようするに，こうしたスキルを教えないと，大学での勉強についていけない学生が入学していることになる。

　このような大学の現実をみていると，大学の拡大モデルとして取り上げられることの多いトロウのいうユニバーサル化は，たんなる大学の大衆化ではなかったことがわかる。多くの論者は，ユニバーサル化にともない大学全体が変化するように述べてきた。しかし，実際には大学の大衆化，つまり就学率の拡大により，大学の機能分化が生じていることになる。

　東京大学などのトップランクの大学は，大学が大衆化しても大きくは変化しない。もちろんさまざまな改革がアピールされているがエリートを受け入れエリートとして輩出するという社会的機能に変化はみられない。その一方で，低ランクの大学はその社会的役割を大きく変化させている。学力の低い学生を受け入れ，社会人や職業人として自立できるように教育しなければならない。それは知識の伝達だけではなく，いわば生活指導を通じた「しつけ」も重視されることになる。かつて，専門高校に求められた，いわゆる「ターミナル・エデュケーション」，社会に出る前の最後の教育がFランク大には求められている。

いかに生き残るのか？

　こうした地方の低ランクの大学が生き残るためには，いかなる方策が考えられるのだろうか。生き残りの方策としてはすでに数多くのものが考案され，ま

た実際に多くの大学で試みられてもいる。しかし，一時的には効果を発揮しても，必ずしも継続的，将来的に大学の状況が改善されているわけではない。

　特に多くの大学が試みているのが教育内容や教育方法の修正である。しかし，基礎的な力の充実や社会人基礎力の向上，あるいは職業に結びつく専門性の確保など，こうした試みの多くが成功に結びついているとはいいがたい。こうした改革が実を結ばないのは，大学が提供しようとしている教育内容と社会からの大学への期待が矛盾しているからに他ならない。さらに，実質的に教育内容を改善したとしても，その効果は客観的には測定できないため，その大学の社会的位置づけはこれまでの風評に大きく左右されることになる。

　では，こうした問題を解決し，大学が生き残るにはいかなる方策があるのだろうか。その一つが本書のテーマでもある大学開放である。つまり，18歳人口を対象とするのではなく，18歳以上のすべての人々，社会人を対象に教育を行うことである。

　もちろん，こうした発想は新しいものではない。これまでも多くの大学がいわゆる「社会貢献」の一つとして大学開放を行ってきている。だが，そこで提供されるコンテンツは広く受け入れられる教養的なものが中心であり，時代に応じた重要な知識，スキルが提供されるわけではなかった。たんなる社会貢献ではなく，生き残りの方策として大学開放を考えるならば，大学はその考え方を大きく修正しなければならないだろう。

　とはいえ，そこで行われる教育は決して新しいものではない。もともと大学には多くのリソースが眠っている。それはハード，ソフトの両面で多岐にわたる。

　例えばハード面で考えれば，数多くの教室が有効なリソースになることに簡単に思い当たるだろう。もちろん平日の開講日には教室は不足しがちであり，十分とはいえないかもしれない。しかし，夜間，休日，さらに長期休暇中に教室はほとんど使用されていない。こうした空間を有意義に使うことはそれほど難しくないかもしれない。

　また，ソフト面では数多くの教員がいる。学生の学力は低下しているかもしれないが，教員の多くは有名大学を卒業し，さらに大学院でドクターコースを

修了した知識人である。もちろん，こうした教員が教える内容は時代遅れで現実の仕事には使えない陳腐なものだと批判されるかもしれない。しかし，教員の研究活動で作られた人々とのネットワークは決して陳腐ではない。地域の，あるいは全国の人々とのネットワークを持っている教員も少なくない。こうした教員によって提供されるコンテンツもまた大学が持つ埋もれたリソースとはいえないだろうか。

　近年，企業間，特に中小企業やベンチャー企業の間での知識や技術の共有が求められている。そのために「コワーキング」（co-working）という概念が重視され，そのためのコワーキング・スペースなどが提供されている。この考え方の重要さは，たんなる場所の共有ではなく，また，知識や技術の共有のみではない。むしろ人と人とのつながりがもっとも重要であり，通常では結びつかない人と人との出会いこそが大きな効果を生み出す。

　同様のことが大学でできないだろうか。もともとハード面で考えれば大学がコワーキング・スペースを提供することはそれほど難しくない。しかし，それにとどまらず，大学では共通の学びの場も提供することができる。たんに大学教員が持っている知識，技術のみでなく，それによってコーディネートされる教育と学習の場，いわば「コラーニング」（co-learning）が大学で可能となろう。つまり，大学では地域の産業を支える人々が教員となり，また学生となって人と人とをさらに結びつけることが可能となる。それを媒介するのが大学のハードとソフトである。

　また，こうした地域の中での結節点をつくることは，大学内部と地域を結びつけることにもなる。つまり，18歳で入学した学生にとっても大学を魅力的な場へと変えることにもなろう。

　もちろんこれはアイデアの一つにすぎない。大学の持つ多様なリソースは決して眠らせておくべきではない。大学改革は新しいものを加えることから始めるのではない。眠っている数多くのリソースを有効に活用することこそがこれからの大学が生き残るための手段となろう。

2　大学がコミュニティの知の拠点になるために

　我が国の大学教育において，2006（平成18）年における教育基本法改正は画期的な意味を持つものであった。その画期的な意味は，すべての大学の使命に「社会貢献」という文言が加わり，学問の研究と教育の成果を地域社会にも普及させていくことを大学の責務にしたことにある。多くの市民は，身近な所に大学があるのは知っていても，その大学の教授たちがどのような研究をしているのか，学科でどのような授業が開かれているのかなど，ほとんど知らなかったのである。

　しかしホームページで大学ごとに研究者の経歴，研究テーマ，著作，担当授業，社会的活動などが公表されることで，大学は地域の人々に身近な存在と感じられるようになった。また，日々の新聞やインターネットの情報で，大学と地域社会の団体との間に，いろいろな連携協定が結ばれていく報道によって，大学は地域社会にとってかけがえのない存在であるということも意識されるようになった。

　地域にある大学についてのこうした理解は，大学自身に生気を取り戻すことにつながった。大学教育の開放と拡張に基づく社会貢献を打ち出したことで，新たな発想から積極的な経営を展開するようになった。そこには，若年人口の減少傾向が続くことを憂慮し，せめて社会人を取り込もうという経営的な観点からの大学開放の主張はみられなくなった。それは喜ばしいことであるが，社会貢献や大学開放という言葉で，あれもできる，これもできると思い込んでの空元気は，長続きしないであろう。ここからは今まで我が国の大学が経験していない未知の領域に踏み込んでいることを自覚し，大学開放の基礎を固めていかなければいけないと思う。

出遅れた大学開放，大学が地域社会を発見する

　大学開放を国民の生涯学習にしていくためには，乗り越えなければいけないことが山積している。このことは，知識基盤社会と大学の関係について，私た

終　章　これからの大学開放の進め方

ちは今までほとんど考えてこなかったからである。まず知識基盤社会という用語は，20世紀末頃から西欧でいわれ出したもので，知が人生の向上（improvement），産業の発展，社会の進歩，に決定的な意味を持つという考えに基づいている。

　知識社会という考えを大学と結びついて大学開放の発想を生み出したのは，イギリスにおいてであった。知識基盤社会の本質的な哲学は「知は力なり」という言葉に対する信奉で，「知は力なり」は，イギリスにおいて，ルネサンス後の科学革命と成人教育を支配してきた理念であり，それに基づいて，純粋に知ることの喜び，人間として修めておく教養，より完全な人間になるための向上の努力，学問を生活と労働に活かすカリキュラムの構造化と対象に応じての教授法の開発，学ぶ仲間たちの学習集団化，教える人と学ぶ人それぞれの心得，学習成果の社会的認知等を，1600年頃から1867年頃まで長い時間をかけて試行し，1868年頃から知識社会対応の成人教育として大学拡張という教育運動に定型化したからである。

　ちなみに，イギリスでケンブリッジ大学が成立したのは1209年，同大学で大学開放の原理・原則が提起されたのは1871年，また公開講座が大学の義務であると規定されたのは1875年，最初の大学開放コンソーシアムとしてロンドン大学教育拡張協会ができたのが1876年，公開講座を受講する労働者が所定のコースの修了証（複数）を取得することで，ケンブリッジの正規の大学生になれるというアフィリエーション・スキームができたのが1886年であった。

　他方，我が国でみると，イギリスが講座をめぐって努力していた時期の1603-1868年は，ちょうど徳川幕府の時代に重なり，自然科学学習を中心にした講座はなかった。明治に入って，帝国大学令が発布されたのは1883（明治16）年，「大学においては，公開講座の施設を設けることができる」（学校教育法第107条）という規定は1947（昭和22）年，「大学は，その目的を実現するための教育研究を行い，その成果を広く社会に提供することにより，社会の発展に寄与するものとする」（同法第83条2）という規定は2007（平成19）年に加えられた。このように，日英における知識社会への取組みの節目を歴史的に比べてみると，我が国には大学の社会貢献という発想が長い間欠けており，現在盛

んに行われている大学と大学間，自治体やその他の地域団体との連携協定についての盛んな報道は，大学が初めて地域社会を発見した喜びを表しているように思えなくもない。

大学開放は緒についた段階

　本書では，大学がコミュニティの知の拠点となりうるか，という観点から，長寿社会対応の生涯学習，産学連携を中心にした専門職業人教育，地方創生による地域の活性化，また大学としてなし得る社会貢献の中心は，開発研究を含めての人材育成にあるということから，社会人教育の方法論などについてそれぞれ検討されている。これらの内容から，地域学，高度な生涯学習，地域づくり，地場産業の育成，正規の学部・大学院教育の開放など，大学ごとに地道な試みが根付いていることを知ることができるが，まだ緒に就いたばかりという段階にあるように思える。それは，本書でもあちこちで指摘されているように，大学において25歳以上の社会人大学生の割合があまりに低い，大学は社会貢献に消極的である，大学教育と違いすぎること，大学開放教育の組み立て方がわかっていない，といったことに表されている。また，自治体との連携や産学連携についても，連携協定が出来たことにより「交流」が始まった段階にあり，これから人材育成のプログラムを作ろうというようなところに位置しているように思える。

　大学の社会貢献を進めていくための法的，制度的な整備はある程度整えられてきているが，それぞれの大学が「コミュニティの知の拠点」となるためには，大学の側で先に述べた問題を深く理解し，会得して実践を指導していくことが必要である。ここでは，大学の社会貢献活動の中心が大学開放にあるということから，大学開放へ取り組む基本的な姿勢と，大学開放教育の在り方について意見を述べておくことにする。

大学開放に取り組む基本的な姿勢

　地域社会には，さまざまな教育団体・研究団体がある。そういった社会の中で，大学はどのような社会貢献をすればいいか，という問題は，大学が持つ固

終　章　これからの大学開放の進め方

有なものは何かということを明らかにすることから始まる。これを簡潔にいえば，大学の特異性は，学位授与の権能を持つ教育機関であるということにあり，学位にいたる組織的なカリキュラムと指導者としての教授をそなえていることに特色がある。そして，大学の学生に対する教育は，インテリジェンス（知性・知力）を磨くことにある。

　イギリスでは，第一次世界大戦の後，各大学に構外教育部という社会人教育部をつくることになったが，その時の基本的な考えは，住民のインテリジェンスは，拡げ高めていくことに置かれた。(3)このような言い方にならえば，大学が地域社会に啓発すべきことの第一は，「知は力なり」，「知識がなければ考えることができない」「知るとことは愉しい」といった「知を愛する精神」を住民の間に普及させていくことであるといえる。

　世間では，生活していくことでいっぱいで，「大学の先生は，なんであんなお金にもならないようなことに熱中して生涯を終えるのかさっぱりわからぬ」というような見方をしている人も多くあるし，「そんなことは知っている」，「それを知って何の役に立つのか」「いまさら学ぶのは嫌い」といった反知性主義の人々もしばしば見受ける。産学官の連携の領域では，連携によって問題解決や新しいものを生み出すことが強調されるが，その前に，私たちが日常生活の中で忘れている「知」の学びが，人生や日々の生活にもたらしている豊かさについて気づかせるよう，社会に発信し導いていくことが必要である。

大学にしかできない社会人教育に限定

　次に，地域社会から大学にリクエストやニーズがあるからといって，何でも大学開放に取り込んでいいというわけではない。これも19世紀の大学拡張運動でいわれてきたことで，大学の人的・物的資源は有限であり，対応できないことがある。また，公民館や地区の生涯学習センターで提供されているような教育内容は，それが学問的な裏づけを求められないのであれば，大学で社会人教育プログラムにして提供される必要はない。多くの人が聴講するからといって，大学の学科の教育・研究に根がつながらないような，公民館やカルチャーセンターで繁昌しているプログラムと同じような教育をすることは，大学開放では

233

避けるべきことなのである。公民館やカルチャーセンター，さらには大学ではないが研究している諸機関と大学開放が共存してこそ，地域社会の生涯学習は豊かになるのである。

　このようにみていくと，地域の「知の拠点」としての大学というのも限定的なことであることがわかる。そうした制限をかけるのは，何よりも一つの「大学の人的資源」に限りがあるからである。しかし，そうした制限因子を取っ払って大学が対応しなくてはならないこともある。それは，「大学教育をすべての人に」(university education for all) という大学開放の理念から出てくることで，住むところによって生じる文化的格差をできるだけ解消するよう，地域のために働かなければならないこともあるからである。また，学科の教育・研究に根が繋がらないことには手を出さないというのは，職業関連の専門教育でいくらでも新しく社会人教育をする内容があるからである。新しい学問分野が発達していくのもこの社会人教育からである。特に学科をベースに置いての職業人教育や教養教育の社会人教育のプログラム開発にかかると，専門外のことで他の教育機関で出来ることはそちらにお願いするということになる。

大学公開講座の質の確保

　大学が地域の知の拠点となるような大学開放を行うためには，大学が置かれた状況をよく知って社会人教育に乗り出す必要がある。大学が地域において知の独占状態にあるという状況にはないことも指摘されている通りである。大学レベルの教育は，既に部分的に社会に開かれている。放送大学による授業の公開，大学通信教育，e-ラーニング，公開オンライン講座，民間での大学の教員や高度な専門家を招聘して行う学習会も盛んである。マスコミ，インターネットやスマホ，図書館開放によって，あらゆる情報をアクセスしすぐに取得することができる時代に私たちは生きている。市民がそれぞれ自分の生きがい追究をしているという豊かな社会で，大学が社会人教育を行うためには，学ぶ方法，個別の問題意識に対応した指導，論文構成力，学ぶ仲間意識を育てることなどが重要である。

　社会人に対しての大学教育の提供は，多くの場合，大学公開講座の形で提供

終　章　これからの大学開放の進め方

される。イギリスの大学公開講座は大学拡張講座といわれたが，そこで一番重視されたことは，提供する講座を受講すれば，どのような学力がつくのかということで，一般学生への授業と同じ原理を社会人教育にも適応した。ここのところが我が国の大学公開講座で欠落しており，またこれからもっとも専門的に取り組まねばならないところであるので，もう少し詳しくみておくことにしたい。イギリスの大学拡張講座の原初形態では，講義以外に，質疑応答と個人指導をともなうクラス，シラバス，毎回の講義での課題レポート提出，講座の最後に行う試験（任意），受講成果を示す修了証（certificate）を授与するという構成であった。修了証は講義とクラス出席3分の2以上で，試験での成績と講師の平常考査によって総合的に判断されて授与された。試験は，講義をした教授とは別に専門の教授が来て出題採点し，試験の結果の採点表，および試験委員の報告書はたくさん残っており，いずれも一般学生と学力的に変わらないことが客観的に述べられている。[4]

　ケンブリッジのこうした大学拡張講座の枠組みは1930-40年代ぐらいまで厳格に行われたが，我が国の大学公開講座でも，提供する教育を質的に確保もしくは保証する手立てをつくることと，履修証明にあたる修了証を発行することが重要であると考える。大学公開講座が大学教育レベルにあるためには講師が重要で，講師が研究者であること，教育内容に学問的な裏づけがあることと，講義であっても個別指導能力のあることが求められる。大学では，教員の教授能力を高めるファカルティ・ディベロップメントが普及しているが，社会人教育ではこれがもっと必要である。現在の大学教員は昭和時代の教授職とは異なり，非常に多忙である。自分の大学の現職の教員だけで公開講座を展開していくのは難しい状況にあるので，地方に住む他大学の名誉教授，大学開放コンソーシアムを通じて獲得できる他大学の教授，それに社会人の専門家を登用することになる。在野の高度な専門職を活用することは大切な視点であるが，そうした人材には大学人としてのファカルティ・ディベロップメント・プログラムの受講が必要であろう。ケンブリッジ大学公開講座の案内書には，「私たちのチューターは全員，講座科目とあらゆる年齢や経験をもつ受講生に教える，指導的なケンブリッジの専門家たちです」[5]と書かれていた。こうした講師やチ

ューターを備えていくことが大学開放を発展させることになる。修了証の発行は，自己研鑽と研修歴の証であり，これを社会的に意味あるものにしていくことが，大学が「知の拠点」となるために必要なことであろう。

社会的課題に対応した大学開放教育のつくり方

　大学開放で提供される講座内容は，教養講座，職業講座，専門講座に分けることができる。これではわかりにくいので，健康・生きがい，地方創生，社会的課題，研究開発といったことに関連した講座が大学公開講座にも期待されているということもできる。人生80年時代はすでに過ぎ，今や人生90年時代に入りつつある。上智大学で公開講座を担当したとき，あなたがた「サラリーマンシニアは，長い老後に入るにあたって何を学びたいのか」という質問調査をしたところ，「仕事に代わる何かを求めたい，晩年に向かう新しい生き方のサジェストを得たい，新しい仲間や友人を探したい，自分の人生に一区切り付け再出発したい」という意見に集約された。大学公開講座に求められるのは，「仕事に代わる」ほどの真剣な学習であるということである。社会的課題をもっともよく知っているのは，それぞれ専門分野を究めている大学教員である。自分の専門分野の学習が地域社会でどのような意味を持っているのか，どれくらい受け入れられているのか，人々の関心がないことがどのような結果をもたらしているか，といった専門知は，それぞれの教授がもっともよく知っている。こうした問題意識と判断には，専門家ゆえの我田引水的なところがあるにしても，そうした専門教授の指摘で社会的な課題を設定し，地元の諸団体と連携して問題解決していくような高度な学習機会の場をつくることが，大学が行える社会課題対応の専門教育となる。社会的課題を大学開放で取り上げるときは，特定の専門家集団である学科単位で検討し，学習課題を明確にし，学習コースにしていくことになるだろう。

コミュニティの知の拠点になるために

　知識基盤社会に対応した大学開放は，人生の長寿化，高等教育の普及，情報が身近に直ぐに得られる豊かな市民社会にとって，今後，人々の学びの中心に

なっていく分野である。地域の生涯学習社会を構想していくとき，今後はⓐ地域の大学による開放教育，ⓑ自治体・専門学校・民間団体による高等教育の開放，ⓒ公民館等の地域生涯学習というように三層で進められることになると思われ，ⓒからⓑやⓐへ，ⓑからⓐへというような学習階梯を構築していくことが求められる。特にⓑの高等成人教育（higher adult education）の分野は，社会に高度な専門家・職業人，社会人大学院の修了者等が，講師やチューターとして活躍できる場であり，この高等教育の領域の活性化が大学開放が育つ土壌となる。ⓐの大学が地域における「知の拠点」となるということは，ⓑⓒの領域を浸食して根絶やしにすることではなく，それぞれ花を開くように育てることである。

そのためには，大学開放を担当する専門部局に，ⓑやⓐと意見交換ができる専門委員会を設置することが必要である。そうした委員会には，学科とそれに関連のある専門職団体，行政部局，卒業生団体が参加することになる。小さな単科大学でもこれは可能であるが，地域内で大学教育の格差を是正し総合的に調整を行う委員会は，地域の大学開放コンソーシアム内に設けられるのがいいだろう。

個別の大学の大学開放部局では，カリキュラムの編成・管理する専門家と，地方の生涯学習を組織化する専門家（organising tutor）を配置することが求められる。このような専門職員にはアカデミックな専門職員の位置づけが必要である。なぜなら，大学開放部局の専門職員は，講師候補者の著作を読んで採否の原案を作成する，教授法で意見を述べる，また，講義が大学教育レベルを維持しているかどうかをチェックする，という職務を行うためである。大学開放教育は，大学教育の社会人教育であって，社会教育や生涯学習の実践から生まれたものではない。大人は大学を偏差値だけで見ることはしない。大学教員の学問にかける情熱が伝わらないような講座やセミナーは，大学開放にはふさわしくない。これゆえに，世間でＦランク大学と見られても，大学開放教育ですぐれた教育を地域の人々に提供すれば，社会人は集まってくるし，彼等が地域においてその大学の堅固な支持者になる。

注
(1) ボーダーフリー大学については Ⓐ ; Ⓑ を参照されたい。
　　Ⓐ山田浩之「ボーダーフリー大学における学生調査の意義と課題」『広島大学大学院教育学研究科紀要』58(3)，2009年，27-35頁。
　　Ⓑ山田浩之・葛城浩一編『現代大学生の学習行動』（高等教育研究叢書第90号）広島大学大学教育研究開発センター，2007年。
(2) 大学の「社会貢献」「産学連携」「公開講座」等に関して日々報道される膨大な情報のなかから，内容を精選して各記事の表題をまとめて載せているのに，『UEJジャーナル』の「UEJ情報，新聞記事ネット情報」がある。2012年4月から継続して発行されている。これは永田敏弘（代表），三瓶千香子，菅原彰子の3人が多くの記事から精選して載せているもので，大学開放の動きを具体的に知り参考事例にするのに便利である。
(3) *The University Extension Bulletin*, 34, 1919, p. 12.
(4) イギリスにおける大学拡張講座の講師および試験委員の成績報告書は多数の残っているが，ここでは代表的なものを挙げておく。*Report from the Cambridge University Reporter* (10 June 1876); Extension Lecturers' and Examiners' Reports, 1886-7, Oxford University Archives, DES/R/3/1, mss.; London Society for the Extension of University Teaching. *Reports from Lecturers and Examiners, Sixth Session, 1881-82* (1882), p. 24.
(5) University of Cambridge, Institute of Continuing Education, *Part-time Certificate and Diploma Courses* (2011), p. 3.
(6) 香川正弘「サラリーマンシニアの生涯学習」『上智大学教育学論集』30，1995年，57頁。

参考文献
香川正弘「大学拡張運動史家からみた我が国の大学開放の問題」『UEJジャーナル』4，2012年，14-19頁。
香川正弘「知識基盤社会における大学開放での人づくり」『かながわ政策研究・大学連携ジャーナル』5，2013年，32-35頁。

おわりに

　21世紀を迎えて，わが国の大学は，新しい局面に入ってきた。大学は若者だけを教育する研究・教育機関から，地方・地域における「知」の拠点となって，産業開発，大人のライフワーク学習追究，第三世代大学といった多様な役割を担うことが期待されるようになった。私たち大学開放の研究同人は，大学の知を地域に開放することによって，生涯学習を構造化し，市民の知性を高め，より成熟した市民社会と産業社会をつくることを目指して研究と実践問題の解決に取り組んできた。本書の編者の三人は，いずれも英米の大学開放の長い歴史に通じており，大学開放の実践指導にも携わってきた。

　上杉孝實はイギリスの成人教育研究を基礎におき，大学開放が生涯学習全体に果たしてきた役割から日本の生涯学習の現実を問題にし，大学のみならず自治体等のレベルでの大学開放・高等成人教育の開拓を進めてきた実績がある。香川正弘は，世界で最初に大学拡張して始めたケンブリッジ大学の大学開放教育の分析を通じて，日本の大学開放の理論化と人材育成を行ってきた。河村能夫は，アメリカの産学連携の研究で培った組織化の方法を用いて，地場産業育成と地域における大学コンソーシアムの形成を京都で実践指導してきた。

　本書を書くために集まった人材は，これら三人に劣らぬ，大学開放への情熱をもって研究し実践をしてきた人々で，ほぼ全員がNPO法人大学開放推進機構の会員であり，会員でない場合でも同機構が行う全国大会での発表実績を持つ専門家である。本来なら，もっと多くの会員や，会員以外でも優れた実践を指導されている方々にもご参加いただきたかったが，紙幅の都合でこのように精選せざるを得なかった。それは次の仕事としたい。

　わが国の大学開放の政策と現状を扱った書物には，斎藤諦淳編著『開かれた大学へ――大学の開放及び大学教育改革の進展』ぎょうせい（1982年），その次が小野元之・香川正弘編著『広がる学び開かれる大学――生涯学習時代の新

しい試み』ミネルヴァ書房（1998年）がある。この両書刊行の間には16年の時間差があり，出版年当時の大学開放の状況がどのようであったかがよくわかる。前者の場合は，「開かれた大学」というのが主題で，執筆陣は政策や実務を担当している文部省大学局大学課の人々であった。後者の場合は，大学が徐々に社会に開かれている現状が取り上げられており，各地の先進的な事例が紹介されている。執筆者にも大学開放一筋で来ている人々がかなり登用されている。

　本書は，小野元之・香川正弘編の『広がる学び開かれる大学』が刊行されてから16年が経ったので，いま現在は，わが国で大学開放がどのように位置づいているかを明らかにして，将来の発展のための課題を提示し，地域と共存する大学とはどのような大学であるかを考えて編集した。執筆者は，全員が大学開放の研究者であり，かつ実践にも通じた人々である。この執筆陣の構成に「開かれた大学」から「社会貢献をする大学」へと変容しつつあるわが国の大学をみることができる。私たちは，大学開放によって，地域社会を「学問の畑」（中江兆民）にし，21世紀における地方創生のモデルになる国にしたいと思っている。大学はいうまでもなく，自治体，地域団体，専門職団体等がこの分野に関心を持ち，人材を育てていけば，実現すると思う。

2016年6月10日

香川正弘
河村能夫

索　引

あ　行

アウトリーチ　*33*
アソシエーション　*47*
アニマツール（animateur）　*160*
アンチエイジング　*132*
イギリスの大学拡張の歴史　*53, 54*
イギリスの大学成人教育　*12*
イブニング授業　*65*
インターンシップ　*99, 204*
インフォーマルな教育　*13*
宇部短期大学附属生涯学習センター　*62*
エクステンション・センター　*10, 26*
エクステンションの理念　*112*
NHK放送市民大学　*168*
Fランク大学　*225*
エンゲージド・ユニバーシティ　*36, 37, 41*
エンゲージメント　*33, 35*
エンパワメントの教育　*13*
エンプロイヤビリティー　*23*
欧州資格枠組み（EQF）　*120*
淡海生涯カレッジ（滋賀県）　*11*
Open University（UKOU）　*167*
オックスフォード大学　*87*

か　行

カーネギー大学分類　*39*
学習社会　*4*
学習成果の活用　*148*
学生エンゲージメント研究　*37*
科目等履修生制度　*112*
環境問題　*144*
帰納的教育　*95*
キャンパスプラザ京都　*217*
教育・研究機能の拡張　*78*
教育資格と職業能力の統一化　*119*
教育と職業能力の互換性　*119*
協働（共同）研究　*14, 96, 101*
京都大学のベンチャービジネス・ラボラトリー　*104*
京都における地域連携　*98*
教養教育　*87*
教養履修制度　*69*
継続教育（continuing）　*8*
継続教育カレッジ（イギリス）　*12*
傾聴ボランティア養成講座　*160*
ケロッグ委員会　*36*
研究開発（R&D）　*91*
健康長寿　*128, 131*
　　——のためのアンチエイジング　*131*
　　——の地域づくり　*130*
ケンブリッジ大学　*83*
公益財団法人大学コンソーシアム京都　→　大学コンソーシアム京都　*211*
構外教育部（extra-mural department）　*8, 10, 12, 233*
公開講座　*61, 194*
講座　*84*
高大連携授業　*65*
高度専門教育　*87*

241

コーディネート機能　*160*
国立大学教養教育コンソーシアム北海道
　　212
コプレゼンス（co-presence）　*161*
コミュニティ　*47*
コミュニティ・エンゲージメント　*38, 40*
コミュニティの再生　*147*

さ　行

サービス・ラーニング　*38*
桜の聖母生涯学習センター　*154*
サマースクール（夏期学校）　*86*
サマーミーティング（夏期講習会）　*86*
産学・地域連携センター　*198*
産学連携　*103, 205*
　　——の3つの類型　*103*
志學館大学生涯学習センター　*185*
シティズンシップ　*52*
　　——における教育の意義　*21*
　　——の3つの要素　*18*
シティズンシップ教育　*iii*
　　——と経済社会での人々の活躍についての報
　　　告書　*52*
シティズンシップ論（T. H. マーシャル）
　　19
地場産業　*91*
社会教育　*i*
社会（地域）貢献　*149*
社会貢献　*ii, 32, 77, 228*
　　——する大学　*77*
社会人の学び直し　*32*
社会的課題に対応した大学開放　*236*
住民同士の共同学習　*145*
住民の学習　*145*
生涯学習　*3, 5, 156*
　　——の概念　*5*

——の概念（イギリス）　*6*
——の機能　*13*
生涯学習の振興のための施策の推進体制等の整
　　備に関する法律　*6*
生涯学習社会　*49*
生涯学習センター　*6, 156, 183*
　　——の運営体制　*158*
生涯教育　*3, 4*
　　——の概念　*ii*
少子高齢化　*142*
初期教育（initial education）　*8*
職業教育　*4, 8, 10*
職業実践力育成プログラム（BP）　*118*
職業人養成型大学院　*114*
私立大学通信教育協会との調整　*169*
シルバーカレッジ事業　*66*
人口減少社会　*127*
人材の育成　*145*
スタッフ・ディベロップメント　*iv*
スチュアート, J.（J. Stuart）　*83*
スマイルズ, S.（S. Smiles）　*82*
生活課題　*146*
成人継続教育　*10*
ゼミナール方式　*86*
全国大学コンソーシアム協議会　*211*
　　——加盟正会員一覧　*213*
センター・オブ・コミュニティ（COC）　*153*
全日本大学開放推進機構　*iv*
専門教育　*87*
専門職大学院　*113*
　　——の特徴　*113*
専門大学院　*113*
戦略的大学連携支援プログラム　*217*

た　行

ターミナル・エデュケーション　*227*

索　引

ターミナル講座（標準講座）　84
大学
　　——拡張　112
　　——コンソーシアム　212
　　——が社会貢献をする意味　84
　　——による社会人教育　61
　　——の公開講座　80
　　——の社会貢献　75, 231
　　——の「第三の使命」　32, 77
大学院における高度専門人材の養成　111
大学院における人材育成機能　118
大学院を基盤とした大学開放機能　109
大学改革実行プラン　153
大学開放　ii, 76, 79, 150
　　——が効果的に行われるための課題　14
大学開放（欧米）　7
大学開放（日本）　8
大学拡張（university extension）　96
大学拡張講座（イギリス）　235
大学・企業間での人事交流　207
大学教育開放センター　9
「大学教育をすべての人に」（university education for all）　234
大学協働拡張　96, 100
大学経営の危機　226
大学コンソーシアム大阪　11
大学コンソーシアム京都　11, 94, 96, 216-218
　　——設立の背景　211
　　——における生涯学習事業　218-220
　　——のインターンシップ・プログラム　98
大学コンソーシアムとちぎ　212
大学コンソーシアムの課題　215
大学コンソーシアムの動向　212
大学コンソーシアム八王子　214
大学 COC 事業 → 「地（知）の拠点」整備事業

大学生の危機　226
第四次産業　105
WEA　7
脱工業化社会　91
タロワール・ネットワーク　41
地域遺産を生かした地域づくり　192
地域学　iii, 50, 128
地域課題　142, 143
地域課題解決プログラム　115
地域貢献　ii, 194
地域再生の核となる大学づくり（COC）　91
地域社会における大学が果たしている機能　47
地域生涯学習　145
　　——の推進　145
地域の特色を生かした社会連携活動　198
地域マネジメント人材を育成する大学院　117
地域連携センター　70
知識基盤社会　i, 31, 75, 230
　　——に対応した大学開放　236
「地（知）の拠点」整備事業（大学 COC 事業）　46
地（知）の拠点大学による地方創生推進事業（COC+）　46, 78
チュートリアルクラス　7, 51, 83, 85, 86
長期履修制度　63, 67
伝統的な地域の住民組織　147
トインビー, A.（A. Toynbee）　53
トーニー, R. H.（R. H. Tawney）　50
土地付与大学　35

な　行

長野県シニア大学　130
21世紀型市民　31
ニューライフカレッジ志學　185

243

ネットワーク化支援　*162*
ノッティンガム大学　*8*

は　行

バーネット夫妻（S. Barnett & H. Barnett）
　53
ハッチンス, R.（R. Hutchins）　*4*
隼人学（地域学）　*184, 188, 190, 191*
ひょうごオープンカレッジ　*11*
ひろしまイニシアティブ推進協議会　*202*
広島大学　*197*
広島大学産学官連携推進研究協力会（広島大学
　フェニックス協力会）　*199*
広島大学地域貢献研究　*198, 199*
ファカルティ・ディベロップメント　*iv, 14*
フォーマルな教育　*13*
フォール, E.（E. Faure）　*4*
福祉から労働へ　*23*
福祉国家　*17*
ブレンディッド・ラーニングによる教育機関
　174
ベーコン, F.（F. Bacon）　*82*
ベバリッジ報告　*17*
ボイヤー, E. L.（E. L. Boyer）　*35*
放送大学
　——の開学　*167*
　——の教養指向型　*169*
　——の設立の目的　*171*
　——のミッション　*172*
　——の理念と目標　*179*
放送大学学園法　*168*
放送大学大学院の設置　*176*
保健補導員制度　*136*
ポピュレーションアプローチ　*137*

ま　行

マーシャル, A.（A. Marshall）　*18*
マーシャル, T. H.（T. H. Marshall）　*18*
マッキーバー, R. M.（R. M. MacIver）　*47*
学びの共創　*163*
南大阪地域大学コンソーシアム　*215*
京（みやこ）カレッジ　*219*
未来を拓く地方協奏プラットフォーム（文部科
　学省事業）　*204*
メディアミックスの教育機関　*174*
モリル法　*33*

や　行

UKOU　→　Open University
ユニバーサル・アクセス　*221*
予防医学講習　*135*

ら　行・わ　行

ラマレイ, J. A.（J. A. Ramaley）　*36*
ラングラン, P.（P. Lengrand）　*3, 24*
ランブル, G.（G. Rumble）　*173*
リカレント教育　*4, 113*
履修証明制度　*150*
履修証明プログラム　*115*
立命館大学のリエゾンオフィス　*103, 104*
龍谷エクステンションセンター（REC）　*92,*
　100
連携協議会（広島大学）　*206*
レンタルラボ　*101*
ローカルな知　*10, 50*
ロック, J.（J. Locke）　*82*
ロンドン大学教育拡張協会　*231*
「我が国の高等教育の将来像」（答申）　*75*
若手研究人材養成センター（広島大学）　*203*

執筆者紹介 (所属：執筆担当，執筆順．＊は編著者)

＊上杉　孝實（編著者紹介参照：はじめに，第1章）
　佐藤　隆三（元東北文化学園大学教授：第2章）
　五島　敦子（南山大学短期大学部教授：第3章）
　香川　重遠（全日本大学開放推進機構研究員：第4章）
　白石　義孝（宇部フロンティア大学人間社会学部教授：第5章）
＊香川　正弘（編著者紹介参照：第6章，終章-2，おわりに）
＊河村　能夫（編著者紹介参照：第7章，おわりに）
　山本　幸一（明治大学教学企画部：第8章）
　白澤　卓二（白澤抗加齢医学研究所所長：第9章）
　藤田公仁子（富山大学地域連携推進機構　生涯学習部門教授：第10章）
　三瓶千香子（桜の聖母短期大学准教授：第11章）
　岩永　雅也（放送大学教養学部教授：第12章）
　岩橋　恵子（志學館大学法学部教授：第13章）
　岡本　哲治（広島大学大学院医歯薬保健学研究院教授：第14章）
　出相　泰裕（大阪教育大学教職教育研究センター准教授：第15章）
　山田　浩之（広島大学大学院教育学研究科教授：終章-1）

《編著者紹介》

上杉孝實（うえすぎ・たかみち）
  1935年　生まれ。
  現　在　京都大学名誉教授。
  主　著　『生涯学習・社会教育の歴史的展開』（単著，松籟社，2011年）
　　　　　『地域社会教育の展開』（単著，松籟社，1993年）

香川正弘（かがわ・まさひろ）
  1942年　生まれ。
  現　在　上智大学名誉教授。
  主　著　『よくわかる生涯学習〔改訂版〕』（共編著，ミネルヴァ書房，2016年）
　　　　　『広がる学び開かれる大学』（共編著，ミネルヴァ書房，1994年）

河村能夫（かわむら・よしお）
  1944年　生まれ。
  現　在　京都府立農業大学校校長，龍谷大学名誉教授（REC顧問）。
  主　著　『経済成長のダイナミズムと地域格差』（編著，晃洋書房，2013年）
　　　　　『京都の門前町と地域自立』（編著，晃洋書房，2007年）

大学はコミュニティの知の拠点となれるか
——少子化・人口減少時代の生涯学習——

2016年9月20日　初版第1刷発行　　〈検印省略〉

定価はカバーに
表示しています

編著者　　上　杉　孝　實
　　　　　香　川　正　弘
　　　　　河　村　能　夫
発行者　　杉　田　啓　三
印刷者　　中　村　勝　弘

発行所　株式会社　ミネルヴァ書房
607-8494　京都市山科区日ノ岡堤谷町1
電話代表　(075)581-5191
振替口座　01020-0-8076

©上杉・香川・河村ほか，2016　　中村印刷・清水製本
ISBN978-4-623-07777-9
Printed in Japan

よくわかる生涯学習 ［改訂版］

香川正弘・鈴木眞理・永井健夫 編著

B5判　228頁　本体2500円

●急速に変化する時代状況と社会の成熟化から求められる生涯学習とは何か。その理念と人々の学びのニーズから具体像を描き出す。

生涯学習の展開

香川正弘・三浦嘉久 編著

A5判　234頁　本体2600円

●自己実現欲求の高まりと価値観の多様化の進展にともない，生涯学習の概念は人々の仕事や暮らしのなかに深く浸透しつつある。生活者としての視点から編纂されたテキスト。

広がる学び　開かれる大学
――生涯学習時代の新しい試み

小野元之・香川正弘 編著

A5判　264頁　本体2500円

●もっと学びたい！もう一度学びたい！そんな声に応えようと，みんなに開かれた大学を目指した各校の取り組みを紹介。社会における学校の役割と，教育の新たな動向を探る。

ミネルヴァ書房

http://www.minervashobo.co.jp/